Marcel MERCIER

DOCTEUR EN DROIT

LA

CIVILISATION URBAINE

AU MZAB

ÉTUDE DE SOCIOLOGIE AFRICAINE

Avec 12 figures et 12 planches

Peinture de M. Maurice Bouviolle.

ALGER

IMPRIMERIE ADMINISTRATIVE ET COMMERCIALE ÉMILE PFISTER

9, Rue Trollier 9

1922

LA CIVILISATION URBAINE

AU MZAB

LA
CIVILISATION URBAINE
AU MZAB

———✕———

ÉTUDE DE SOCIOLOGIE AFRICAINE

PAR

Marcel MERCIER

DOCTEUR EN DROIT

———○———

Avec 12 figures et 12 planches

———○———

ALGER

IMPRIMERIE ADMINISTRATIVE ET COMMERCIALE ÉMILE PFISTER

9, Rue Trollier, 9

—

1922

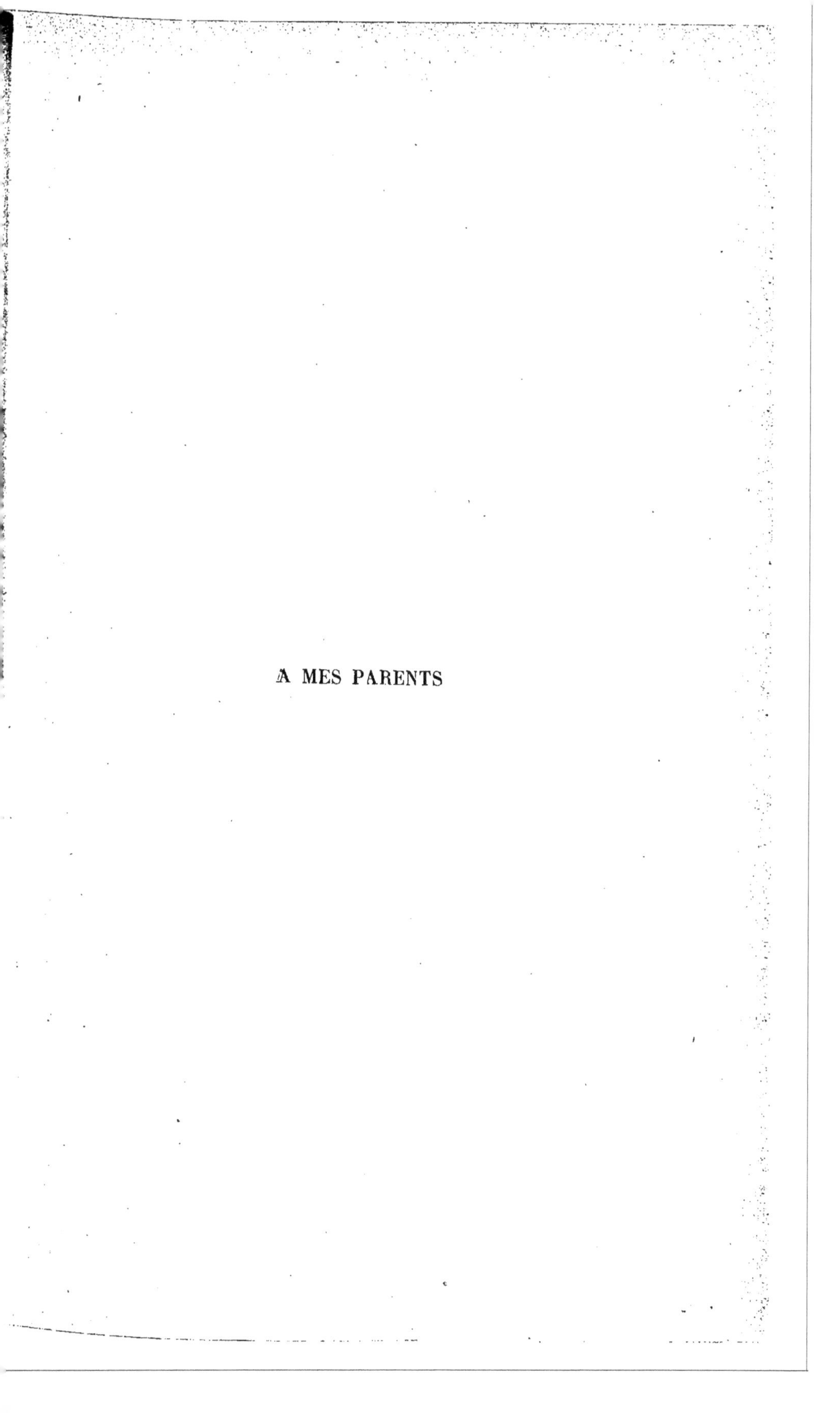

A MES PARENTS

AVANT-PROPOS

Cette étude pouvait être intitulée « la ville et l'habitation dans le Mzab », car autour de ces deux objets se groupent toutes les questions qui ont retenu notre attention.

L'Afrique du Nord possède des régions montagneuses, des contrées retirées où l'on retrouve encore la vieille population autochtone qui s'est maintenue non seulement dans sa pureté ethnique mais encore avec ses traditions fondamentales. Ce sont comme des îlots restés depuis des siècles à l'abri des vagues niveleuses des invasions étrangères. Le Mzab, ce plateau rocheux et isolé placé au seuil du Sahara, entre bien dans cette catégorie. C'est surtout à son sujet que l'on pourrait dire que « notre bonne fortune nous a conservé là comme un fragment de haute antiquité » [1]. Tel est le pays qui sera la base géographique de notre étude.

Dans toute contrée le premier acte de l'homme est d'assurer son gîte. Il le fait en obéissant à des lois quelquefois inconscientes et son acte est régi par une tradition dont il a souvent perdu tout souvenir. L'étude de l'établissement humain est susceptible de révéler une série de traditions qui, parfois, parlent plus à l'esprit que celles écrites. Il y a là un ensemble de choses présentes qui peuvent être extrêmement significatives.

D'autre part tout évolue et tout se transforme. « Nous ne nous baignons jamais dans le même fleuve » a dit Héraclite en parlant de nos états psychologiques ; mais le monde sensible, le monde matériel que les hommes créent autour d'eux n'est pas moins sujet à variations. Il importe aussi de saisir l'actuel parce qu'il ne tardera pas à devenir un fait passé.

Dès lors un double intérêt s'attache à l'étude de l'installation humaine. L'observation des faits, leur analyse et l'étude du détail

____

(1) Masqueray, *Formation des Cités*, p. 222

suggèrent ici des remarques qui échappent au visiteur superficiel. Un semblable examen constitue bien un travail d'ethnographie.

Cette science trouve un nouvel essor dans l'étude de l'Afrique du Nord où les mêmes formes se conservent pendant des millénaires. L'Algérie, le Maroc aussi, commencent à cet égard à être l'objet de recherches précises. L'étude des choses plus spécialement actuelles est entreprise. Au moment où l'introduction, dans ces pays, de la civilisation occidentale marque le départ d'une évolution nouvelle, il est temps de se pencher sur « les techniques qui s'en vont et les arts qui meurent » [1] avant qu'ils ne soient devenus des « faits historiques » [2] : les seuls autrefois jugés dignes de retenir l'attention.

Des enquêtes de ce genre, poursuivies *in anima vili*, ne doivent pas uniquement, d'ailleurs, se limiter à l'objet sur lequel elles portent. L'observation des faits gagne d'abord à être comparée, puis elle peut être éclairée non seulement par l'histoire, mais aussi et surtout par la sociologie. Ces remarques, d'une application générale, trouvent ici une force nouvelle vu que notre objet est aussi une ville, c'est-à-dire un sujet sociologique par excellence.

Ainsi, à l'occasion des faits, nous parlerons des traditions qui les animent, des institutions qui ont quelque rapport avec eux, des remarques sociales qu'ils suggèrent, des antécédents historiques desquels ils peuvent découler. Nous ne négligerons pas non plus la technologie chaque fois que l'objet ou ses parties auront pu recevoir une dénomination spéciale.

Certains ouvrages d'ethnographie ont déjà développé et précisé systématiquement la méthode qu'il convient d'employer dans l'étude des « phénomènes culturels ». L'observation contient elle-même, dans son exercice, des difficultés propres qui tiennent d'abord à l'éloignement et aux obstacles matériels et surtout qui varient avec la nature plus ou moins soupçonneuse des populations chez lesquelles on se trouve [3]. Il convient aussi de vérifier les renseignements pris. Mais au-dessus des faits et de leur photographie, si l'on peut dire, il faut déterminer la place qu'occupe l'objet spécial de l'étude, dans l'activité humaine locale, les causes de son existence, et enfin les formes diverses de sa réalité matérielle ; c'est-à-dire qu'il importe, pour chaque phénomène,

---

(1 et 2) Van Gennep, *Études d'Ethnographie Algérienne.* 2ᵉ série. p. 349 (*La Revue d'Ethnographie et de Sociologie*, nov.-déc. 1912.)

(3) Lire le début de : *En Algérie,* de M. Van Gennep.

de considérer sa morphologie, son mécanisme et sa fonction [1].

Cette méthode, nous avons tenté de la suivre chaque fois qu'il nous a été possible de le faire : mais ce n'est pas seulement des *faits* que nous avions à relater : notre sujet englobait une ville tout entière, en outre il comportait l'étude de la cellule urbaine, c'est-à-dire de la maison. Ce sont là des *ensembles* à caractères variés et complexes.

D'abord il fallait situer le problème au point de vue historique. Ce premier point nous a amené à faire précéder notre étude d'une introduction historique où nous avons tenté de nous faire une idée des anciens établissements urbains fondés autrefois par les habitants du Mzab. Puis nous avons décrit le milieu extérieur actuel, le cadre où se trouvent placées nos villes, le climat de la région envisagée. Ensuite nous avons abordé les deux pièces maîtresses : la ville et la maison.

Pour la ville il fallait, au fur et à mesure de sa description, s'aider des données de la sociologie. Après les remarques générales, touchant son plan et son aspect, comme nous avions noté que sa contexture interne comportait des centres d'attraction nous sommes allé droit à ceux-ci, quitte ensuite à reprendre l'étude de la cité en procédant *ab exterioribus ad interiora* : depuis ses abords et ses remparts jusqu'à ses rues et ses quartiers. A ce dernier point de vue, une idée de division urbaine entrait en ligne de compte et nous avons préféré réunir l'étude des quartiers, groupes locaux, à celle plus générale de toutes les divisions tant sociales que matérielles qui affectent la morphologie et la population urbaines. Cette partie, nous n'avons pu, malheureusement, que la traiter dans ses grandes lignes, malgré tout l'intérêt qu'elle comportait.

L'étude de la maison se présentait d'une façon plus nette. La cellule est toujours plus simple que l'organisme complet. Tout naturellement, après avoir parlé des caractères généraux touchant ses différents types et ses formes, il convenait, après avoir étudié l'entrée, d'aborder les différentes subdivisions de sa morphologie interne. Les questions de construction ont été réservées pour la fin, ainsi que de courtes notes touchant les habitations situées dans les oasis, aux portes des villes. Puis pour terminer l'étude de la maison et pénétrer la société du Mzab dans son intimité, nous avons consacré quelques développements au

(4) C'est textuellement la méthode préconisée par M. Van Gennep dans ses études d'ethnographie algérienne (*Rev. d'Ethnogr.* déjà citée, 1912. p. 2.)

mobilier qui garnit l'installation humaine et particulièrement aux tapis qui en constituent l'élément fondamental. C'est surtout dans ce dernier sujet que nous avons eu l'occasion de nous inspirer de la méthode d'observation ethnographique précitée. Ailleurs, dans ces menus problèmes souvent connexes à l'architecture, nous nous sommes borné à suivre une méthode descriptive puis inductive, essayant de retrouver pour chacun la filiation des idées qu'ils peuvent suggérer, ainsi que les traditions, les habitudes et les origines que l'on arrive à préciser parfois à l'insu des intéressés eux-mêmes.

* *

Les renseignements et les documents qui ont servi de base à cette étude ont été recueillis au cours de trois voyages au Mzab qui s'échelonnent de 1915 à 1921.

Le dernier séjour fut le plus fructueux, grâce à la méthode qui nous avait été enseignée par notre maître, M. René Maunier, l'auteur de « L'Origine et la Fonction économique des Villes », grâce aussi au questionnaire très complet sur l'habitation qu'il nous avait communiqué. C'est pour nous un très agréable devoir que de lui en adresser ici le témoignage profondément reconnaissant.

INTRODUCTION HISTORIQUE

Les anciens établissements des Abadhites du Mzab

Le Kharedjisme et les Abadhites. — Le Mzab, dont nous voulons étudier les villes et l'habitation est peuplé *d'Abadhites Kharedjites.* Cette expression, qui désigne les partisans d'une secte hérétique de l'Islam, nous ramène par la pensée à ces périodes troublées où nos contrées étaient ensanglantées par des schismes toujours renaissants. A toutes les époques, les Africains paraissent avoir apporté une âpreté sans pareille dans les querelles religieuses. Après que l'Afrique fut devenue terre d'Islam, ces nouveaux mahométans n'en étaient pas moins restés les petits fils des donatistes et des circoncellions [1].

Certes, il ne nous appartient pas d'entrer dans des détails qui font à proprement parler partie de l'histoire du Kharedjisme. Cette question a été déjà plusieurs fois traitée dans des livres spéciaux [2]. Qu'il nous suffise de rappeler que les Kharedjites tirent leur appellation du fait qu'ils sont *sortis (Kharadja* خرج) contre Ali [3], quatrième khalife, successeur du prophète dont ils n'ont pas admis la conduite à la bataille de *Ciffin.* Les Abadhites sont avant tout des intransigeants : ils reprochèrent à celui qu'ils considéraient comme le seul successeur légitime du prophète,

---

[1] Cette comparaison est de M. Masqueray, Chronique d'*Abou Zakaria.* Nous mentionnerons dorénavant cet ouvrage par le nom *Zakaria.*

[2] Par M. Masqueray dans son introduction à la *Chronique d'Abou Zakaria,* par ex. — Voir aussi : E. Mercier, *Histoire de l'Afrique Septentrionale,* T. 1, pp. 200, 231 245-6, 270, 317.

— Zeys, *Législation Mozabite,* 1886, p. 6 à 26.

— Le dernier ouvrage de M. Morand contient aussi un raccourci éloquent de l'histoire du schisme : *Introduction à l'étude du Droit musulman algérien,* p. 96 et suivantes. Voir également la bibliographie infra-paginale si abondante.

— Voir aussi I. Goldziher, *Le Dogme et la Loi de l'Islam,* 8ᵉ-1920.

[3] Voir l'ouvrage précité de M. Morand, p. 97-98.

d'avoir voulu transiger avec son compétiteur Maâouïa. Plusieurs fois exterminés par les partisans du nouveau khalife — Ali — les Kharedjites, au lieu de s'adoucir, semblaient au contraire puiser chaque fois dans l'épreuve un nouveau soutien. Organisés par groupes de dévoués[1], ils conspiraient sans relâche contre les orthodoxes de l'Islam.

Leur chef Abdallah ben Ouahab tenta de les unir pour un suprême effort. Les Ouahbites, c'était leur nouvelle appellation, furent encore une fois écrasés : tous, sauf une dizaine, furent massacrés [2].

Ce n'était, malgré tout, pas encore la fin du Kharedjisme. Les survivants regroupèrent des « dévoués » et se remirent à leur enseigner ce qui, selon eux, était la vraie religion, c'est-à-dire l'interprétation stricte du Coran, auquel on ne peut rien ajouter ni rien retrancher [3]. Ces nouveaux maîtres ou *cheikhs* enseignaient à leurs auditeurs la rigidité de leurs mœurs et leur communiquaient leur grande ardeur religieuse [4]. L'un d'entre eux, *Abdallah ben Abadh* [5], catéchisa les disciples qui devaient aller apporter le ferment de la nouvelle doctrine dans l'Oman et à Mascate et aussi, ceux qui devaient partir pour notre Afrique. Ses sectateurs appelés abadhites professaient une théorie douce et humaine en comparaison d'autres Kharedjites, les Soffrites [6] par exemple, si cruels et si intransigeants.

Ceux partis vers l'Oman et Mascate essaimèrent bientôt à Zanzibar, dans la Grande Comore et à Madagascar ; les autres, ceux qui s'étaient dirigés vers le Maghreb, gagnèrent d'abord à leur cause le djebel Nefousa [7], puis, prenant dorénavant pour base ce massif montagneux, s'élancèrent sur l'Ifrikya et la Berbérie. Nous ne les suivrons pas dans les luttes que leurs partisans soutinrent ; qu'il nous suffise de dire que les Berbères s'enflammèrent à leur cause ; l'Afrique du Nord fut alors le théâtre d'une véritable épopée Kharedjite ; ils prirent d'abord Kairouan, la métropole religieuse et la résidence du gouverneur. Puis, chassés

(1) *Zakaria,* p. XXXVI.
(2) *Zakaria,* XVI-XVII.
(3) Voir Zeys. *Législation Mozabile.* p. 41.
(4) Les auditeurs formaient le *cercle* ou *halga* du cheikh, Zakaria, IXL.
(5) Mort en 750 de J.-C.
(6) Le Kharedjisme se fractionna à cette époque en bien d'autres sectes. On en trouvera la liste et les particularités dans l'ouvrage de MM. Depont et Coppolani, *Les Confréries religieuses musulmanes,* 1897, p. 49 à 53.
(7) Ces montagnes sont encore peuplées de colonies abadhites très vivantes. Voir *Le Djebel Nefousa* de M. de Motylinski. Publications de l'Ecole des Lettres d'Alger. 2 fascicules, années 1898 et 1899.

de Kairouan, ils bâtirent un autre empire à Tiaret où ils connurent « l'état de gloire [1] » de leur secte. Tiaret devait s'écrouler aussi ; l'empire rostemide, qui tire son nom de celui du premier imam, fondateur de la ville, Abd Er Rahmane ben Roustem, avait cependant brillé d'un vif éclat : un instant il avait paru dominer la Berbérie tout entière. Puis Tiaret et son empire furent détruits par les orthodoxes, et c'est dans les oasis du sud de la province de Constantine et particulièrement à Sedrata que les Abadhites durent se retirer.

Leur histoire fut toujours extrêmement bouleversée ; cependant, si le ferment de la religion nouvelle était venu d'Orient, il reste bien certain que les acteurs des drames qui convulsèrent l'Afrique étaient des Africains, des Berbères si l'on veut désigner par cette même expression ethnique des groupes d'origine très diverse mais unis par la communauté du langage.

Nous est-il permis de nous représenter ce qu'étaient les anciens établissements des Abadhites avant d'aborder l'étude de leurs villes actuelles ?

Il est un fait que l'on peut constater encore maintenant auprès des populations du Mzab, c'est que « le souvenir glorieux de l'Imamat de Tiaret [2] » ainsi que les légendes touchant la prospérité d'*Isedralen* sont toujours profondément gravés dans les cerveaux de nos Abadhites de la Chebka. Le Nefouça, encore peuplé de Kharedjites et Kairouan même qu'ils ont occupé temporairement, n'ont pas la vogue de ces noms prestigieux. On sent, en les prononçant, que des traditions sans cesse évoquées, entretiennent la renommée de ces villes disparues.

Mais en dehors de ces légendes, pouvons-nous préciser des données plus exactes sur ces cités ? Pouvons-nous essayer de les faire revivre un instant à nos yeux ? C'est là une tentative bien incertaine, pour la première tout au moins, car il ne nous reste sur elles que de rares récits historiques de chroniqueurs arabes ou abadhites et Dieu sait s'ils sont peu descriptifs !

---

(1) Les Abadhites nomment ainsi l'état de la secte triomphante ; si elle est combattue, elle entre dans l'état de résistance. Si elle est persécutée, c'est l'état de dévoûment et lorsqu'elle est réduite aux abois, c'est l'état de secret. Dans ces deux derniers stades, la communauté abadhite ne possède plus d'imam. D'après les principes des docteurs du Kharedjisme, les Mzabites seraient en ce moment dans l'état de secret.

Pour plus de détails, voir :

La préface à la *Chronique d'Abou Zakaria*, particulièrement la page XLIII.

Zeys, *Législation Mozabite*, p. 44, N. 2.

M. Morand, *Études de Droit musulman*, p. 441, N· 1 et 2.

(2) *Formation des Cités*, p. 202.

La ville de Tiaret. — La fondation de l'ancienne *Tagdemt* [1] comme disent les Mzabites, remonte au viii° siècle, en 761 ou 787 [2]. Elle est née d'un camp et doit son existence à l'énergie d'Abderrahmane ben Roustem. Les ancêtres des Mzabites paraissent avoir eu, dès cette époque, une aptitude toute spéciale à fonder des villes. L'emplacement de la future cité fut choisi par l'assemblée des musulmans, dès le début de l'imamat de Roustem. Leur intention était de bâtir une ville qui fut le « boulevard de l'Islamisme ». L'endroit avait été d'abord désigné par deux députés envoyés en mission et dont le choix s'était porté sur *Tahert*. Comme l'emplacement était déjà occupé, une composition intervint entre les anciens habitants et les fondateurs de la nouvelle ville [3].

Aussitôt après avoir défriché le terrain, le premier souci des « compagnons de l'œuvre », comme ils se nomment eux-mêmes [4], fut de construire la mosquée. Son emplacement fut tiré au sort entre quatre endroits également convenables et il se trouva être justement celui qu'ils avaient choisi pour leurs prières.. « C'est là qu'ils bâtirent une mosquée grandiose, magnifique, composée d'un grand nombre de bâtiments [5] ».

La ville fut ensuite édifiée sur le flanc du djebel Guezoul. A ses pieds coulait la Mina [6]. La cité primitive dite *Tahert el Qadima*, Tiaret l'ancienne, subsista à cinq milles environ de la nouvelle [7].

Y avait-il plusieurs mosquées dans la récente ville édifiée ? L'intérêt de ce petit problème apparaîtra plus tard. Si certains passages de la Chronique d'Abou Zakaria permettent de penser qu'il y en avait qu'une [8], un autre texte plus probant, œuvre d'un musulman étranger au Kharedjisme qui habitait la Tahert

---

(1) Son nom véritable est *Tahert* qui signifie lionne en dialecte berbère. La légende rapporte que lors de la fondation de la ville, une lionne aurait emporté ses petits dans sa gueule pour faire place aux Abadhites.
Voir l'étude de M. Motylinski sur *Le Nefousa*, p. 138.

(2) Divergences entre Ibn Khaldoun *(Histoire des Berbères,* T. 1, p. 220) et la *Chronique d'Abou Zakaria.* Voir celle-ci p. 49.
La ville de Tiaret était établie sur les flancs du Djebel Guezzoul, au nord du plateau du Sersou (Dp' d'Oran).

(3) *Zakaria*, p. 49.

(4) *Ahal edddoua* اهل الدعوة

(5) *Zakaria*, 50.

(6) Ibn Khaldoun, t. 1, p. 242-243.

(7) L'ancienne s'appelait Tagdemt en berbère, de Kadim فلديم ancien, l'autre, El *Kaditsa* ou el djedida, en berbère tajedit. Passage de l'abrégé du cheikh Amhammed Atflech, in *Chronique Zakaria*, N. p. 54.

(8) *Zakaria*, 70.

des Rostemides sous les derniers princes de cette famille [1], autorise à dire qu'il y en avait plusieurs [2]. Par contre parmi ces mosquées, l'une d'elles, la plus importante et la plus élevée, recevait la dénomination de mosquée-cathédrale [3] ; c'est là que les qadis, les préposés au trésor et les jurisconsultes se rassemblaient pour tenir leurs assises régulières [4] : coutume retrouvée maintenant encore dans les mosquées mzabites, comme nous aurons l'occasion de le dire.

On a voulu représenter les villes de cette époque, et Tiaret en particulier, comme des cités peuplées de semi-nomades et on a rapproché ces agglomérations zénètes des villages aurasiens actuels, que les habitants abandonnent pendant une partie de l'année pour aller vers les pâturages de la plaine avec leurs troupeaux [5]. Nous croyons au contraire que dès cette époque les villes berbères et particulièrement Tiaret, possédaient déjà un caractère urbain accentué [6]. La lecture du texte précité d'Ibn Seghir entre autres documents permet de le conjecturer avec vraisemblance [7].

La construction était déjà fort en honneur chez les Abadhites. Les gouverneurs ou leurs parents immédiats ne dédaignaient pas de mettre la main à l'ouvrage pour construire leurs habitations [8]. Une délégation envoyée de Bassora à Tiaret, s'étant fait indiquer « la maison de commandement », surprend l'Imam en train de réparer sa demeure. Il construisait un plafond de ses mains, nous

---

(1) Chronique d'Ibn Seghir sur les imams rostemides de Tahert par A. de C. Motylinski. In Actes du XIVᵉ Congrès International des Orientalistes. Alger 1908. Préface, texte et traduction, p. 3 à 132. Nous l'appellerons Seghir tout court.

(2) Seghir 105.

(3) Voici les termes employés dans le texte arabe pour désigner celle-ci : p. 12. *Mesjed el djama* مـسـجـد الجـامـع trad. p. 67 ; p. 32. *Adla mesjed fi el medina* أعلى مسجد في المدينة trad. p. 93. Voir aussi la traduction p. 83. 107. 109. Il résulte de ces expressions que la mosquée-cathédrale était la plus haute mosquée de la ville (*Adla mesjed fi el medina*). Concernant l'expression *mesjed el dj ima*, voir infra l'étude de la mosquée.

(4) Seghir, page 123.

(5) M. Masqueray de la *Chronique d'Abou Zakaria*, p. 114, N. Le savant professeur rappelle l'exemple des Ouled Abdi et des Ouled Daoud chez les chaouïas de l'Aurès.

(6) Chaque ville avait son administration propre, avec à sa tête un gouverneur ou un sous-gouverneur ; les tendances traditionnelles de ses habitants mises à part. cette forme gouvernementale constituait déjà un stimulant pour le développement intrinsèque de chaque cite. (Au sujet de l'administration des villes. voir *Zakaria*, 74, 134, *Seghir*, 123).

(7) Il fut publié en 1908, la Chronique de M. Masqueray est de 1878.

(8) *Zakaria*, p. 179.

disent les textes. et au dessous de lui son esclave lui passait du
mortier (1).

Tiaret devait être une ville déjà fort évoluée : elle possédait une
maison des hôtes pour héberger ses étrangers (2) ; ses mosquées
multiples devaient augmenter sa parure. Les maisons de la ville
étaient toiturées de terrasses, caractéristique digne d'être remar-
quée, quoique la région fut montagneuse : on y montait lors
d'événements importants, de combats par exemple (3). Il est difficile d'être documenté sur l'intérieur des maisons : leur plan comprenait probablement un péristyle ou pour mieux dire un vestibule d'entrée, et chose à retenir, elles étaient souvent divisées en
appartements public et privé (4).

La ville était close de remparts sur lesquels on pouvait accéder
à l'occasion 5 ; quatre portes permettaient de les franchir (6). Au
delà s'étendait une campagne luxuriante couverte de châteaux et
de fermes (7), des caravanes arrivant de tous les points de l'horizon
la traversaient avant de pénétrer sur le marché de la ville (8). De
nombreux jardins y étaient cultivés et on y entendait chanter les
moulins (9) actionnés par les sources de la Mina ; absolument
comme maintenant, dans les massifs aurasiens, on retrouve les
moulins à aubes au creux des ravins.

Les personnages aisés de Tagdemt possédaient dans cette
banlieue, des maisons de plaisance qui étaient aussi à terrasses.
Ces habitations de luxe portaient des noms. elles étaient construites au milieu des cultures et des cours d'eau, ombragées
d'arbres, voire de palmiers, et leurs jardins étaient ceints de murs
de clôture (10). Nous aurons l'occasion de constater que cette

---

(1) L'anecdote est rapportée dans le *Manuscrit d'Ibn Seghir*. p. 65 « ils trouvèrent
auprès de la porte un esclave qui gâchait du mortier ». A Ghardaïa, la préparation du
mortier se fait encore dans la rue et près de la porte de la maison à construire ou à
réparer).
On trouve aussi le même récit in *Zakaria*, p. 51.

(2) *Seghir*, 111.

(3) *Zakaria*, 114. — *Seghir*, 107.

(4) Voir le manuscrit de Seghir. p. 93, texte 33 ; on les dénommait *medjles* et *horma*
مجـلـس وحـرمـة. Pour le vestibule d'entrée. voir aussi Seghir 84, le texte porte
سفيعة الدار. Ce mot est maintenant employé pour désigner l'étage.

(5) *Zakaria*, 96.

(6) *Ibn Khaldoun*, T. 1. passage cité. — *Seghir*, p. 119.

(7) *Seghir*, 85.

(8) *Seghir*, 69.

(9) *Seghir*, 102.

(10) Voir *Seghir*, page 47 et surtout page 85. texte arabe page 26 ; ces châteaux de
plaisance se nommaient qçar, plur. qçour (فصور فصر) et leur mur de clôture djedar
(جدار) ; ils étaient percés de créneaux oblongs, cherafa (شرافة).

habitude de posséder des villas est restée toujours chère aux Abadhites.

Tiaret connut des époques brillantes de prospérité ; en plus d'un centre commercial très important [1], c'était une ville intellectuelle et religieuse. Elle possédait une bibliothèque renommée [2], la langue arabe florissait à la cour des Rostémides [3] et on ne se faisait pas faute de cultiver la magie, l'astrologie et surtout la controverse religieuse. Ses habitants pouvaient dire « il n'y a pas de servante chez nous qui ne connaisse les signes du Zodiaque [4] ».

Malheureusement, avec l'intransigeance kharedjite et la turbulence des tribus voisines, l'histoire de cette cité n'est qu'une longue suite de schismes, de désordres, d'alliances et de ruptures [5]. La Jérusalem du Ouahbisme [6] devait succomber, elle fut abandonnée et détruite en 902.

Maintenant qu'il ne reste plus rien de la Tiaret Rostémide, pas même des ruines, force nous a été de nous représenter par des textes cette ville berbère du viiiᵉ siècle. La question se pose différemment pour Sedrata d'Ouargla.

Sedrata d'Ouargla. — Avant l'exode de Tiaret, Ouargla était déjà peuplée d'abadhites. La mise en valeur de l'oasis remonte à la plus haute antiquité. A l'époque de la fondation de Tiaret, le kharedjisme y avait aussi pénétré, venant du djebel Nefouça, par le sud de la Tunisie, et lors de la ruine de Tiaret, Ouargla s'accrut de tous les fuyards de la cité abadhite anéantie [7].

Il y avait d'ailleurs interpénétration continue entre tous les établissements abadhites. Djerba [8] fondée dès le xiᵉ siècle servait

[1] *Seghir,* p. 115.

[2] *Zakaria,* 80.

[3] Voir à ce sujet Henri Basset. *Essai sur la Littérature des Berbères.* 1920. p. 28 et 71.

[4] Rapporté in texte *Zakaria.* p. 78 ; voir aussi page 172. 186.

[5] Voir *Zakaria* 57 et la note 1.

[6] C'est M. Masqueray qui parle de la « Jérusalem du Ouahbisme ». *Formation des Cités,* p. 188.

[7] Note de Masqueray, *Zakaria* 262. Sur la fondation de cette ville voir la belle page du même auteur dans *Formation des Cités,* p. 201.

[8] Ancienne île des Lotophages, au fond du golfe de Zarzis (Tunisie du Sud). Sur l'histoire de Djerba on pourra consulter la relation d'une expédition faite par Pedro de Navarre et Garcia de Tolède, contre la petite île. en 1510. Ce document abadhite a été traduit par M. de Motylinski et publié dans les *Actes du XIVᵉ Congrès des Orientalistes de 1905,* p. 133 à 159. Voir aussi un autre art. de M. de Motylinski : *Dialogue et textes en Berbère de Djerba,* in *Journal Asiatique,* nov.-déc. 1897. On y trouvera quelques détails sur la vie des Djerbiens.

de nœud vital à la prédication ; or, nous verrons quels rapprochements on peut faire encore, au point de vue de la construction entre les édifices trouvés dans cette île et ceux des villes de la Chebka. On peut donc augurer, sauf quelques restrictions que nous préciserons, que les traditions et les techniques architecturales tendaient aussi à s'uniformiser.

Le commerce surtout permettait aux Kharedjites d'essaimer dans le Sahara : l'oued Rir', Ouargla, avaient été convertis et développés grâce à lui. Les Abadhites entretenaient des relations suivies avec le Soudan ; leurs caravanes parvenaient jusqu'au fond du Ghana [1]. Partout ils construisaient, et certes, il serait intéressant de discriminer dans les oasis ce qui doit être attribué encore à leur influence. « Unissant au goût naturel du Ber- » bère pour les constructions, une forte discipline religieuse, » maçons dirigés par des moines, ils ont été les colons du » Sahara. » [2]

Sedrata d'Ouargla ou *Isedralen* [3] dans le langage ou tamazir't de la Chebka, paraît jouir encore d'une célébrité tout aussi considérable que celle de la glorieuse Tiaret [4]. La forêt de 400.000 palmiers que l'on y compte aujourd'hui n'occupe plus maintenant qu'une partie du sol jadis exploité [5]. Le sable des dunes a recouvert peu à peu, vers le Sud, ce qui autrefois constituait une agglomération bourdonnante ; mais le sable est aussi un doux linceul, et en le creusant par endroits on retrouve parfois encore intacts, les édifices de la ville ancienne.

D'abord « des conduites maçonnées rayonnent autour de la » source morte de Seddrata et courent très loin dans la plaine ». [6] Puis ce sont des ruines que l'on a découvertes, des ruines dénotant une architecture déjà très développée. Elles ont permis de reconnaître une mosquée « à salle carrée couverte de 20 voûtes » soutenues par 16 piliers avec de fausses portes sur les murs et » des fenêtres entourées de dessins symétriques. » [7] Ailleurs se dessinent très nettement un palais avec une cour centrale sur laquelle s'ouvraient deux portiques et trois chambres. Plus tard,

(1) *Zakaria* 276. Renseignements extraits d'un mandement du Cheikh Atfiech.
(2) Masqueray. *Chronique d'Abou Zakaria*, 276 N. 1.
(3) Ce nom lui vient de la tribu des Sedrata qui d'abord constituèrent son peuplement.
(4) Le cadi de Melika nous disait qu'elle comptait 330 agglomérations et 1.150 sources !
(5) Schirmer. *Le Sahara*, 306.
(6) Paul Blanchet. *L'Oasis et le Pays d'Ouargla. Annales de Geo.*, 1900. p. 142.
(7) Saladin, *Manuel d'Ar. musulman.* page 231. 2 photos ; fig. 152 et 153.

les fouilles de M. Blanchet permirent de compter plus de trente
quatre salles dans ce prestigieux monument, et partout « les murs,
« Les colonnes et les chapiteaux sont couverts d'un stuc très
» fin refouillé en arabesques [1]. »

Les maisons étaient ornées d'arceaux et de colonnes [2], comme
le sont encore les maisons abadhites de l'oued Mzab que nous
décrirons [3]. Les salles du palais étaient couvertes en berceau,
au devant d'elles des arcades étaient disposées, « leurs arcs sont
» outrepassés : les colonnes en maçonnerie portent des chapiteaux
» massifs qui semblent mieux faits pour s'adapter sur des pilas-
» tres à pans coupés que sur des fûts cylindriques [4]. » Nous
retrouverons, dans l'étude des villes du Mzab, des tâtonnements et
une incertitude perpétuelle touchant la technique du chapiteau.

Enfin le plan des maisons comportait une cour intérieure avec
chambres longues et étroites prenant jour au dedans. Ces chambres
étaient parfois précédées d'arcades ou d'une voûte unique, comme
en comportent encore les maisons mzabites actuelles. En outre,
l'habitation comprenait des recoins, des réduits, des magasins
partout multipliés. Autant de particularités, et d'autres encore
que nous signalerons plus loin, dont on retrouve la trace dans
l'habitation abadhite moderne.

Mais surtout, ce que les ruines de Sedrata d'Ouargla renferment
de plus curieux « ce sont leurs arabesques, c'est-à-dire, sur des
» murs en pisé ou en moellons, des enduits faits de *leffiza*, sorte
» de tuf, appliqué frais sur les murs, et qu'on sculpte au fer
» quand il est encore mou [5]. » Plus de deux cents mètres carrés
d'une semblable décoration murale furent mis à nu. On peut les
admirer au musée de Mustapha, à Alger, où certaines ont été
transportées [6]. Elles paraissent fabriquées en *timchemt*, ingrédient spécial que nous aurons l'occasion de retrouver.

(1) Lire le compte rendu à l'Académie. de M. Blanchet, 1898, p. 520.
(2) Id., p. 61 et 62.
(3) La ressemblance est particulièrement frappante en ce qui touche le profil des
arceaux. On trouvera le dessin d'une de ces arcatures dans l'art. de Tarry sur les
villes berbères de la vallée de l'oued Mya. *Revue d'Ethnographie* du Dr Hamy. 1885,
fig. 7, p. 14. Ce sont les mêmes découpures à la base de l'archivolte.
(4) M. Georges Marçais, *Album de pierre, plâtre et bois sculpté*. 1909. page 3. description des figures et des planches.
(5) Saladin, op. cité 236. Sur Sedrata lire encore l'article précité de Tarry. Excursion
archéologique dans la vallée de l'oued Mya, *Revue Ethnographique*. III. p. 1-44, voir
aussi le vol. II, p. 21-34.
(6) Mais surtout on peut admirer les fort belles planches dessinées d'après elles par
M. Marçais dans l'album précité. Planches I et II. format des pages : 50 cm. sur 13.
Tarry donne aussi la reproduction d'une portion de paroi sculptée ayant appartenu
au palais de Sedrata (art. cité fig. 18, p 43).

Ces revêtements sont d'une rare richesse décorative. Ils empruntent leurs éléments à l'écriture, la géométrie et l'ornement floral. Et, chose remarquable, « rien en ces sculptures de l'an 1000 ne « traduit l'influence directe de l'orient musulman [1]. » Ce sont des spécimens d'un art roman d'Algérie, évolué en dehors de toute invasion arabe et répondant tellement à l'esprit décoratif autochtone que ces motifs se retrouvent, maintenant encore, chez les Kabyles ou les Aurasiens [2]. Pour ce qui est des Mzabites, les villes actuelles de la Chebka ne contiennent plus, malheureusement, d'éléments aussi évolués de décoration. Les abadhites semblent avoir perdu complètement ces bonnes traditions. Peut-être est-ce par sectarisme, parce que leur esprit égalitaire aurait régenté la construction elle-même ; peut-être aussi parce que le développement de Sedrata avait atteint une prospérité hors de proportion avec le développement de nos villes actuelles. Néanmoins nous devons en retenir un enseignement touchant la culture et le développement architectural des villes abadhites : elles semblent n'avoir pas subi d'influences étrangères et avoir progressé seulement sur les vieux fondements africains.

Sedrata, dans son luxe et sa grandeur, ne devait pas tarder à porter ombrage à des voisins plus puissants ; un seigneur de la kalaâ des Beni-Hammad [3] la ruina, ainsi que d'autres villes de l'oued Mya, en 1075. Les puits furent aveuglés, ses sources comblées ; les soldats, dans leur férocité, n'épargnèrent ni les édifices

[1] Blanchet, C. R.. p. 520.

[2] Album de M. Marçais. p. 4. Voir les rapprochements si symptomatiques de décoration.

Lire aussi, *Revue de l'Art musulman en Berbérie.* par M. G. Marçais. in *Revue Africaine,* 4ᵉ trimestre 1906, p. 407 et 408. Bibliographie infrapaginale.

[3] Ville très curieuse du XIᵉ siècle qui a été l'objet de fouilles tout à fait complètes·
Général de Beylié. *La Kalaâ des Beni-Hammad,* 1907; profusion de documents photographiques. G. Marçais, *Les Poteries et Faïences de la Qel'a des Beni-Hammad ;* planches de l'auteur. 1913.

A. Robert, *La Kalaâ et Tihamamine* (Ruines berbères Hammadites. Rec. des Notices et Mémoires de Constantine, 1903).

Du même auteur, *La Kalaâ des Beni-Hammad,* 7 pages, 3 photogr. Édition de la *Revue Nord-Africaine illustrée.* Alger, 1907.

Voir aussi le deuxième fascicule de l'*Album de pierre, plâtre et bois sculptés,* de M. G. Marçais. p. 37 et pl. III *bis.*.

Ces villes berbères des quatre premiers siècles de l'Hégire sont fort intéressantes. Souvent, ce sont d'anciennes villes byzantines (Baghaï, Tidjis, Tobna).

Nous citons, en passant, à propos de ces cités africaines du Xᵉ siècle :

Blanchet, *Mission archéologique dans le Hodna Oriental* (Tobna). *Rec. Soc. Arch. de Constantine,* 1899.

Raoul Grange, *Monographie de Tobna, Rec. de Constantine,* 1901.

ui les palmiers [1] . Mais les abadhites, dans leur sagesse, et dès avant la chute de leur forteresse, avaient fondé des établissements dans une région encore plus isolée du Sahara : les villes de la chebka du Mzab étaient déjà nées et ce sont elles seules, maintenant, qui vont nous préoccuper au cours de cette étude.

[1] Lire l'art. cité de Blanchet : *L'Oasis et le Pays d'Ouargla, Annales de géographie*, 1900, page 153.

LE MILIEU EXTÉRIEUR

Le Terrain

Situation géographique, Configuration, Limites. — La contrée dont nous étudierons l'habitation fait partie au point de vue géographique du Sahara Septentrional et au point de vue administratif, constitue une commune indigène du Territoire de Ghardaïa [1]. Cette région est située au sud de l'Algérie proprement dite, dans le prolongement de la province d'Alger. On la dénomme Chebka du Mzab ou plus simplement encore Mzab tout court; ses coordonnées géographiques sont comprises entre 32° et 33°20' de latitude Nord et 0°4' et 2°50' de longitude Est. Sa superficie atteint 8.000 kilomètres carrés [2].

C'est un pays en contre-haut par rapport aux régions avoisinantes. Il se développe sur une largeur de plus de 100 kilomètres et ses contours sont assez nettement tranchés sauf exceptionnellement vers le sud où ils sont assez imprécis.

Au nord, la Chebka est limitée par l'oued Besbaïer puis, par une ligne fictive que l'on peut tirer sur la carte dans le prolongement de la direction générale de l'oued Settafa et qui aboutirait aux environs du Hadjar Lekkaz [3]. Cette arête qui atteint parfois 200 mètres complique l'accés par le Nord.

[1] Le Chef de cette vaste circonscription administrative, l'une des quatre dont l'ensemble forme les Territoires du Sud, est en résidence à Laghouat. La commune de Ghardaïa était autrefois un cercle. c'est maintenant une annexe depuis que les fonctions de Chef de cercle et de Chef de bureau arabe ont été confondues sur la même tête.

[2] L. Rousselet, *Mzab*, supplément au dictionnaire de Vivien de Saint Martin. voir aussi le carton d'orientation de Brunhes. Géo. Hum, 1916 page 517. On trouvera dans ce manuel une monographie déja très précieuse sur le Mzab: nous aurons l'occasion de la citer par ailleurs. Concernant l'aperçu géologique du plateau voir ce même ouvrage page 539.

[3] Nous indiquons à peu près les limites données par le Docteur Huguet dans sa note courte mais si documentée publiée dans le *Bulletin de la Société de Géographie*, année 1899. (*Dans le sud Algérien*, pages 285 à 303). Ce même bullettin publie aussi des cartes et croquis très précieux.

Au point de vue cartographique voir : 1° l'Algérie au 800.000°, feuilles 3 et 4, mais surtout feuille 4. 2° une édition provisoire de la région du Mzab année 1910. Cette dernière carte au 200,000° est plus précise que la première.

A l'ouest la limite est moins certaine ; on rencontre une série
de hauteurs qui ont été rognées sur leur pourtour par d'anciennes
eaux fluviales, dessinant entre les vallées des sortes de ponts ;
c'est la région des *Gantra* (قنطرة pont, pl. قناطر).

Au sud, après la dépression si brusque marquée par l'oued
Seb-Seb, les mouvements de terrain se font de moins en moins
fréquents et après le *Bir-Rekaouï* à 140 kilomètres à vol d'oiseau
de la limite Nord, on ne tarde pas à pénétrer dans cette immense
région des dunes qu'on ne quitte plus par la suite sur la piste
d'El Goléa, jusqu'à l'escarpement de cette forteresse saharienne
(El Goléa, *Kalaa* قلعة, citadelle).

Le rebord le plus net de la Chebka se trouve à l'Ouest ; une
profonde gouttière N.-S., l'oued Loua marque la cessation de
l'immense terrain de parcours des ouled Sidi Cheikh, versant
occidental du Sahara, dorénavant tourné plutôt vers les rivages
de l'Océan [1]. Notre plateau sert de berge à la rive gauche de cet
oued, c'est une faille à pic, difficilement franchissable, rempart
épais opposé à une incursion par l'Ouest. La moyenne d'altitude
du plateau étant de 545 mètres et variant de 300 à 800 mètres
entre les mesures extrêmes, on enregistre ici une dépression
presque aussi forte que celle existant au Nord [2].

Dans cette direction et au Sud, c'est le chaos et l'enchevêtrement
des dunes, prologue de l'erg immense qui s'étend après El Goléa.
Le vent, les eaux, ont accumulé dans ces bas-fonds « les déchets
d'une érosion qui s'est exercée pendant des âges géologiques [3] ».

L'aspect de notre Chebka témoigne en effet, d'une usure intense
qui a dû se poursuivre pendant des millénaires ; des strates ou
« têtes de chat » ont été isolées, elles sont surtout très nettes
avant d'arriver à Ghardaïa, aux environs de l'oued *Ourrir'lou*. Par
la suite, plus au Sud, insensiblement, le relief est moins accentué ;
les *gour* [4] multipliés sur la piste de Metlili se font de moins en
moins nombreux pour disparaître après avoir dépassé cette oasis.

---

(1) Voir Elisée Reclus, *Géographie Universelle*, Algérie, p. 331.

(2) Voir le *Profil Est-Ouest du Sahara Algérien*, d'après Rolland, publié par Schirmer
dans son *Sahara*, p. 21.

Cet escarpement d'*El Loua* n'aurait pas moins de 200 mètres de hauteur. (Itinéraire
géologique d'Alger à Laghouat, voyage entrepris en 1856 par M. Ville ; notes manus-
crites que l'on peut consulter aux archives du Service de la Carte Géologique).

(3) Sur la genèse des dunes, voir M. Gautier, *Etudes Sahariennes*. Annales de Géographie, 1907, p. 124.

(4) Gara, pl. Gour, témoins géologiques très bien dénommés par l'expression arabe ;
ce sont des couches molles à la base, protégées au sommet par un chapiteau de roche
dure. (Voir *Le Sahara* de M. Gautier, T. 1, page 8). Ces rochers dominant la région et
rappelant aux voyageurs les âges écoulés, ont un aspect bien spécial.

Constitution géologique : Stratigraphie, Tectonique, Aspect général de la région. — De bonne heure, les géologues ont parcouru cette contrée et dès les premières reconnaissances, ses caractéristiques si apparentes furent nettement fixées [1]. Après la si curieuse région des *dayas* [2] que l'on traverse en quittant Laghouat, sans transition, on pénètre dans une région de calcaires dolomitiques qui rappelle « une mer agitée par une violente tempête et solidifiée tout d'un coup [3] ». Les premières assises des roches commencent à apparaître à 110 kilomètres de Laghouat environ, puis, très vite, toute flore et toute faune disparaissent. rien ne subsiste de ce qui faisait la vie de la *daya*. L'ensemble de la formation présente les mêmes calcaires que l'on a quittés à Laghouat, qui étaient recouverts dans la région de Tilremt par une certaine épaisseur d'atterrissements et que l'on retrouve ici beaucoup plus chaotiques et ramassés. Ce sont des calcaires turoniens, gris ou noirs et luisants lorsque le sable mis en mouvement par le vent, les a polis. Ils sont en général établis sur des formations de marnes et d'argiles, leur épaisseur est très variable, elle atteint une puissance de 110 à 120 mètres à Ghardaïa [4]. Parfois, les croupes pierreuses sont panachées de traînées lie de vin qui rappellent des coulées de bitume : ce ne sont, en réalité, que les vestiges d'une carapace de calcaire concrétionné qui se serait formée à l'époque quaternaire [5]. La route de Ghardaïa lorsqu'elle a dû être creusée dans le calcaire lui-même, après Berrian par exemple, offre des accotements d'une teinte blanche caractéristique : le calcaire de la Chebka possède en effet, une cassure toujours blanche.

L'aspect général du paysage a quelque chose de dantesque. C'est le plateau pierreux dans toute son horreur, la *hamada* [6], tantôt bouleversé par l'érosion comme aux environs de l'oued

(1) Voir l'ouvrage si complet de M. Ville : *Exploration Géologique du Beni Mzab du Sahara.* Paris, Imp. Nationale. 1872. Ce livre écrit par un ingénieur en chef des mines, renferme même des développements touchant l'ethnologie des contrées décrites.

(2) Dayas, cuvettes où poussent des pistachiers térébinthes.

(3) Ville, op. cité page 28.
Voir la composition de ces dolomies page 29 ; lire aussi les descriptions très complètes de l'auteur, relatives aux coupes géologiques.

(4) Pour plus de détails. voir le rapport de l'ingénieur en chef Jacob du 19 avril 1893. il avait été écrit dans un but de recherche d'eaux artésiennes. Ce rapport est conservé dans les archives du Service de la Carte Géologique : les passages essentiels en ont été publiés par Huguet dans son article précité.

(5) Jacob in Huguet, 291.

(6) Expression arabe qui signifie plateau pierreux. Le plus typique est la hamada-el-hamra au Sud de Ghadamés en Tripolitaine.

Nimel où les roches sont tellement déchiquetées qu'il semble que le cœur de la Chebka soit proche, tantôt s'étendant monotone et immense sans une touffe comme sur la piste de Metlili après avoir passé l'oued *Nouimrate*. On comprend dès lors que l'ont ait pu dire que la *hamada* était dans le désert, le vrai désert.

Au point de vue tectonique, le plateau tout entier affecte une forme générale en pupitre car il possède une inclinaison du Nord-Ouest-Sud-Est ; de plus, recouvert par des couches régulières à l'origine, il a vu ses dépôts profondément érodés par les éléments. Les eaux pluviales, les actions éoliennes ont creusé dans les bancs calcaires des ravines abruptes [1] qui découpent la roche dans tous les sens, lui donnant cet aspect typique que les sahariens ont rendu par l'appellation de Chebka (شَبَكَة filet). Ces lits de torrents à sec convergent vers des gouttières larges et profondes : ce sont les vallées d'*ouadi* sahariens [2] ; ils ont tous une direction N.O.-S.E. qui correspond d'ailleurs à l'inclinaison du plateau. C'est le bassin d'Ouargla qui joue le rôle de centre attractif des eaux de la Chebka.

Le Climat

On sait qu'elle influence décisive les facteurs physiques exercent sur l'évolution des sociétés. Le climat n'est pas un des moindres ; les anciens déjà l'avaient compris. Dans les temps modernes, Montesquieu, dans sa théorie célèbre des climats, et plus récemment encore Ratzel avec son tellurisme, ont mis ces caractères bien en valeur.

Température selon les saisons. — Au point de vue climatologie de l'Algérie, il existe un livre fondamental, c'est celui de M. A. Thévenet [3] , nous y avons relevé les données numériques les plus symptômatiques, complétées par des renseignements pris

(1) Voir la photographie d'un de ces thalwegs dans la *Géo. Hum*, de Brunhes, fig. 157 page 540, édition 1910.

(2) Voir pour des détails sur ces principaux ouadi (l'oued Zegrir, l'oued Soudan, l'oued Mzab, l'oued Metlili), l'art. de Huguet, p. 294 à 296 et Ville, p. 11 et suivantes et p. 33 et suivantes.

(3) *Essai de Climatologie algérienne*, Alger, août 1896. Le service météorologique d'Alger entreprend l'édition d'un ouvrage analogue avec les données et les moyennes constatées au cours de ces dernières décades.

sur place. La station météorologique de Ghardaïa est la plus ancienne du Sahara, elle date de 1887 [1].

Voici les données touchant la température que des observations portant sur huit années, avaient permis d'établir.

	Janvier	Février	Mars	Avril	Mai	Juin	Juillet	Août	Septembre	Octobre	Novembre	Décembre
Températures maxima (moyennes mensuelles)......	14.7	17.8	22.6	26.8	32.3	38.5	43.4	42	36.5	28.6	21.1	16.1
Températures minima....	2.9	4.6	8.7	11.9	15.9	20.9	24.8	23.5	19.5	13.6	7.7	4.1
Température moyenne de la journée (températ. moyenne mensuelle corrigée)......	8	9.8	14.7	17.7	22.1	27.9	32.3	30.8	25.6	18.6	17.4	8.8
Variation diurne de la température.................	11.8	13.2	13.9	14.9	16.4	17.6	18.6	18.5	17	15	13.4	12

La moyenne des maxima absolus est de 47,3, le maximum exceptionnel ayant été enregistré à l'ombre étant de 48° La moyenne des minima absolus est de 0,1, le minimum exceptionnel étant — 1.

Ces chiffres [2] sont suffisamment éloquents. On voit quels sont les excès torrides de l'été Ghardaïen. Il se classe parmi les plus chauds du Sahara avec ceux d'El Goléa et d'Ouargla. Le maximum de variation diurne de la température ne dépasse pas 9°2. à Alger en juin, il atteint 18°6 à Ghardaïa en juillet. Les nuits sont souvent très chaudes [3].

En hiver, par contre, la température est sensiblement la même que celle du littoral algérien. Il ne gèle pour ainsi dire jamais et il n'y a point de précipitation de neige vu les froids très faibles.

Par contre, si pendant le jour l'atmosphère pauvre en vapeur d'eau laisse facilement passer les radiations solaires, souvent assez

[1] Voir *Le Sahara* de Schirmer qui date de 95. A cette époque on devait se contenter de données bien succinctes sur le Sud, au point de vue température. Les relevés de la station de Ghardaïa y sont très clairement appréciés : pp. 53, 96, 102, 105 pour la température ; 37, 41, 44 pour les vents.
Maintenant il existe 20 stations du service météorologique dans le Sahara (*Exposé de la Situation générale des Territoires du Sud, 1912*).
Pour la position et l'altitude de la station de G., voir infra les mesures que nous donnons à propos de cette ville.

[2] Nous les avons pris dans l'*Essai de Climatologie* précité où ils sont disséminés dans tout le volume avec d'autres données.
Une courbe des moyennes des maxima et des minima à Ghardaïa existe dans Chudeau, *Le Sahara*, Tome II, fig. 48, page 122.

[3] Coyne, *Le Mzab*, page 5.

vives même au cours des journées hivernales, la nuit, cette même transparence calorifique permet un rayonnement rapide et il en résulte des abaissements parfois très importants de température.

D'autre part, le calcaire, sol plutôt absorbant dans d'autres contrées, n'a ici aucune influence régularisante sur la température en raison de son imprégnation d'eau tout à fait minime. Brûlant pendant le jour, il deviendra vite glacial la nuit.

Les pluies, leur fréquence, leurs époques. — Hygrométrie et évaporation. — Les pluies quant à leur fréquence et leurs époques se répartissent d'une façon extrêmement irrégulière dans le Mzab ; cependant, il résulte des moyennes établies, que l'hiver est plutôt la saison pluvieuse [1]. Les chiffres renseignent fort mal, car s'il est des années assez pluvieuses [2], il en est d'autres et même des séries d'autres où l'on attend vainement même une simple averse. Sur les feuilles météorologiques de la station de Ghardaïa, on retrouve à profusion les mentions : gouttes, orage de sable, tempête de sable.

Les petites pluies imperceptibles, que le pluviomètre n'enregistre même pas, sont très fréquentes. On voit tomber les gouttes, mais avant d'arriver au sol elle sont déjà absorbées par l'atmosphère. L'habitant n'en bénéficie en aucune façon, bien plus, la bourrasque de sable qui accompagne l'orage saharien lui cause au contraire un préjudice certain.

L'humidité atmosphérique est en effet très faible au Mzab, or on sait l'influence énorme qu'elle revêt pour les hommes, les animaux, les plantes et aussi les objets de l'industrie humaine. Eu août, par exemple, alors que la tension absolue de la vapeur d'eau est de 17 $^m/^m$ 5 à Alger, elle n'atteint que 8 $^m/^m$ 4 à Ghardaïa [3]. L'air est donc extrêmement sec et cela en toute saison Si parfois il y a quelques brouillards au matin, le soleil a tôt fait de les dissiper. Pendant certaines journées estivales, la sécheresse de l'air est telle que les objets de bois se contractent, l'encre sèche, les ongles cassent comme du verre [4].

(1) Il tombe annuellement 103 cm. 7 d'eau, répartis ainsi qu'il suit, pour les 6 premiers mois :
23,6 — 5,7 — 17,7 — 7,2 — 6,0 — 1,4. Pour les 6 derniers mois : 0,3 — 2,2 — 6,3 — 4,7 — 7,3 — 21,3. Thévenet, in ouvrage, p.63.

(2) Duveyrier lors de son passage dans le Mzab, compte 13 jours de pluies (*Coup d'œil sur le pays des Beni-Mzab*) p. 118, in Schirmer, p. 79.

(3) Voici la tension absolue de la vapeur d'eau pour tous les mois ; pour les six premiers : 5,7, 4,7, 5,3, 5,6, 5,9, 7,3 ; pour les six derniers : 8,0, 8,6, 8,4, 7,1, 6,4, 5,6, Thévenet, p. 45.

(4) Schirmer, p. 64.

On comprend qu'avec une hygrométrie semblable, l'évaporation soit extrêmement intense l'été. A l'évaporomètre, alors que l'on constate à Alger 5 ^{m}/^{m} 2 en juillet, pour 24 heures, on enregistre dans les mêmes conditions 17 ^{m}/^{m} 3 à Ghardaïa [1]. Pendant la saison d'hiver, au contraire, les chiffres sont assez voisins de ceux du littoral.

Les vents ; vents dominants selon les saisons, leur direction. — Au cours d'une année, les observations établissent que les huit vents soufflent à Ghardaïa. Au point de vue de la fréquence, le régime éolien de l'hiver est cependant l'opposé de celui de l'été.

En hiver le vent souffle du Nord, du N.-W. et de l'Ouest, celui du Nord étant le vent dominant [2], c'est le même qui amène la pluie en janvier et en décembre. En été, les vents dont la fréquence est la plus grande sont ceux du Sud, du Sud-Est, de l'Est et du Nord-Est, ce dernier étant le vent dominant. Les deux premiers, venant du Sahara, sont assurément très secs, celui du Sud surtout, le fameux siroco [3] : il souffle souvent avec une violence inouïe.

Les tempêtes de sable ne sont pas rares non plus, comme nous le disions ; elles constituent même, dans les ravins mzabites, un spectacle assez impressionnant [4] ; soudain des ouragans furieux, chargés de poussière, arrivent sous forme de volutes en mugissant et menacent de tout emporter.

Conclusion :

Maintenant que nous connaissons l'allure générale du plateau mzabite, que nous pouvons nous rendre compte des liens étroits qui unissent les faits climatériques de cette contrée à ses caractéristiques [5], nous sommes aussi en mesure d'apprécier la Chebka en tant que siège d'établissement humain.

(1) Ces mesures ont été enregistrées à l'ombre, on se doute de l'énormité de l'évaporation au soleil. Voici les moyennes de 24 heures enregistrées à l'ombre à Ghardaïa ; pour les 6 premiers mois : 4.8, 6,8, 6,3, 9,2, 12,4, 16,1 ; pour les six derniers : 17,3, 15,7, 13,0, 10,5, 6,9, 5,5.

(2) Voir les cartes si expressives de l'essai de Thévenet, planche XXIX et seq.

(3) Les indigènes ne donnent pas aux vents des noms différents de ceux employés dans le Tell. Le siroco s'appelle aussi *chehili* شهيلي Il souffle aussi le plus souvent du Sud-Ouest.

Dans la Zenatia du Mzab les vents se disent *idhouen,* sing. *adhou.* (Voir René Basset, ouvrage cité ds bibl, p. 96).

(4) Récit de l'Eprevier, p. 406. V. Bibliogr.

(5) Sur les répercussions réciproques de ces deux ordres de faits, voir la préface de l'Atlas de Vidal de la Blache.

On peut dire sans crainte qu'il y a bien peu de contrées aussi déshéritées sur la terre. Le sol est presque exclusivement rocheux et quant aux maigres atterrissements situés au creux des oueds, ils apparaissent, à première vue, sous l'aspect de lits sablonneux absolument impropres à la culture. Il faut une patience et un travail inouïs pour arriver à les rendre arables, pour les nettoyer de leur croûte de sables stériles et mettre à nu un sol susceptible de produire une récolte.

De plus, la sécheresse persistante, l'énormité de l'évaporation, indépendamment de la valeur cultivable des terrains, sont déjà, à eux seuls, des obstacles sérieux qui viennent s'opposer au libre jeu de l'activité de l'homme. Souvent même l'existence des sociétés établies dans la région s'en trouve menacée. Par contre les averses diluviennes qui, extrêmement rarement il est vrai, peuvent subvenir, suffisent pour renverser pendant de longs jours l'économie générale ; le rôle de l'homme qui ne cesse de lutter contre l'évaporation constante, s'en trouve tout d'un coup interverti [1].

Aussi le caractère heureux ou malheureux d'une année tout entière s'exprime t-il par un seul mot : *el oued hemel* (m. a. m. l'oued a porté, l'oued a eu une crue الواد جمل). L'équilibre de toutes les transactions locales dépend de ce fait climatérique. La vie, bien précaire, il faut l'avouer, des cités que nous allons étudier, est suspendue à cette interrogation.

[1] On avait pensé libérer le Mzab de cette inconstance des pluies en creusant un puits artésien. Les recherches entreprises dès 1893 ne donnèrent aucun résultat : les travaux préparatoires concluaient que les grès que l'on rencontre à *Sidi Makhlouf*, avant d'arriver à Laghouat, se continuaient sous la région des dayas et ensuite sous la Chebka elle-même. (Rapport précité de Jacob). L'hypothèse ne fut pas vérifiée.
Pour la flore et la faune du Mzab voir le livre d'Amat.

PREMIÈRE PARTIE

—

LA VILLE

—

CHAPITRE PREMIER
Etude d'ensemble

—

1. — Fondation, situation et aspect

Premiers établissements humains de la Chebka. — Le Mzab ne
paraît pas avoir été habité aux temps préhistoriques ; on n'a pas
encore rencontré d'indices permettant d'établir qu'il ait été le
siège d'une activité quelconque aux premiers âges de l'humanité
africaine. Les pierres écrites relevées sur le point le plus proche,
ont été trouvées au Sud de la Chebka, à 150 kil. environ de
Ghardaïa. Seule une pseudo stèle libyco-berbère, incisée sur une
dalle gréseuse, a été découverte, en 1897, au lieu dit *Gara-Zmila*,
sur la route de Ghardaïa à El-Goléa [1].

(1) G.-B.M. Flamand, *Les Pierres écrites dans le Nord de l'Afrique*, 1921, p. 68, 239,
280, 293. Cet ouvrage posthume ne contient malheureusement pas la monographie
qui devait être réservée à la Gara-Zmila; elle n'avait pas encore été écrite par
l'auteur.

A 5 kil. de Guerara, sur la route d'Ouargla, il existe une pierre levée d'une dimension
considérable ; ce monolithe atteint, dit-on, une vingtaine de mètres de haut, les indigènes l'appellent *Elf Saât* (mille heures), des pierres plus petites sont rangées en cercle
à sa base. Les Mzabites nomment ce lieu *Aamied* ; il est probable que l'on se trouve
en présence d'un *gour*, c'est-à-dire d'un témoin géologique.

Sur ce monolithe voir : une note de M. Jacquot, in *Recueil de la Soc. Arch. de Constantine*, 1898, p. 400.

Bernard, dans son *Carnet d'Itinéraires* cité infra le signale aussi, v. p. 314.

Les Romains semblent n'avoir jamais pénétré dans la Chebka. Les ruines romaines
les moins lointaines ont été relevées à *Messad* ou plus exactement à Aïn-Soltan, à
104 kil. de Laghouat, en allant à Bou-Saâda. C'est probablement la *Tamaritha*, de
Ptolémée.

Berbrugger avait mentionné dans les environs immédiats de Guerara les substruc-
tions d'une tour qui aurait appartenu à l'époque romaine. On a reconnu depuis que ces
ruines étaient celles d'un petit kçar appelé Kçar-el-Ahmar et qui avait été construit
par la tribu des Mr'azi avant la fondation de Guerara. Motylinski, *Guerara*, p. 16, n° 2.

Depuis une très haute antiquité le Mzab a pu servir de terrain de transit aux caravanes, et encore est-il plus vraisemblable qu'elles devaient chercher à éviter ce plateau inhospitalier. Néanmoins, avant l'arrivée des Mzabites dans le pays, il y existait des établissements humains : des nomades *Ouacilites* y séjournaient [1].

Quel était le genre d'habitat de ces populations, il est difficile de le préciser. Il devait être à coup sûr très primitif ; ces tribus nomades devaient séjourner sous la tente ou loger dans des demeures mal construites, comme celles, dit-on, qui étaient situées à Tighzert, au N.-O. de Bou-Noura. On trouve peu de cavernes habitées dans le pays ; nous en avons cependant rencontré une à Metlili, avoisinant la mosquée, mais encore était-elle abandonnée. Néanmoins elle portait les traces d'une appropriation évidente puisque son orifice était obstrué par un mur percé d'un porte, avec deux ouvertures en triangle surmontant le linteau. L'extrême petit nombre de ces cavernes permet tout au plus de dire qu'elles formaient un habitat d'appoint.

Les populations de la Chebka antérieurement à l'arrivée des Abadhites parlaient vraisemblablement arabe. En effet, les appellations des points d'eau ou des accidents de terrain des pistes, ces noms qui sont comme « accrochés à un point de l'espace » [2], sont tous à consonnance arabe [3]. La toponymie relevée sur les cartes permet de faire la même constatation. Par contre, les environs immédiats des villes mzabites possèdent souvent des dénominations berbères [4]. Cette simple opposition est très instructive. Elle nous renseigne sur la prise de possession du sol : depuis que les Abadhites sont venus coloniser la Chebka, sauf l'espace restreint

---

(1) Dès la fondation de Tiaret, la grande tribu réfractaire des Mo'atazalites occupait les limites de l'Algérie du Sud (V. Masqueray, n. 1, p. 149, d'*Abou-Zakaria*). Les Ouacilites sont comptés parmi les Berbères de l'Est ou *la race de Loua*, par Ibn Khaldoun III, 304 (E. Mercier, t. I., p. 183).

Voir aussi sur les Ouacilites ou Ouacéliens *Zakaria*, 67, n, où M. Masqueray les mentionne. L'épithète de berbères, appliquée aux Mo'atazalites et Ouacilites est à accepter, ici encore, sous bénéfice d'inventaire.

(2) Brunhes, *Géo. Humaines*, 410, p. 760.

(3) On trouvera beaucoup de ces noms ainsi que la liste des étapes de la Chebka dans le livre de Bernard : *Carnet d'itinéraires de la Division d'Alger rédigé à l'Etat-Major de la Division*, 1886, p. 306 à 341. Les itinéraires sont étudiés avec beaucoup de précision ; chaque étape est accompagnée du topo du terrain parcouru.

Sur la topologie en général voir Bérard, *La Science des Sites de l'Ulysséide (Les Phéniciens et l'Odyssée*, thèse de Lettres). Les routes du Sahara pourraient donner lieu à des remarques analogues à celles écrites par M. Victor Bérard sur les vieux chemins des navigateurs de la Méditerranée.

(4) Plaine dite de Tighzert par ex. entre Beni-Sgen, Melika et Bou-Noura.

occupé par les noyaux urbains et leurs dépendances, le plat pays est toujours resté l'empire du nomade et des tribus errantes.

Bien avant l'effondrement de l'établissement d'Ouargla, les Abadhites avaient déjà pris contact avec la Chebka, mais ils se contentaient d'une occupation temporaire et sans liens étroits. Peu à peu ils firent des prosélytes parmi les indigènes du lieu [1], contractant aussi l'habitude de venir estiver sur ce plateau sain et sec et incomparablement moins fiévreux que les oasis de l'oued Rir' où ils séjournaient pendant l'hiver [2]. De ces rapports avec l'élément local devaient naître des relations amicales bientôt suivies de rapports contractuels et déjà était amorcée la prise de possession lente mais sûre des points habitables de la Chebka. La structure et les dispositions géographiques du plateau rocheux, difficilement abordable par certains de ses bords, semblaient d'autre part se prêter merveilleusement à cette pénétration. Nous avons vu comment les *ouadi*, larges et profondes gouttières creusées dans les couches calcaires, avaient tous une direction N.O.-S.E. et semblaient concentrer leurs eaux de drainage vers le bassin de l'oued Mya et son centre Ouargla. Les Abadhites, en rayonnant autour de cette ville, devaient être tout naturellement tentés de remonter ces chenaux toujours à sec, pour étendre leur action au delà des zones par eux occupées. Un événement imprévu n'allait pas tarder à rendre cet accaparement beaucoup plus complet et définitif.

Fondation des établissements actuels, leur position géographique. Inductions d'ordre sociologique et appréciations suggérées par ces faits. — Les Abadhites d'Ouargla possédaient plusieurs établissements voisins de cette oasis. Lors de la chute de cette ville, les fugitifs d'Isedraten durent hésiter dans le choix de leur retraite. L'oued Rir' plus au Nord, était encore moins sûr, Djerba restait trop lointaine, le Mzab leur apparut, dès lors, comme la forteresse inexpugnable de leur foi. Son aridité désespérerait l'oppresseur [3] et d'autre part les cités abadhites existant déjà, faciliteraient un établissement rapide. Ils se transportèrent donc au cœur de la Chebka.

[1] On a comparé leur exode à celui des Mormons, s'en allant au fond du Far-West cultiver les rives du Lac Salé. (René Basset. *La Zenatia du Mzab*, VI).

[2] *Zakaria*, texte arabe, 317. Ouargla constituait évidemment un de leurs établissements permanents. Dans l'oued Mya ils occupaient aussi Djebel-Abad, Kerima et Ifren.

[3] Voir *Guerara*, de Motylinski, p. 13, N. 2.

Les autochtones furent amenés à composer, on dut leur verser une indemnité pour se débarrasser d'eux, comme les fondateurs de Tiaret avaient fait, ou bien ils furent contraints de déguerpir sous la pression de forces supérieures. Ou bien encore, comme le prouve la fondation d'El-Ateuf, et celle de Guerara, ils durent être convertis puis assimilés.

Les Mzabites qui, pendant quelques temps, aux premiers jours de leur arrivée, n'avaient pas eu de demeures fixes[1], s'étaient mis rapidement à l'œuvre. L'oued Mzab leur avait paru l'emplacement désiré ; en 1011 El-Ateuf, la plus ancienne des cités de la Chebka, était fondée [2]. La population augmentant d'abord par elle même, puis par immigration d'individus venus des points les plus divers, Bou-Noura était construite en 1048, Melika la suivait de près et en 1053 les premières assises de Ghardaïa étaient jetées. Quant à Beni-Sgen sa fondation dut même précéder celle de Ghardaïa.

Dès lors la pentapole du Mzab était complète, les cinq agglomérations furent établies aussi rapprochées que possible les unes des autres [3] et en 1075, lors de la destruction de Sedrata, elles pouvaient donner asile aux derniers vaincus de l'oued Mya. D'ailleurs ce mouvement de migration des habitants d'*Isedralen* devait être depuis longtemps amorcé lorsqu'il fut consommé par la ruine de la capitale abadhite.

Pendant de longs siècles le nombre des villes du Mzab ne s'accrut pas, ce qui s'explique assez par les dures conditions du pays. Puis brusquement au xviie, plus exactement en 1631, des fractions abadhites chassées de Ghardaïa décidèrent, à la suite d'une rixe, de partir pour aller fonder ailleurs un établissement autonome [4]. Elles s'établirent à Guerara, à 110 kil. N.-E. de Ghardaïa, près d'un petit kçar, *El-Mabertekh*, fondé vers la fin du xvie par des fractions de Ghardaïa et des individus expulsés de Beni-Sgen. Ce kçar ne devait pas tarder à être complètement ruiné par sa nouvelle rivale.

Quelques temps après, en 1679, deux fractions de Ghardaïa [5]

(1) *Zakaria*, 321, N.

(2) Avant de fonder El-Ateuf, les Mzabites racontent que leurs ancêtres étaient installés à Tighzert ou Temizert, au N.-O. de Bou-Noura. Les Ouacilites y séjournèrent aussi. C'est encore un lieu de pèlerinage.

(3) El-Ateuf, la plus éloignée de Ghardaïa, en est seulement à 7 kil.

(4) Lire : *Guerara depuis sa Fondation*, par M. Motylinski, par 1 à 5. Il s'agit de la fraction des *Ouled-Bakha*.

(5) Voir, *Guerara*, Motylinski. p. 1., N. 3.

créaient encore une nouvelle cité : Berrian, la plus septentrionale et la plus récente des sept villes.

Quant à Metlili, il est difficile d'assigner à son origine une date quelconque ; c'est un bourg habité par des nomades *Chaâmba-Berezga* et son ancienneté remonte probablement encore plus haut que celle des villes Mzabites. Ce bourg est situé à une trentaine de kilomètres au Sud de Ghardaïa.

Ces trois dernières villes de la Chebka ne sont pas considérées comme faisant partie intrinsèque du Mzab proprement dit. Les Mzabites allant de Guerara ou de Berrian à Ghardaïa disent qu'ils se rendent au Mzab [1]. Il en est de même pour Metlili. Au contraire, les habitants étrangers au plateau crétacé ne distinguent pas, le Mzab comprend dans leur esprit toutes les villes de la Chebka : nous ferons comme eux pour plus de simplicité.

Des considérations précédentes il résulte que la guerre aurait été la cause de la fondation et du développement des villes mzabites [2]. Les anciens habitants de la Chebka vivaient dans un état semi-pastoral, et l'arrivée des premiers abadhites vint compliquer leurs agglomérations rudimentaires. Ces éléments nouveaux en se superposant aux anciens, les absorbèrent ou les firent disparaître.

Il en résulta des organisations plus évoluées : leur vie religieuse et politique intense, non seulement les maintint dans ce cadre aride et inhospitalier [3] mais, bien plus, elles grandirent en importance et se morcelèrent en établissements plus nombreux [4]. Les bourgades du Mzab grossirent par attraction ; des points les plus divers, à cause de ce caractère de retraites isolées, à cause surtout de la confession *kharedjite* de leurs habitants, les Abadhites accoururent du Tell ou du Sahara du Nord. Ces considérations religieuses contribuèrent beaucoup à leur développement. Nous sommes d'ailleurs en face d'un mécanisme

(1) Huguet, art. cité. 283. Nous avons fait aussi la même remarque ; Huguet ajoute que le Mzab, envisagé au point de vue politique, n'a qu'un tiers de la Chebka. La Chebka géologique possède une unité trop primordiale pour être scindée dans nos développements touchant les établissements humains qu'on y rencontre. Les limites politiques sont cependant fort bien connues des indigènes, lorsqu'on se rend de Ghardaïa à Metlili, on quitte le Mzab proprement dit en traversant le plateau qui domine Beni-Sgen.

(2) Lire, au sujet de « la formation ces villes », un article de Clouzot : *Le Problème de la Formation des Villes. La Géo*, XX. 1909, p. 166, et surtout la thèse de M. René Maunier : *L'Origine et la Fonction économique des Villes*, in-8°, 1910, 325 pp.

(3) Lire Brunhes, examinant l'exemple de Jérusalem, *Géo. Hum.*, 228.

(4) Il y eut « segmentation par croissance ». Cf. Thèse, M. Maunier, 104.

général de formation et d'évolution des villes, et les lois que l'on peut déduire de la constitution de nos petites cités sahariennes sont celles mêmes déjà dégagées par les sociologues [1].

Le choix du cadre est particulièrement frappant. Il nous montre comment, sous la pression d'une nécessité de défense, sous l'influence aussi d'un exclusivisme religieux sauvage, ces populations, habituées à une vie économique facile, s'imposèrent des conditions d'existence de plus en plus compliquées. Les réfugiés de Tiaret avaient fui au Nord de l'oued Mya, ceux d'Ouargla n'hésitèrent pas à aller au plus profond de la Chebka : comme quoi la logique collective et émotionnelle peut dicter des solutions absolument imprévisibles et absorber et annihiler la logique individuelle assurément plus pratique [2].

Les fondations des cinq premières villes du Mzab se succédèrent en moins de cinquante ans disions-nous, mais ce qui paraît le plus extraordinaire, c'est leur curieuse répartition géographique. Elles ont toutes cinq été construites dans le même oued et ramassées dans un rayon de moins de sept ou huit kilomètres : or la fondation subséquente de Guerara ou de Berrian, au xviie siècle, prouve que dans la Chebka même, d'autres points d'installation existaient.

Cette surprenante topologie peut cependant s'expliquer à la suite de l'examen des conditions locales d'existence et aussi par des considérations de défense. A ce dernier point de vue les Abadhites devaient redouter l'isolement et tout naturellement ils désiraient rester dans un voisinage étroit les uns des autres. Mais d'autre part leur population augmentant, la nécessité d'essaimer se faisait de jour en jour plus inéluctable ; or, une observation même superficielle, permet de se rendre compte que, dans l'utilisation des eaux d'un oued souterrain, la situation de ceux installés à l'amont est bien supérieure à la condition des individus de l'aval. La création de jardins toujours plus rapprochés de la source indépendamment de toute autre considération, fit incliner les Mzabites à construire leurs villes de plus en plus haut dans le lit de la rivière. La succession de leurs fondations dans le temps et dans l'espace corrobore pleinement ces données. El-Ateuf, la plus ancienne ville est la plus basse, les autres

---

(1) Voir la thèse de M. René Maunier et particulièrement la p. 52.

(2) Cette constatation a été mise en lumière à d'autres points de vue par M. René Maunier, dans une étude sur la vie religieuse et économique (*Revue Internationale de Sociologie*, déc. 1907, janv. fév. 1908).

— 35 —

s'échelonnent sur l'oued, en amont, par rang d'ancienneté [1].

Cette pratique, avec le temps, eut un résultat déplorable : les villes d'aval périclitèrent à la suite de la captation des eaux par celles d'amont. Cette conséquence apparut nettement aux Mzabites qui se limitèrent d'un commun accord [2]. Au xviie siècle, étant dans la nécessité d'essaimer encore, ils fondèrent Guerara [3] et Berrian dans une région plus lointaine et vierge de tout établissement. Ainsi s'explique, d'une part, cette concentration de plusieurs villes dans un espace si restreint, et, d'autre part, la présence des deux autres cités dans leur situation excentrique.

Ainsi les Abadhites ont toujours eu la tradition particulièrement ancrée chez eux, de fonder des établissements, des colonies. Ils ont été les créateurs de multiples oasis pour ne parler que des régions sahariennes ; nous avons vu comment, successivement, ils avaient colonisé l'oued Rir', l'oued Mya et enfin l'oued Mzab.

La constitution d'une ville, n'était pas chez eux l'effet du hasard : elle était mûrement pesée, délibérée puis exécutée. Cette opération revêtait une forme religieuse et militaire qui pourrait rappeler la méthode de nos anciens ordres religieux, allant fonder des *loges* dans les endroits menacés ou au milieu des infidèles [4].

Les lettrés de Ghardaïa et de Beni-Sgen ont gardé souvenance de la manière dont se pratiquait la fondation d'une ville. Dès que ce dessein était formé, des gens aventureux et entreprenants se groupaient ; le plus souvent, ils avaient à leur tête un *cheikh*, réputé pour sa piété et son courage. Le cheikh était accompagné d'une élite d'hommes tout aussi décidés et religieux, qui formaient sa *halga* [5] (cercle de dévoués). C'est ce groupe qui prenait l'initiative et la plus grande part dans la constitution de la nouvelle ville. Il commençait par faire bâtir, sur un sommet, une mosquée qui était en même temps un magasin, un dépôt

[1] Nous ne connaissons pas la date de fondation de Beni-Sgen, on la dit antérieure à Ghardaïa ; de toutes façons cette petite ville est dans un cas spécial : son oasis bénéficie des eaux de l'oued *N'tissa* adventice à l'oued Mzab. Elle possède donc un oued à cours souterrain qui a d'ailleurs une aire assez spacieuse de captation des eaux pluviales et qui est distinct de la gouttière centrale dont dépendent les autres villes.

[2] Voir l'ouvrage de Féliu, cité dans la bibl., p, 130.

[3] Plus exactement El-Mabertekh, avant cette ville.

[4] Voir Jacques Flach : *Étude sur les origines et les vicissitudes historiques de l'Habitation en France*, p. 63.

[5] Pour ce mot, voir *Formation des Cités*, pages 216, 217. Cette halga était constituée par un nombre plus ou moins variable d'adeptes groupés autour du *cheikh*. Celui-ci se trouvait de la sorte, être le chef d'une sorte de confrérie *religieuse* de fait.

d'armes et une forteresse. Les laïques, les parents des membres de la halga, se groupaient au dessous pour être protégés [1].

En général, l'autonomie administrative et politique suit, à plus ou moins longue échéance, l'autonomie économique ; ici, toutes trois allaient de pair. La nouvelle cité possédait dans son germe, tous ses éléments de vie. Il semble d'ailleurs qu'on ne puisse concevoir l'existence d'une communauté abadhite, sans ce noyau urbain correspondant : il constitue l'essence même de la conception de la vie sociale chez nos sédentaires.

Toponomastique. — Les agglomérations du Mzab méritent-elles l'appellation de villes ? — Au point de vue toponymique, les Abadhites semblent avoir, le plus souvent, donné à leurs villes le nom du lieu où ils les bâtissaient. C'est là une habitude qui est chère aussi aux Kabyles ; on arrive de la sorte à discriminer souvent deux sortes de noms : les noms d'origine et les noms de lieu.

El Ateuf s'appelle ainsi, parce qu'elle est construite après un tournant de l'oued Mzab (عطف tournant) [2] ; elle possède aussi un surnom mzabite : *tejnina* (تجنينة) [3]. *Guerara*, a chez les Arabes du Sud, le même sens que *daïa*, c'est une dépression de terrain dans laquelle s'amassent les eaux pluviales [4]. Bou Noura signifie « la lumineuse » disent les Mzabites ; ils désignent aussi par cette appellation une sorte de roche, fréquente aux environs de la petite ville [5]. Mais bien souvent le nom a perdu sa signification première et l'imagination féconde invente alors une explication de circonstance [6].

Jusqu'à présent nous avons appelé du nom de *villes* les agglomérations du Mzab. Examinons si elles méritent bien cette dési-

---

(1) Masqueray. *Zakaria*, p. 314 N.

(2) Voir Masqueray, *Thèse,* p. 210.

عطف tourner, عطف nom d'action de la 1re F. signifie changement de direction, tour, détour. *Dict. de Kasimirski*, T. 2, p. 287.

(3) C'est la forme berbérisée de l'arabe *jenina* (جنينة) petit jardin.

(4) Motylinski, *Guerara*, p. 11, N. 1.

(5) Voir Masqueray, *Formation des Cités*, p. 207 et N. 1.

(6) *Melika*, nom de femme ou bien *Malika* (مالكة) la royale?

Ghardaïa, les Mzabites prétendent qu'avant la fondation de la ville, une femme nommée *Daïa* habitait une caverne sur l'emplacement de la future cité; d'où le nom de celle-ci : la caverne de la femme appelée daïa (غار دايتة). Dans la ville on montre même une fissure du rocher qui constituerait ce qui subsiste de cette caverne ; des lampes à huile y sont allumées pieusement par les femmes.

L'explication vaut celle du nom de Constantine *Qsentina* (Kçar tina, le château de la dame Tina) ou de celui de R'adames (*r'eda ames*, le déjeûner d'hier). Voir à ce sujet

GHARDAÏA. — La haute ville aperçue du Sud-Est.

Les maisons sont régulièrement étagées ; leurs portiques supérieurs s'ouvrent au midi et masquent les travées des rues. Au sommet la mosquée et sa citadelle ecclésiastique. On remarque le minaret si curieux avec ses ornements dressés ; à sa droite on aperçoit le faîte du premier minaret beaucoup plus petit, à sa gauche se profile le sommet d'une coupole en forme de tiare.

gnation. En arabe le séjour de la tente loin des cités est nommé *el badiat* (البادية), expression qui signifie le séjour du *badou* (بَدْو) ou des contrées non circonscrites. Le nomade se déplace suivant certaines règles, l'homme qui habite le bourg, le plus petit soit-il, est lié au contraire à un domicile fixe : *el hadra* (الحاضرة) [1] : c'est un *ksourien* comme nous disons, c'est-à-dire un habitant des Ksour (قصور * قصر), le *hadir* ou citadin s'oppose au *badoui* qui reste toujours l'homme du dehors.

Au Sahara on ne rencontre pas d'habitations isolées, quelques masures misérables de gardiens de puits exceptées. Aussi cette opposition est-elle très nette entre le sédentaire et le nomade. La moindre agglomération, fut-elle d'une dizaine de demeures fixes est toujours appelée *ksar*, et le langage ordinaire ne fait aucune nuance suivant la dimension de l'établissement. Il suffit qu'il y ait assemblage de quelques habitations [2] disposées ou non par rues.

Dans leur Zenatia, les Mzabites appellent leurs cités *tamdint* et beaucoup plus fréquemment *ar'rem*. *Ar'rem* a le sens de ksar non seulement au Mzab mais aussi en Kabylie et au Sahara soudanais [3]. Une bourgade sans grande importance serait appelée par les Beni Mzab : *amezdar'*. Ils semblent donc admettre déjà le commencement d'une classification. Chaque agglomération du Mzab reçoit la dénomination d'*ar'rem*. Est-ce à dire que ce soient des villes au sens que nous donnons à ce terme ? L'argument aurait peu de force ; mais, d'autre part, nous espérons développer, dans la suite de cette étude, les particularités qui font des agglomérations mzabites des villes au sens propre. Il ressort même de leur examen, qu'elles possèdent à un degré très élevé ce

G. Mercier, *A propos des origines de Constantine*, Soc. Arch. de Constantine 1917-18 et Motylinski, *Le Dialecte berbère de R'edamès*, p. 231, N. 1. On voit par là que les Mzabites ne sont pas les seuls à avoir une imagination féconde.
Sur la légende de la formation de Ghardaïa, voir aussi Masqueray, *Zakaria*, p. 151. N. 1.

Beni-Isguen, Isegueni paraît être un ethnique assez répandu dans l'Afrique du Nord. Pour *Berrian* et *Mellili* il est difficile de donner n'importe quelle explication sûre. Les Mzabites emploient parfois une forme berbérisée de Ghardaïa : *tar'ardaït*. Pour l'origine du mot *Mzab*, voir aussi *Zakaria*. 125. N., on y lira une légende toujours très en cours.

(1) Voir Bresnier, *Chrestomathie arabe*, 1857. p. 88.
Du mot *bedou* nous avons fait bedouin, expression qui est passée dans notre langue.

(2) Une maison isolée ne suffirait pas : on l'appellerait alors *bordj* (برج). L'aridité de la contrée, son immensité. l'absence de sécurité rendent la vie isolée pour ainsi dire impossible.

(3) Voir *Le Sahara* de Chudeau, 309. Au pluriel, ar'rem fait *ir'ermaouen*.

caractère d'organisme complexe limité à une aire géographique particulièrement restreinte [1].

Si l'on n'avait égard qu'au chiffre de la population, les centres mzabites apparaîtraient déjà comme des villes considérables en comparaison des bourgades sahariennes ordinaires. Ghardaïa avec ses onze mille habitants se place certainement aux premiers rangs. Il est vrai qu'elle englobe à elle seule le tiers des individus et qu'elle possède aussi le tiers des palmiers des sept villes mzabites. C'est la grosse ville commerçante ; plus de 1.400 juifs se sont multipliés sous ses toits au cours de ces derniers siècles. Mais, ce qui reste le plus remarquable, c'est que les sédentaires des Ksour sont en perpétuels déplacements. Pour Ghardaïa près de sept cents de ses habitants se trouvent normalement dans le Tell où ils exercent leurs professions. Il en résulte un renouvellement périodique de la population [2].

Situation topographique de la ville. — Alors que nos villes modernes sont situées dans les bas fonds, pour faciliter leur ravitaillement et favoriser leurs communications, les agglomérations urbaines anciennes se développaient sur les positions élevées, et ce principalement dans un intérêt de défense [3].

Le site des villes du Mzab s'inspire de cette dernière préoccupation [4] ; leurs fondateurs ont recherché les buttes et justement l'Oued Mzab, aux environs d'El-Ateuf, était persemé de pitons ou

---

(1) Thèse de M. Maunier. p. 34 à 44.

(2) Voici le chiffre de la population des villes du Mzab en 1921.

Ghardaïa :	Sexe Masculin	Sexe Féminin	Total
Indigènes du Mzab......	4.678	5.072	9.750
Juifs	674	735	1.409
Total........	5.352	5.807	11.159
Beni-Sgen.................	2.974	3.276	6.250
Berrian	2.154	1.953	4.107
Guerara...................	3.156	2.895	6.051
Melika	1.229	1.182	2.411
El Ateuf..................	1.423	1.430	2.853
Bou Noura................	679	743	1.422
Chaamba Berezga			
Metlili Ksar	981	693	1.674
Ouled Allouch............	2.012	1.984	3.996
Ouled Abdelkader.........	1.934	1.216	3.150
Totaux...........	21.894	21.179	43.073

On pourra comparer ces chiffres à ceux donnés par M. Brunhes dans la Géo. Hum. p. 561 Ed. 1910 ; ils sont nettement en progression sur ces derniers qui datent de 1897. Cette progression est d'un tiers environ.

(3) Lire J. Flach *Etude sur les origines et les vicissitudes historiques de l'habitation en France,* page 47 et seq.

(4) Elle est encore plus apparente en Kabylie et dans l'Aurès où les villages sont tous perchés sur des hauteurs.

bien le plateau formait des terrasses, en rebord, sur lesquelless il
était facile de jeter les bases d'une agglomération. Ghardaïa
s'élève sur un piton au milieu de l'oued et les maisons de Melika
sont agrippées aux bords du plateau rocheux[1]. Beni Sgen, El-
Ateuf et Bou Noura ont la même situation. Ce dernier site revêt
les mêmes caractères que celui de certaines villes berbères du
Xe siècle, construites au rebord d'un plateau [1] .

L'inconvénient d'occuper des hauteurs restait d'autre part
inexistant pour ainsi dire, au point de vue du ravitaillement. Ce
problème était résolu et il l'est encore pour la plus grande partie,
grâce à des animaux de bât, ânes, mulets et surtout chameaux
qui accèdent avec une grande facilité sur les pitons les plus élevés.

Mais les villes du Mzab, quoique devenues commerçantes, ont
compté à l'origine principalement sur l'agriculture pour subsister ;
il ne saurait d'ailleurs en être autrement et toute cité dépend en
fin de compte de la terre. Aussi les villes n'ont-elles pu s'établir
dans la Chebka qu'au voisinnage immédiat des atterrissements.
Guerara et Berrian les dernières créées paraissent même avoir un
peu sacrifié des intérêts de défense pour se trouver plus près de
la dure besogne quotidienne. La première dans l'oued Zeguerir[2] ,
la seconde au confluent de l'oued Soudane et de l'oued Ballouh,
se trouvent dans le voisinage immédiat de leurs jardins et sur un
plan relativement moins élevé que les autres villes, par rapport
à eux.

Enfin la troisième préoccupation qui aurait dû influencer les
abadhites est celle des nœuds routiers. Mais nous avons
vu justement qu'elle était étrangère aux fondateurs, puisque dans
leur idée première ils recherchaient l'isolement. En fait le Mzab
était complètement en dehors des grands courants d'échange
sahariens ; ce n'est que par l'activité toujours soutenue de sa
population qu'il sut attirer à lui les caravanes et créer, par la suite

[1] Cf. Les ouvrages déjà cités plus haut. Voici la description succincte des villes
Mzabites que donne Ibn khaldoun :
« Les bourgades du Mzab occupent les sommets de plusieurs collines et rochers d'ac-
cès difficile qui s'élèvent au milieu d'un pays brûlé par la chaleur. »

Hist. des Berbères III 304

Au sujet de cette situation élevée qu'affectent les villes il conviendrait aussi de dire
que les crues violentes de l'oued agissent pour l'adoption d'une solution identique.
Cependant nous verrons dans l'étude de l'oasis que les maisons peuvent être construites dans le lit même de l'oued sans aucun inconvénient : l'argument n'est donc pas
très probant.

[2] Cf. Ville page 12, § 24.
L'article de Duveyrier de 1876 contient des cotes d'altitude, voir aussi les cartes
précitées.

dans son sein, des marchés locaux, alors que le grand commerce
de transit devait demeurer en dehors de la Chebka [1].

Aspect général de la ville mzabite. — Nous avons déjà décrit
suffisamment l'aspect général de la Chebka. Le cadre de l'oued
Mzab où sont construites les cinq villes ne donne pas une impression de moindre aridité. Lorsqu'on descend des bords du plateau
vers l'oued il semble que l'on pénètre dans quelque gorge
abrupte et sauvage. Les flancs calcaires sont rongés par des
ravins adventices complètement desséchés, le lit de sable du fond
de l'oued ressort seul plus clair. Ce tableau désolé rappelle la
contrée où vivent les Troglodytes du Sud Tunisien [2] ou bien
les environs pierreux de la Mecque. Peut-être même est-ce là un
souvenir que les Abadhites ont dû évoquer ; dans ce dernier
cas, le rapprochement les aura renforcés dans leur exclusivisme
mystique.

Les villes surgissent au milieu de ce cadre étrange, elles ont
un aspect nu et sec ; aucun arbre ne se découpe dans leur
silhouette [3], mais par contre il ressort de leur ensemble un
caractère profondément urbain.

Car l'impression première qu'elles offrent est bien différente
de celle donnée par ces agglomérations sahariennes [4] qui s'étalent
sans ordre, poussées comme au hasard au milieu de leurs plantations de palmiers. C'est au contraire un amoncellement de maisons blanches et grises, régulièrement étagées jusqu'au faîte de la
butte, que domine un minaret quadrangulaire.

Les constructions n'ont pas cette coloration ocre ou rouge,
donnée par le *tin* [5], propre aux autres Ksour du Sud [6]. Au
contraire, elles paraissent solidement construites en maçonnerie,
au lieu d'être faites de matériaux vils.

Ce qui frappe le plus, c'est la multiplicité des voûtes et des portiques qui se détachent crûment, en sombre, sur la masse géné-

---

(1) Sur les voies commerciales du Sahara. voir un chapitre spécial dans la thèse de
M. Schirmer.

(2) Au sujet des troglodytes mentionnons en passant que les abadhites du djebel
Nefousa ont aussi l'habitude de creuser leur habitat sous terre (Cf. le manuscrit
précité, publié par M. de Motylinski, pp. 82, 83, 109).

(3) Voir les silhouettes des villages d'Egypte toujours accompagnés d'un bouquet
de palmiers.
Brunhes. *Géo. Hum.*. 1910, p. 267 et fig. 60.

(4) Temacine par exemple au Sud de Touggourt.

(5) Argile.

(6) Ceux du Sud constantinois (Oued Rir') ou oranais. Pour ces derniers voir le
Sahara de M. E.-F. Gautier, p. 267.

rale. Ils donnent aux maisons agglomérées un aspect incomparable et une physionnomie propre[1] . De plus ces portiques permettent de loin de pénétrer un peu la vie de la cité ; il semble que les bruits confus de la ville saharienne s'échappent de leurs ouvertures ; mais, de même que l'on ne peut voir la montagne de près, aussitôt que l'on s'approche et que l'on entre dans les rues, tout se referme aux regards et les yeux ne rencontrent plus que des murs impénétrables [2] ; bien plus, si d'un endroit découvert, on peut entrapercevoir des vérandas ou des voûtes, celles-ci ont été soigneusement aveuglées par leurs habitants pour ne rien déceler au passant.

Ces quelques remarques s'appliquent à toutes les villes du Mzab, même à Metlili qui possède avec les autres un air de famille marqué. On sent qu'elles répondent toutes aux mêmes conceptions, Guerara et Berrian y compris, quoique construites plus de cinq siècles après les autres[3]. Elles sont l'image de goûts et de dispositions psychologiques identiques et cette continuité dans l'exécution ne laisse pas que d'être pleine d'enseignements.

Maintenant que nous connaissons bien les causes de la formation de nos cités sahariennes. nous pouvons sans crainte, les qualifier du nom de villes artificielles [4] : elles sont bien essentiellement l'œuvre de l'intervention humaine seule, qui n'a été en rien provoquée ; l'étude un peu détaillée de leur plan nous renfoncera encore dans cette idée.

Or si depuis le xiᵉ siècle nous pouvons les suivre et si, depuis cette époque, nous nous rendons compte de l'identité de leur technique générale de construction, il est logique et raisonnable d'attribuer à celle-ci une ancienneté beaucoup plus reculée. Si l'on ajoute qu'au xiᵉ siècle, l'Afrique n'avait pas encore été imprégnée par les grandes invasions venues de l'Orient [5] , qu'elle

(1) Brunhes *Géo. Hum.* p. 555. Voir les photographies si expressives : fig. 163, 164, 165, 167. — On trouvera des descriptions de chaque ville dans les ouvrages des voyageurs indiques dans la blibliographie ; une des plus agréables à lire est celle contenue dans la thèse de M. Masqueray p. 204 à 211.

(2) Même remarque pour Figuig, Pariel la maison à Figuig 259. Sur cette dernière oasis et son ksar voir aussi un art. de M. E. F. Gautier in *Géographical Rewies* janvier 1921 et, du même, *la source de Tadder, à Figuig* dans *la Géographie*, année 1917.

(3) Depuis le xviiᵉ siècle la méthode n'a d'ailleurs pas plus évolué.

(4) Voir sur cette classification en villes naturelles et artificielles l'art. cité de Clouzot page 169.

(5) L'invasion hilalienne la seule qui compte au point de vue peuplement arabe, a commencé en 1045. Voir E. Mercier *Histoire de l'Afrique Septentrionale*, tome. II ch. II.

vivait à cette époque sur le vieux fond de sa civilisation autochtone, on imagine l'intérêt que peuvent présenter, pour nous, ces petites cités! Vues sous cet angle, elles pourraient nous faire entrevoir une tradition urbaine restée inconnue jusqu'à ce jour, elles seraient le reflet des établissements humains de l'antiquité Africaine.

II. — Le plan de la ville

Le plan des villes Sahariennes et le plan des villes Mzabites. — L'espace social sur lequel est circonscrit un établissement humain constitue toujours quelque chose de très complexe. Un examen quelque peu précis permet souvent une lecture pleine de révélations.

Les villes sahariennes ont été fort peu étudiées : elles sont loin cependant de toutes se ressembler. Dans l'extrême sud oranais, au Touat et dans l'Adrar on a relevé l'existence de villes administratives, construites sur un plan régulier, comme par des conquérants étrangers, avec remparts quadrangulaires flanqués de bastions d'angle [1]. Ces modèles de villes ont été reconnus jusque dans le Sahara central. Taodeni, au nord du désert d'El-Djouf n'est pas construite sur un plan différent [2].

Mais c'est là un procédé d'importation qui a dû être imposé par des sultans marocains probablement. Le plan-type des oasis a en général moins d'unité : c'est l'exemple de l'agglomération morcelée formée de plusieurs points habités au milieu des palmiers, amalgame de petits ksour [3] plutôt que ville proprement dite. Aucune entité ne paraît se dégager de l'aspect d'ensemble : les maisons s'étalent par groupes, et de loin, leur ligne grise se confond avec le vert monotone des palmes.

Le plan des villes mzabites est beaucoup plus typique ; il procède d'une exécution raisonnée et diamétralement opposée à la nonchalante insouciance des autres architectes sahariens.

[1] Voir E. F. Gautier, le Sahara, p. 257 et fig. 76, pl. XL.

[2] L' Cartier, *De Tombouctou à Taodeni*, Raid de 1906. — La Géographie XIV 1906, p. 317 à 341. L'art. contient le plan de Taodeni p. 327, et 2 autres croquis de villages fig. 52 et 53.

[3] Figuig est constituée par Zenagha, Oudaghir, El-Maiz, El-Hammamine, etc. en tout 7 ksour. Doutté, Figuig, La Géo XII, 1903, p. 181 et fig. 38 : petite carte de Figuig et de ses environs.

Touggourt offre la même disposition. Elle égrène ses ksour au hasard des déclivités du sol ; on rencontre Touggourt, Nezla, Sidi-bou-Aziz, Sidi-bou-Djenan, Tesbest Zaouïa, et leur teinte terreuse s'estompe au loin dans le sable et la brume lourde qu s'élève des jardins.

Ce sont des villes en ordre serré, fruit d'un véritable effort dans leurs dispositions et parties. D'ailleurs, pour être plus près de la réalité, nous décrirons dorénavant la ville de Ghardaïa [1], quitte à signaler les particularités que pourront présenter les autres cités mzabites.

Le plan de Ghardaïa [2] affecte une forme ovoïde, le grand axe de son ovale ayant une direction Nord-Ouest-Sud-Est. La ville dans sa forme actuelle, a d'ailleurs été l'objet d'agrandissements successifs que l'on discrimine facilement.

Le centre du plan, qui est le point culminant de la butte, est occupé par la mosquée. Sa position indique qu'il faut voir en elle l'élément génétique de la cité : on a commencé par jeter ses bases puis les maisons se sont construites autour d'elle. La méthode est d'ailleurs conforme aux traditions historiques, comme nous l'avons vu à propos de la fondation de Tiaret.

Des rues à flanc de côteau entourent de plusieurs circonvolutions concentriques cette partie centrale ; elles sont coupées d'autres rues perpendiculaires qui descendent vers la base en rayonnant à partir du sommet.

La place du marché est rejetée vers la périphérie, au Sud-Ouest : une artère maîtresse tangente à la colline la traverse dans sa longueur. Au delà, un rempart polygonal à angles très ouverts, entoure la cité au Nord, à l'Ouest et au Sud-Ouest alors qu'il a été démantelé sur ses autres faces. Bordant les remparts, nous trouvons : au Nord-Est, l'oued Mzab coupé par un barrage, au N. et au N.-W. de vieux jardins envahis par les sables et traversés par des pistes, car c'est la direction de l'oasis, au Sud les installations militaires nécessitées par notre occupation ; à 250 m. à vol d'oiseau veille le bordj français dans une position dominante, et sur tout le restant s'étendent des cimetières ou des terrains vagues.

---

(1) Nous précisons à nouveau sa situation géographique et son altitude : Situation géographique, longitude 1°40' Est, latitude 32°35', altitude 539 m.

(2) Ce plan dont nous avons une reproduction au 2/1000 a été l'objet de maintes recherches tant sur place qu'ailleurs. Il a été retrouvé dans les archives de la chefferie du génie de Médéa et nous le devons à l'obligeance de M. de Flotte de Roquevaire-directeur du service cartographique à Alger. Le chef de bat. Chatillon, du génie, à Médéa, écrivait qu'il avait dû être levé par les soins de l'armée, entre 1900 et 1910. Les mentions touchant les constructions européennes qui se sont transformées, nous amènent à penser qu'il a dû être levé vers 1910

Nous donnons, en hors-texte une réduction de ce plan.

Il existe un petit croquis de Ghardaïa mais bien peu clair, dans l'article précité du Dr Huguet.

Le tour de la ville mesure 1.960 mètres environ [1]. Sa superficie est de 21 hectares [2] ; la population de Ghardaïa étant de 10.000 habitants [3], le rapport entre ces deux données nous fournit un chiffre de 476 habitants à l'hectare. Cette mesure de l'espace, comparée au nombre des individus, est très expressive, surtout si on la rapproche des mêmes données concernant les agglomérations européennes. A Paris on compte 128 habitants par hectare aux Champs-Élysées, c'est-à-dire dans un quartier de luxe ; dans le quartier Saint-Merri, qui fait partie d'une région pauvre et populeuse de la capitale, cette moyenne s'élève à 741 habitants [4]. Le chiffre de 476 se trouve compris entre ces deux extrêmes, mais il prend aussitôt une valeur considérable, si l'on songe que les maisons de Ghardaïa n'ont toutes qu'un étage, alors que celles de nos villes, avec leurs cinq et six étages multiplient d'autant la surface utile du sol.

On voit par là jusqu'à quel point il faut que les habitations soient pressées les unes sur les autres. On peut se rendre compte aussi de leur surface moyenne si l'on fait foi au chiffre de 1815 maisons attribué, par les statistiques, à Ghardaïa. Sans tenir compte des voies publiques, en général assez exigües, la surface par maison ressort à 115^{m2}. Ce résultat cadre, d'autre part, avec les données que nous étudierons plus loin. Disons tout de suite que les maisons se pénètrent toutes étroitement, chacune accolée à ses voisins par tous ses côtés. Aucun jardin, nul dégagement ne vient rompre l'uniformité de leur agencement.

Le centre de la ville. — Après ces remarques, suggérées par des comparaisons numériques, retournons à l'examen matériel de notre plan et de son objet. Les rues circonvolutives du centre, nous indiquent l'emplacement des anciennes circonvallations défensives. A la suite d'agrandissements successifs, la ceinture de remparts a été reportée de plus en plus loin, laissant subsis-

---

(1) Tous les chiffres que nous allons donner ne sont qu'approximatifs mais ils peuvent fournir des éléments de comparaison utiles.

Nous avons volontairement éliminé le quartier de Debdaba (Sud-Est), qui est de construction récente et renferme principalement des édifices européens (douane, infirmerie, anciennes auberges).

(2) Et non de 1 kil. carré de surface, comme le dit Coyne, page 18 de sa brochure sur : *Le Mzab*. Nous avons pris cette mesure sur notre plan.

(3) Nous ramenons cette population de 11.159 à 10.000, car il nous faut tenir compte des Medabih installés à la daya ben Dahoua et du personnel attaché à demeure aux jardins et aux habitations extra-urbaines.

(4) Voir ces intéressantes comparaisons, touchant Paris, dans Brunhes, *Géo. Hum.* Ed. 1910, p. 753.

ter des zones concentriques utilisées comme rues [1]. C'est la même genèse que pour les boulevards de Paris ou de Moscou [2]. Comme quoi l'évolution des villes se fait partout de la même façon.

Cette observation nous permet aussi d'établir que des fortifications, même à l'origine, sauvegardaient déjà nos cités mzabites [3].

La petite ruelle du centre était d'ailleurs dans une forte situation militaire. Elle avait une position de bourg rhénan et ses maisons s'entr'attiraient, massées autour de la mosquée.

Celle-ci est bien l'élément générateur de la cité, bâtiment à la fois religieux et militaire, retiré au sommet de la colline en dehors des routes passagères. C'est une sorte d'*ecclesia incastellata* du régime seigneurial [4]. C'est l'*arx* s'opposant à l'*urbs* ; elle joue le rôle défensif de la *qaçba* des villes berbères [5], elle peut servir à l'emmagasinement, comme la *guelâa* des villages aurasiens et en outre il s'en dégage une protection morale, qui n'a pas dû être moins efficace que la protection matérielle. Elle domine l'agglomération au sommet de son acropole, comme les temples de l'antiquité, comme le temple d'Eshmoun à Carthage qui se dressait en haut de la citadelle de Byrsa [6]. Et d'autre part la ville s'est développée à son ombre comme nos villes du Moyen Age croissaient autour du château-fort ou de l'église [7]. Rapprochements qui pourraient être multipliés et qui prouvent simplement qu'il y a eu, à travers le monde et dans l'histoire, au Sahara comme ailleurs, certains *types urbains* toujours renouvelés.

Nous voudrions insister surtout, sur le principe d'unicité de la mosquée bien propre aux villes Mzabites et qui jure complètement avec les habitudes des Musulmans d'Afrique [8]. Dans le

---

(1) Cette évolution caractérise le développement classique des villes du Mzab : V. Motylinski, *Guerara depuis sa Fondation*, p. 40, N. 1 : « D'autres (rues) suivent les » courbes de niveau et la ligne des trois enceintes qui ont dû successivement être » reportées plus bas à mesure que Guerara s'agrandissait. »

(2) Voir Clouzot, art. cité, page 171. Brunhes. *Géo. Hum.*, p. 275.

(3) Sur les fortifications voir infra. Les rues circulaires intérieures sont au nombre de trois, elles ont respectivement 330 m., 470 m. et environ 900 m. pour la troisième.

(4) Flach, étude citée page 31, voir aussi p. 47.

(5) Dans les villes berbères du Xᵉ siècle, celle-ci prenait la place du château-fort byzantin.

(6) Gsell Hist. Anc. de l'Af. II, 79.

(7) De Foville, Enquête sur l'habitation en France. p. XII.

(8) A notre arrivée à Alger on ocmptait 89 mosquées ou oratoires pour le Rite Malékite et 14 pour le Rite Hanéfite. Voir Robert *La Religion Musulmane à Alger avant la conquête*, Bulletin Soc. Arch. Constantine 1920. Il y a encore 18 mosquées à Tlemcen et la ville ancienne en comptait beaucoup plus.

Mzab, les Abadhites y sont restés fidèles d'une façon constante, sauf à El-Ateuf [1], et cette habitude nous prouve encore l'unité et la cohésion de ces noyaux sociaux. C'est peut-être pour empêcher le retour de leurs anciennes divisions intérieures qu'ils avaient adopté cette pratique.

La colline dominée par la mosquée, revêt aux yeux des habitants un caractère propre ; cette partie de la ville vu son unité et son importance majeure a un nom, on l'appelle *Ammas n'ar'rem*, le centre de la ville [2].

Nous avons déjà laissé entrevoir que les rues transversales aux minuscules boulevards circulaires s'échappaient du centre en divergeant les unes des autres. Cette disposition en rayons [3] ressort nettement de l'examen du plan ; mais toutes les rues n'aboutissent pas à la mosquée ; elles se heurtent au nombre de onze, de quinze en comptant les passages couverts, à la deuxième circonvolution. Puis pour passer de celle-ci à la première rue entourant la citadelle religieuse il n'y en a plus que sept, huit si l'on tient compte d'un couloir obscur, et enfin, pour pénétrer dans le cœur de la place, il n'y a plus qu'une rue montante qui l'attaque à l'ouest et une autre rue moins déclive qui permet d'y pénétrer par le nord-ouest. Le tracé de ces ruelles paraît être d'un enchevêtrement voulu, il laisse à la Mosquée son caractère de lieu inaccessible et retiré.

La périphérie. — Au sud-est du centre de la ville et tangent à la seconde circonvolution, existe un petit carrefour appelé Rahbat-el-Guedima (رحبة الفديمة, vieille place). Ce petit carrefour prend

(1) Mais la seconde Mosquée qui est de création récente, aurait été édifiée à la suite de dissentiments qui auraient éclaté entre les *Azzaba* docteurs au sujet de l'excommunication du fils d'un riche notable. Celui-ci appelé Ba Salem, aidé d'une partie de la population, fit élever une seconde mosquée pour permettre à son fils de pratiquer la religion. Cette mosquée prit le nom de Mesjed el Fougani ou de Baba Salem. (Watin 2ᵉ note, voir Bibl).

A Bou Noura la mosquée dominait la ville autrefois, elle s'est écroulée et celle qui existe actuellement a été construite dans une position beaucoup moins dominante.

(2) Cette appellation, répond justement à la technologie sociologique. Celle-ci distingue en effet, dans l'étude de la cité, entre le centre de la ville et ses limites.

(3) Comparer avec les principes de l'art urbain donnés par Vitruve (88 av. J. C. 16 après). Vitruve. en effet, recommande de tracer les grandes rues (plateae) et les rues étroites (angiportus) suivant la rose des vents, en les orientant de telle sorte que les vents dominants ne les prennent pas d'enfilée. Ce réseau des rues se composait alors de deux artères principales et de deux secondaires qui. se coupant deux par deux. à angle droit, en une place centrale (arca) étaient reliées entre elles par des rues transversales. Flach art. cité p. 30.

Voilà bien les principes romains nettement différents de ceux que peuvent déceler les plans de nos villes africaines.

toute sa signification lorsque l'on sait qu'il constituait le marché de la vieille ville. Ainsi, dès l'origine, le marché était déjà fixé à la périphérie.

Si nous descendons beaucoup plus bas, au sud-ouest, une grande et belle place que l'on traverse aussitôt après être arrivé dans la ville, nous indique l'emplacement du marché actuel. On la nomme d'ailleurs *Souq* (سوق) tout court c'est à dire marché, et sa position excentrique à moins de cinquante mètres de la limite de la ville, n'est pas moins surprenante.

Une longue artère[1] plus large que les autres la coupe dans sa longueur et comme cette artère est le cordon nerveux au point de vue commercial, la route la plus passagère de l'agglomération, il est bon de remarquer qu'elle reste tangente à la colline elle-même sans aucunement la pénétrer.

Une autre rue [2], tout aussi longue, qui a dû la précéder puisqu'elle est plus près du centre, emprunte, sur son parcours une section de la troisième circonvolution et reste aussi en dehors de la ville elle-même.

Cette morphologie nous transporte à l'opposé des idées communément admises sur la formation du marché. Dans les autres agglomérations celui-ci se forme à l'intersection des rues élémentaires [3]. Ce nœud vital sera par la suite le cœur de la cité nouvelle. Ici, le centre d'attraction procédant d'une idée religieuse, semble avoir repoussé vers la périphérie le nœud économique. [4]

La physionomie de la première petite ville était déjà analogue à celle de la ville actuelle ; les transactions se sont toujours faites à l'extérieur de la cité même. Cette habitude nous ramène à la première forme de l'échange, au temps où le marché local s'est constitué en dehors du pays, tout au moins en dehors des remparts[5].

---

(1) Voici ses appellations :
Zgag Djedid nouvellement construite. et qui n'existait pas en 82. puis après la place Zgag Khedra ou Zgag Ouasâa.

(2) Zgag Badjri continuée par Zgag Balellou.

(3) Cf. Brunhes Géo Hum. 148 id. 410.

(4) «Le germe de la ville prend souvent un caractère religieux, sacré qui éloigne de « lui toute activité profane. (Thèse précitée de M. R. Maunier p. 180).
« Les fonctions industrielles sont considérées comme quelque chose d'impur........
« l'ensemble des fonctions nouvelles se trouve indirectement localisé à part et en « dehors de l'établissement primitif.» (même ouvrage p. 181).

(5) Charles Gide, Cours d'Économie Politique T. 1, 39-340.
Voir aussi ci-après, les rapports des Mzabites et des nomades et leurs relations d'échange.
A Melika cependant, les deux noyaux urbains, ailleurs toujours distincts. ne font qu'un : la mosquée construite au centre de la ville. donne sur la place du marché ; cette place est minuscule et il ne s'y tient qu'un marché fort restreint.

On ne constate pas d'autres vides urbains en dehors de notre ancienne petite place et du marché d'aujourd'hui. Partout ailleurs, les rues seulement, créent des solutions de continuité entre les habitations.

Les autres artères et artérioles de notre cité dessinent le schéma d'un filet dans la basse ville. Ghardaïa, dans sa puissance et sa prospérité a fait comme toutes les agglomérations : elle s'est étendue en surface et, se trouvant originairement dans une position élevée, elle s'est déplacée dans le sens vertical [1]. Mais le déplacement de son activité, qui a créé une ville nouvelle à ses pieds, une ville à proprement parler différenciée, pour employer un langage plus précis, n'a pas amené la mort du nœud vital ancien. La partie indifférenciée à cause de la mosquée et de la tradition, a conservé toute sa vigueur [1].

Le plan de la basse ville a quelque chose de plus régulier, surtout dans sa partie ouest où les rues se coupent en damier. Au Sud, le marché local a créé un noyau secondaire qui semble troubler l'agencement initial des rues : plus de huit voies aboutissent sur ses quatre faces [2]. Au Sud-Est et au Nord les rues cèdent encore nettement à l'attraction du minaret de la mosquée et quoiqu'on ne puisse pas aboutir directement à elle en les suivant, on aperçoit le sommet de la butte et ses constructions terminales dans leur perspective. Mentionnons, pour mémoire, une multitude de petites impasses, disposition particulière sur laquelle nous aurons l'occasion de revenir [3].

Ainsi, l'aspect seul du plan aurait pu nous amener à discriminer deux villes distinctes, quoique cependant étroitement confondues, puisque la seconde, la plus récente, entoure et embrasse la première. Mais il y a en outre des particularités que le plan ne décèle pas ; nous faisons allusion à l'existence de quartiers différents qui tiennent aux origines diverses des habitants. Nous reparlerons plus loin de cette importante question ; disons tout de suite que la ville mzabite occupe le centre et la majeure partie de la cité mais que cependant elle est flanquée, au Sud-Est, d'un quar-

---

(1) Sur ce mouvement de descente des villes dans la plaine voir Clouzot, art. cité, page 170.

(2) Il n'en est pas de même à Beni-Sgen et à Bou-Noura surtout. Cette dernière petite ville est, comme nous le disions, dominée par les ruines de l'ancienne agglomeration. Au cours de l'étude de la maison nous parlerons du cas de Metlili.

(3) Voir infra l'étude du marché.

(4) Voir ci-après, le premier chapitre de l'étude de la maison.

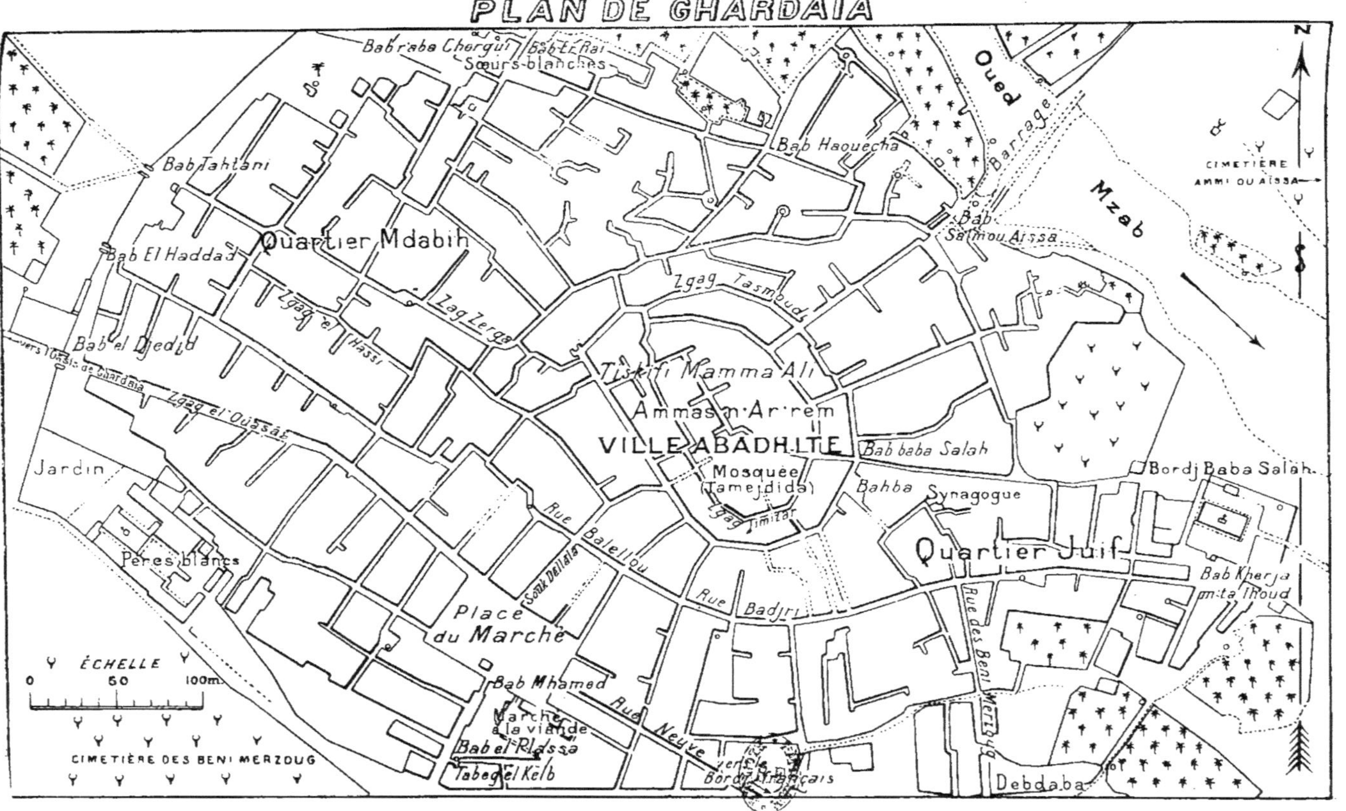

PLAN DE GHARDAIA
[PLANCHE II]
N
Oued
Barrage
Mzab
CIMETIÈRE AMMI OU AISSA
Bab'raba Chorgui
Bab El Rai
Sœurs-blanches
Bab Haouecha
Bab Salmou Aissa
Bab Tahtani
Quartier Mdabih
Bab El Haddaj
Zgag Tasmoud
Zgag el Hassi
Zag Zerga
Bab el Djedib
vers Tunsit de Ghardaïa
Zgag el Oussar
Tiskhi Mamma Ali
Ammas n Ar'rem
VILLE ABADHITE
Bab baba Salah
Bordj Baba Salah
Jardin
Mosquée
(Tamejdida)
Bahba Synagogue
Zgag Timitar
Rue Balellou
Pères blancs
Quartier Juif
Bab Kherja m'ta Troud
Souk Dellab
Rue Badjri
Rue des Beni Merzoug
Place du Marché
Bab Mhamed
Rue Neuve
ÉCHELLE
0   50   100m
Marché à la viande
Bab el Rlassa
vers le français
Bordj français
Debdaba
Tabeg el Kelb
CIMETIÈRE DES BENI MERZOUG

tier juif, et à l'Ouest d'un quartier habité par des populations agrégées aux Abadhites.

Vers le Sud-Ouest, c'est-à-dire dans la direction du quartier juif, la ville s'étend toujours, car le rempart a été démantelé. Elle a fait hernie de ce côté et c'est là qu'on trouve des bâtisses et des alignements d'arcades, à l'européenne. Mais au contraire, dans la partie Nord et Nord-Ouest où le rempart subsiste, la cité est comme murée et il n'y a pas eu l'ombre d'un développement.

Somme toute, ce plan nous donne le spectacle d'une cité douée d'une forte unité. La partie centrale ancienne répond à l'urbanisme indigène ; son examen permet de dégager les règles, assez minces il est vrai, suivies par les Abadhites, lors de la construction de leurs villes [1] ; or ces faits humains ne sont pas sans avoir un grand intérêt, surtout quand ils permettent de juger du passé d'une ville. Nous avons pu voir le caractère absolument secondaire attribué à la solution du problème économique. La morale des sociétés théocratiques a des exigences et des délicatesses qui l'emportent sur toute autre condition.

[1] Il est intéressant de les rapprocher de celles des Romains pour en saisir tout le contraste. Voir in Daremberg, *Colonia*.

CHAPITRE II

Ses éléments matériels

———

I. — Les Points d'Attraction

La Mosquée

Dénomination et aspect. — La Mosquée au Mzab s'appelle
tamejdida, c'est le mot arabe *mesjed* مسجد berbérisé. Le *mesjed*
c'est l'endroit où l'on adore, où l'on se prosterne. Cette expression
littéraire maintenant délaissée nous fait remonter jusqu'aux premiers siècles de l'Islam. A l'origine, en Arabie, chaque milice
avait son *mesjed*, endroit commode affecté à la prière. Plus tard, il
y eut une mosquée plus grande que les autres et au dessus des
autres, où l'on disait la *khotba* en l'honneur du khalife le vendredi, on l'appela *Mesjed el djama* مسجد الجامع, la mosquée de
tous, de l'ensemble. La célèbre mosquée de Sidi Oqba à Kairouan
commencée au vii⁰ siècle en 671, était dénommée *Mesjed*. Ibn
Seghir parlant des mosquées de Tiaret emploie aussi le mot
mesjed [1]. Les arabes de Berbérie devaient abandonner cette
expression [2] ; la seconde appellation *djama* جامع subsista seule
dans le langage courant. Il est curieux de retrouver au Mzab le
pur mot arabe sous son écorce berbère [3].

Nous avons dit comment la mosquée domine chaque agglomération, comment elle semble attirer les maisons qui s'étagent
autour d'elle, pourquoi il n'y en a toujours qu'une [4].

A Ghardaïa la mosquée constitue le centre d'un quartier puri-

---

(1) Manuscrit précité.

(2) Cependant dans la mosquée de Tlemcen (xiv) des inscriptions dédicatoires en
caractères coufiques, relevées par M. G. Marçais, portent encore *lil Mesjed* للمسجد.
Le mot français mosquée vient lui-même de *mesjed* prononcé *mesguide* enEgypte.

(3) On retrouve la même racine arabe dans la toponymie berbère de l'Afrique du
Nord. Ainsi sur la frontière tunisienne entre Tébessa et Fériana existe un *Khanguet
Tamesgida*, le col de la mosquée.

(4) A Djerba il y a plusieurs mosquées pour chaque agglomération ; dans le Djebel
Nefousa aussi, c'est ce qui résulte pour cette dernière contrée de la lecture du manuscrit publié par Motylinski. (Le Djebel Nefousa p. 72, 89. 93. 107)

tain où habitent tous les individus religieux de l'agglomération. Il en résulte une sorte de spécialisation territoriale dans la ville abadhite elle-même ; non seulement toutes les habitations des kharédjites sont groupées entre elles, mais parmi elles on pourrait distinguer une acropole ecclésiastique et religieuse, entourée, au bas de la colline, par le quartier laïc et commerçant. Pour la même raison l'aspect de cette partie supérieure de la ville est particulier[1], elle est plus triste que l'autre, on n'y entend pas de bruits. L'attitude des habitants n'est pas la même non plus, les personnes y ont une allure compassée et sournoise.

La mosquée elle-même se présente sous l'apparence d'un amas confus de bâtiments : sa silhouette extérieure est formée pas une muraille grise longue et uniforme. Une ruelle entoure cette forteresse sacrée ; elle est souvent coupée d'arcs boutants (troncs de palmier revêtus de maçonnerie) qui épaulent les murs trop hauts. Cette rue s'enfléchit à gauche et monte bientôt jusqu'à la porte principale du sanctuaire. Par rapport au reste de l'édifice, cette porte perce au hasard un de ses côtés : elle ne s'ouvre pas dans le mur opposé à la salle de prière et suivant son axe. Il y a deux autres ouvertures disposées sans plus d'ordre : une au sud donnant accès dans un boyau tortueux, l'autre à la base du minaret, au point le plus élevé.

La cour (*Çahn*). — La grande porte donne, sans transition, accès dans le *çahn* صحن. On appelle ainsi, par analogie avec les autres mosquées, une cour entourée de portiques inégaux sur trois côtés et bordée sur sa face sud par le mur de la salle de prière proprement dite. Le sol est recouvert d'un mortier de damage mal nivelé, mais lissé par le contact et blanchi, comme la plinthe des murs, par un lait de chaux. Les portiques des bas côtés supportent un étage également à arcades ; l'ensemble a un effet symptomatique, trois arcades reposent par exemple sur un portique à deux baies. Les arcades sont grossières ; ou bien elles donnent le plein cintre, ou bien elles sont plus au moins surbaissées. Certains portiques inférieurs sont même constitués par de simples troncs de palmier reliant deux pieds-droits.

Derrière ces piliers, dans la maçonnerie, des niches ont été ménagées : elles servent d'étagères aux tablettes des croyants (*louh* لوح pl. الواح). Aucune vasque au centre, nul bassin ne vient rompre la monotonie de cette cour archaïque ; l'eau d'abord est

<hr>

[1] Voir aussi ce que disait M. Masqueray dans sa thèse p. 209.

chose très rare au sommet d'un *kef* (كو rocher), puis il serait incorrect de faire ici ses ablutions. Nous sommes en effet dans une salle de prière en plein air : deux *mihrab* côte à côte indiquent la direction des lieux saints [1]. Au fond des portiques, des taches sombres marquent l'emplacement de portes mystérieuses ; il y a plus de quarante ans, c'est là que Masqueray dût borner sa visite.

Au dessus des portiques du *çahn*, sous les arcades de l'étage, se trouve le *tamenaïl* [2] ou salle de réunion des *tolbas* [3]. C'est dans le *tamenaïl* que les décisions ou *conventions* de ces clercs étaient mûries, c'est là que siégeait l'assemblée souveraine [4] lorsque les *aouam* [5] ou laïcs subissaient l'autorité religieuse de ce véritable Conseil des Dix.

La construction du *çahn* ne diffère pas de celle des maisons *d'ammas n ar'erem*, murs, voûtes, plafonds, matériaux sont les mêmes [6]. C'est là une remarque qui s'applique à la mosquée tout entière, la technique des architectes du Temple était l'expression du mode traditionnel.

Au nord du *Çahn* et de plain pied avec celui-ci, une porte à *baïonnette* [7], assez étroite permet d'accéder au *takerboust* des *Tolbas*. Nous décrirons tout à l'heure ce qu'est un *takerboust*, disons tout de suite que c'est un établissement de bain spécial adjoint aux mosquées. Celui-ci est mal aéré, mais par contre il a un emplacement privilégié. Au delà, mais à l'extérieur cette fois, s'élève le minaret.

Sur le côté ouest du *Çahn*, opposé à la porte d'entrée, des lucarnes irrégulières et une ouverture de descente sont percées dans la muraille que protège le portique. Ces lucarnes aèrent un réduit s'ouvrant sur l'autre face, c'est là que les femmes condamnées à la prison étaient sequestrées. L'audition des exercices spirituels

---

(1) Le çahn des mosquées possède d'ailleurs assez souvent un mihrab. Celui-ci est ménagé par exemple dans les marches qui précèdent la mosquée proprement dite. Il en est ainsi à Tlemcen, dans la grande mosquée. (Voir Marçais, *Les Monuments arabes de Tlemcen*, p. 143, N. 6 et pl. V., p. 144-145.

(2) Etymologiquement la partie supérieure : *enni,* sur.
Une de nos photographies montre la disposition typique des arcades du tamenaït.

(3) Clercs.

(4) A Carthage le Sénat en temps de crise se réunissait dans le Temple d'Eshmoun. Gsoll op. cité, II 79.

(5) Comparer ces remarques avec celles faites sur *Lhassa* par Grenard, *Le Thibet.* 1904.

(6) Voir le chapitre relatif à la Construction.

(7) Voir ci-après les développements sur la porte et l'entrée dans l'étude de la maison.

devait suffire pour les remettre dans la voie droite, nous expliquent les Beni Mzab. L'ouverture de descente est l'issue supérieure du boyau que nous avons mentionné au début. Ce boyau dessert trois catégories de locaux qui ont chacun une affectation spéciale. Ils s'étagent sur la pente en se surplombant. Ce sont d'abord deux écoles coraniques portant l'appellation générique de djamaa (djamâa Sassi et djamâa Bel Hassan) puis un second *takerboust* le *takerboust Tir'ertin* que longe cette même rue circulaire dénommée *Zgag Timizar*. La mosquée comprend en outre un troisième *takerboust* dit d'en bas (*tahtani* تحتاني) qui se trouve au coude de la rue Timizar.

Toutes ces constructions et en particulier celles situées au sud du sommet de la butte forment un ensemble chaotique, construit sans plan préalable. Le sol est très inégal, et pour racheter les différences de niveau, des escaliers ont été ménagés là où on a pu. Les corps de logis chevauchent les uns sur les autres ; çà et là des réduits, des salles basses occupent les espaces intercalaires. En somme la morphologie de cette citadelle religieuse est bien capricieuse.

La salle de prière. — Mais jusqu'à présent nous n'avons pas pénétré dans le sanctuaire lui-même. La cour d'entrée ne saurait constituer une mosquée suffisante, il faut un meilleur abri pour les moments de chaleur torride : la salle de prière couverte remplit cet office. On y descend par deux portes, percées dans le même mur que les *mihrab* géminés.

Un souci de disposition apparaît seulement dans le plan de ces deux salles, la première, c'est-à-dire la cour, servant de péristyle et précédant l'autre. Le plan des mosquées du Nord de l'Afrique révèle souvent une influence laissée par les basiliques romaines, le *çahn* étant devenu partie intégrante de l'édifice [1]. Notre mosquée reproduit plutôt les dispositions générales de la maison : le çahn figurant la cour commune de l'habitation mzabite avec ses pièces attenantes. C'est une maison plus grande à l'usage du culte.

L'intérieur de la salle de prière, à l'inverse du restant des constructions, donne l'impression d'un certain sens architectural. C'est une salle basse profondément enfoncée dont le toit est soutenu par une suite d'arcades sur piliers massifs. La maçonne-

[1] Voir Saladin, *Manuel d'Art musulman* 2t, p. 46.
V. aussi G. Marçais, *Les Monuments arabes de Tlemcen*, p. 40.

rie tout entière, le mortier du sol, les voûtes enfin sont soigneusement blanchis à la chaux. Un jour intense, pénétrant par les portes seulement, suffit pour créer, dans ce dédale de portiques, des jeux de lumières crues et d'ombres rudes.

Le plan est irrégulier, des agrandissements successifs lui ont enlevé l'ensemble qu'il pouvait avoir. Le plancher est inégal, les trois premières nefs parallèles au mur de façade sur la cour sont exhaussées de deux degrés. Il n'y a pas de nef centrale ; l'écartement entre les piliers est en moyenne d'un mètre cinquante. Quant à la nef parallèle au mur du *mihrab*, elle présente les mêmes dimensions que les autres. C'est là, d'ailleurs, une conséquence commandée par l'emploi exclusif des matériaux locaux.

Les piliers, carrés, ont 0^m35 de côté ; du sol au point où naît la voûte, ils n'ont que 0^m95 de hauteur. La voûte a 1^m80 en moyenne à la clef. Les arceaux dont les piliers reçoivent les retombées ont, en guise de talon, des contre-lobes très ouverts. L'arc supérieur est lui-même lobé [1]. Les contre-lobes déterminent, sur chaque face des piliers, deux arêtes vives à la base de la voûte. C'est une grande simplicité que cet encorbellement et, fait remarquable, on retrouve ces découpures dans les portiques des maisons de Sedrata, ce qui prouve combien cette disposition est bien propre à l'architecture des Abadhites.

Les voûtes des arcades perpendiculaires au mur de la Qibla [2] sont de mêmes dimensions que celles parallèles. Seul, leur intrados a une largeur moindre, grande simplification pour l'assemblage des quatre voûtes sur chaque pilier. Il n'y a pas de chapiteaux et c'est ce qui donne cet archaïsme à toutes les salles de prière mzabites. Nous verrons, sur la place, à quelles fantaisies se sont livrés, à ce point de vue, les constructeurs.

Les matériaux sont ceux que nous décrivons plus loin [3] : pierres calcaires agglomérées avec du timchemt. On ne peut se rendre compte si du *djerid* est entré dans la construction des voûtes, les couches successives de chaux forment un magma impénétrable. C'est très net au contraire à Metlili et à Melika. Le plafond lui-même, dans les rectangles délimités par les

(1) L'arc lobé est relevé aussi à la Qal'a des Beni-Hammad. Les constructeurs de l'Egypte contemporaine l'emploient encore. (V. G. Marçais, *Album de pierres, plâtres et bois sculptés,* 2ᵉ fascicule, p. 41.)

(2) La *Qibla* est la direction de la Mecque.

(3) Voir le chapitre concernant les matériaux.

arcades, est constitué par des tiges de régimes noyées dans de la maçonnerie, le tout s'appuie sur l'extrados des arcs et forme un berceau solide [1].

Le Mihrab est dans le prolongement d'une nef, il n'offre rien de spécial. C'est une niche profonde sans décoration, son axe est perpendiculaire au mur où elle est creusée [2]. Les murs, d'ailleurs, ne portent aucun ornement ni aucun élément épigraphique. Un escalier intérieur permet d'accéder à la terrasse ; celle-ci doit être susceptible de porter les fidèles les jours de grande affluence. Les eaux pluviales ne sont pas recueillies quoique la construction soit en partie sur caves taillées dans le roc.

Les écoles (Mehadher). — Les salles d'école sont appelées *Mehadra*, pluriel *Mehadher*. Il y en a deux dans la mosquée, une troisième, dite Mehadra Amour, est indépendante. Elles sont toutes construites sur le même plan, qui en somme est le plan des maisons primitives : cour intérieure, piliers supportant des troncs de palmier et déterminant quatre portiques qui ouvrent sur quatre petites pièces munies de bancs circulaires. C'est là, à proprement parler, que les *inesorda* « balbutient » [3] le Coran ou qu'ils écoutent les leçons religieuses que leur font les *fouqaha* [4]. Près d'un des piliers, un socle de maçonnerie sert de foyer ; on fait en effet du feu pendant les cours. Pourquoi ? Pour avoir de la lumière pendant la nuit et de la chaleur pendant l'hiver ! Mais il semble qu'en outre ce feu de branchages ait une signification mystique. Le dessus des salles carrées est aussi en terrasse, un escalier permet d'y accéder. Dans la djema Bel-Hassen, de curieux couvercles de bois, munis d'anneaux usés, permettent de fermer de longues ouvertures par où doit s'échapper la fumée du foyer. Ces *mehadher* sont d'anciennes maisons particulières, à peine transformées qui ont été annexées à la mosquée pour les besoins

(1) A Metlili le plafond de la mosquée dessine des voûtes d'arête en arc de cloître, à l'endroit où une colonne est absente. Trois ou quatre colonnes ont été ainsi sautées dans la construction.

(2) Le Mihrab de la mosquée de Melika est fait de 2 mihrab inscrits l'un dans l'autre et d'un effet plus recherché. Pour les arcades intérieures de la salle de prière, la description que nous donnerons des arcades des maisons s'applique textuellement. Jamais l'arc d'ouverture des *Mihrab* n'est soutenu par des colonnettes. (Sur les mihrab et leur orientation voir G. Marçais, *Les Monuments arabes de Tlemcen,* p. 42 et p. 144.

(3) Voir Zakaria 252, N 1 et ci-après le chap. sur les divisions sociales.

(4) Les *fouqaha* sont les tolba lettrés, les *inesorda* sont des adolescents. Ils aspirent à devenir *fouqaha*.

du culte. A celà peut encore être attribuée l'incertitude du plan général.

Les takerboust. — Le *takerboust* [1] est un local d'ablutions d'un genre spécial et bien propre aux mosquées mzabites [2]. Il existe aussi dans la mosquée de Metlili et c'est une nouvelle preuve de l'influence des Abadhites de Melika sur l'architecture de ce kçar. Il comprend deux parties ; l'une sert, à proprement parler, aux ablutions et l'autre abrite le foyer devant réchauffer l'eau. Dans le takerboust *tir'erlin* c'est une pièce circulaire surmontée d'une toiture en forme de tiare. On aperçoit cette tiare de la place du marché ; sa technique de construction est très curieuse : des « *madoun* » [3] ont été placés en hauteur et en cercles concentriques, constituant un cône au travers duquel les ouvertures ont été multipliées pour permettre l'expulsion des fumées du feu allumé directement au-dessous. Une chaîne accrochée au sommet intérieur, à 5 m. de haut, permet de suspendre au-dessus du foyer une énorme bassine de cuivre,.

Pour prendre la quantité d'eau, voulue il suffit de faire basculer ce chaudron, *qazan* فزآن ou *marjel* مرجل, sur ses anses, et ce mouvement est opéré grâce à une main de bois dur recourbée (ied يد) qui s'insère dans ses bords. Ce manche recourbé, fabriqué en abricotier, est aussi appelé *cebbaba* صبابتة verseuse.

L'autre partie est appelée *mehal el oudhou* محل الوضو le lieu des ablutions, pour le distinguer du *mehal el merjel* que nous venons de voir. Il comprend : d'abord, une série, en nombre variable, de *mr'asel* [4] (مغاسل) accolés à ses murailles ; ces *mr'asel* sont en tous points semblables à ceux des maisons particulières que nous étudierons. A la porte de ces réduits, une branche transversale permet de suspendre un vêtement pour en obstruer l'ouverture.

Puis on y trouve un bassin construit en saillie sur le plancher. Ce bassin a 5 m. sur 2 et 30 centimètres de profondeur seule-

---

(1) Dans le dialecte d'Ouargla, takerboust veut dire plafond (Basset, *Zenatia du Mzab*, p. 82).

Nous ne savons rien d'autre sur ce mot. Dans le voisinage immédiat de la Qalaâ des Beni-Hammad, il existe des éperons rocheux nommés « taqerbous arçon de la selle ». (de Beylié, *La Kalaa*, p. 27).

(2) Seul Soleillet, dans la description de son voyage au Mzab, y fait une rapide allusion (p. 75, v. *Bibl.*) : « ils (les Mzabites) ont dans leurs mosquées de petits cabi- » nets dans lesquels se trouvent des cuves où ils se lavent le corps. »

(3) Pierres plates.

(4) Le mer'sel est une cabine d'ablutions. Voir les dépendances de la maison.

ment, dans le takerboust *tir'ertin* ; ses parois sont en *madoun* dressés.

Enfin on remarque un certain nombre de stalles ou *islendja* de 60 ou 70 cent. de haut avec pierres plates séparatives et rigoles d'écoulement des eaux. Tous les murs sont copieusement garnis de niches pour permettre de déposer des lampes et des objets.

Cet appareil correspond évidemment à des ablutions beaucoup plus complètes que celles relevées chez les musulmans du Tell. Dans le Tell le fidèle fait ses ablutions à l'air libre, au milieu du çahn, sur les bords de la vasque réservée à cet usage. Il se lave les mains jusqu'au dessus du coude, les pieds, la figure et la tête. Des ablutions faites dans ces conditions peuvent même être considérées comme très complètes [1], le plus souvent il ne sera fait qu'un simple simulacre avec une pierre lisse que l'on frottera sur soi.

Au Mzab nous sommes ramenés à une époque où la purification rituelle, précédant la prière, n'était pas une simple parodie. Chez les Abadhites elle a conservé sa signification complète : tous ceux qui veulent s'ablutionner auront à leur disposition une aiguière d'eau chaude [2] ; les uns pourront s'isoler dans les *mr'asel*, les autres procéderont à leur toilette rituelle en commun. Alors ou bien il s'assieront autour du bassin et au moyen du filet d'eau de leur aiguière se laveront les pieds, les mains et la face ; ou bien. s'ils désirent être encore plus complets, ils prendront place, le dos tourné vers le mur, dans les *islendja* qui constituent de véritables bains de siège.

Vie de la mosquée. — Il n'y a jamais de tombeaux dans les mosquées urbaines du Mzab et sur ce point, il semble que la coutume d'enterrer des saints dans les lieux de prière [3] , surtout dans les nombreuses zaouïas de l'Islam, provienne du culte maraboutique. En Kabylie des *kanoun* précisent qu'il est défendu d'enterrer les morts dans les mosquées [4].

---

(1) On trouve cependant, attenant à la mosquée de Tlemcen, XIVᵉ siècle. mais dans un bâtiment distinct, une étuve (حَمَّام) ou bain maure et des latrines. (Marçais. Monuments arabes de Tlemcen. page 160. voir aussi p. 280.)

(2) En dehors de l'hiver l'eau est tiédie d'une autre façon : les aiguières en terre sont remplies puis simplement alignées sur la terrasse dans des trous réservés à cet effet.

(3) Mosquée d'El-Oudaghir à Figuig, par exemple, où trois saints sont enterrés. on y dit la khotba tous les vendredis.

(4) Cité in Masqueray, *Formation des Cités,* p. 55.

A Djerba les mosquées sont minuscules ; cela porte malheur de prier dans des mosquées spacieuses (V. Bertholon, op. cité). Au Mzab au contraire les mosquées sont suffisamment vastes, on les agrandit même au fur et à mesure des besoins.

Dans les villes de la Chebka, les mosquées possèdent un caractère sacré encore beaucoup plus accentué qu'ailleurs : c'est toujours dans une attitude recueillie et avec des vêtements simples que l'on s'y rend ; la foule qui s'y presse aux heures de prière et qui se répand sur toutes ses terrasses[1] pendant le mois fervent du Ramadan, est remplie de componction et de respect ; l'entretien de la mosquée est assuré avec un soin extrême, enfin de nombreuses *conventions* abadhites, des usages, règlent méticuleusement les questions de police [2], de culte et d'administration de ses biens.

Nous avons vu ce qu'était la Tamenaït (تمنايت) ; si les Tolba avaient choisi cette salle capitulaire comme lieu de leurs conciliabules, c'est bien qu'ils pensaient en retirer un prestige nouveau. Maintenant encore, seuls les *azzaba el halga* [3] ont le privilège de siéger dans ce lieu d'élection.

Un oukil de la mosquée est spécialement chargé de la perception des *Noubas* [4] ou redevances perpétuelles en nature. Il y a un registre où celles-ci sont inscrites et les chaouchs des Tolba sont à sa disposition pour l'aider. C'est là un métier fort délicat, car lors de la récolte des dattes par exemple, il ne doit pas faire moins de 15 portions de celles qui lui sont apportées. Chaque part a une affectation spéciale ; elles servent toutes à l'entretien de la mosquée, de ses biens et de son personnel. Les fidèles assurent, au moyen de ces *noubas* des revenus considérables à la mosquée et à son clergé.

L'oukil veille à ce qu'il y ait toujours un nombre de fidèles suffisant à tous les exercices spirituels. Et dans ce but il lui est prescrit, lors des travaux de printemps qui attirent aux jardins

<hr>

(1) A Carthage, le temple d'Esculape pouvait porter plusieurs centaines d'hommes et dominait de haut les alentours. Gsell, *Hist. anc. de l'Af.*, IV, p. 394.

(2) Voir par ex. Conventions de Melika, relatives aux sanctions à prendre contre ceux qui commettent des actes répréhensibles dans la mosquée, interdisant l'entrée de celle-ci au voleur, au propr. de l'esclave qui a volé, déclarant qu'une arrestation ne peut avoir lieu dans les mosquées. Masqueray, op. cité, p. 65-68.

(3) M. Watin dans sa *Note 2* nous dit que les Tolbas se divisent maintenant en *imsourda* (aspirants), *irouan* (disciples sachant par cœur le Coran) et *azzaba el halga* qui autrefois avaient un cheikh maintenant remplacé par le Cadi. Les membres de la *alga* sont au nombre de 12 : un mouedden (muezzin), trois instruisent les adolescents dans les salles d'étude de la mosquée, trois ou plus lavent les morts, un remplit le rôle d'imam priant devant la foule le vendredi, deux gèrent les biens de la mosquée, un distribue la nourriture aux Tolbas, un est plus spécialement attaché à la mosquée.

(4) Sur les Noubas dont on parle ci-après, voir aussi Watin et voir infra.

Autrefois, c'est aussi dans la mosquée que les registres de l'état civil étaient conservés. Soleillet, op. cité p. 77 : « Dans les temples du Mzab, comme dans nos « anciennes paroisses, se tiennent des registres de l'état civil où sont soigneusement « enregistrées les naissances, les décès et les mariages ».

tous les bras, ou pendant la grosse chaleur de l'été, alors que la ville est désertée, de faire des distributions gratuites de dattes pour amener, pendant les prières, une affluence suffisante.

La police de la mosquée est du ressort d'un des *azzaba* : il doit faire balayer, s'occuper de l'entretien des nattes, des lampes et des vases [1], empêcher les enfants et les animaux de pénétrer à l'intérieur du sanctuaire.

Le ravitaillement en eau est assuré par les fidèles sous forme de redevances perpétuelles. Celui en bois est assuré par des volontaires à des époques déterminées. Ce bois de chauffage, mauvais fagots de *melnan* et de *retem* [2], est stocké sur la terrasse comme le veut l'habitude des villes sahariennes.

C'est une vieille légende, ayant cours surtout chez les nomades, que d'énormes provisions et tout un matériel de siège soient enfermés dans la mosquée [3] ; c'est aussi un sujet à plaisanteries — on se représente des chambres remplies de *guedid* (viande séchée) vieux de six ans et amassé là en vue de sièges possibles ! — Ce peut être encore un sujet d'observations.

Au Moyen Age, en France, l'Arx servait à l'enfouissement des matières précieuses de l'agglomération. Maintenant, les Berbères aurasiens serrent dans leurs *guelaa* les denrées qu'ils ne peuvent emporter au loin avec leurs troupeaux. Au Mzab, où c'est presque une hantise, nous verrons que chaque maison possède ses réserves ; la mosquée, véritable citadelle religieuse, devait aussi avoir ses entrepôts.

Et elle en possède, en effet, mais maintenant il n'y a guère que les dattes des noubas ou fondations pieuses qui y soient emmagasinées [4]. Autrefois c'était bien différent [5] et les noubas, entre autre buts, avaient celui d'alimenter ces précieuses ressources. La mosquée était alors un centre intellectuel et militaire [6]

---

(1) C'est là le seul mobilier de la mosquée. Le luminaire est en effet constitué par des lampes à huile en terre qui seront étudiées spécialement. Les nattes sont en alfa et les vases sont du type *Ibriq*. Il faut y joindre des « afrad » pour l'eau de boisson et des outres pour l'eau des ablutions. Au sujet des « *afrad* » voir infra le mobilier.

(2) *Melnan*, petite plante saharienne à tiges drues ; *retem*, genêt épineux du sahara.

(3) Voir aussi Masqueray, p. 209, op. cité.

(4) Voir Charlet, *Les Palmiers du Mzab*, p. 80 cf. bibl.

(5) Les Tolbas (pouvoir religieux) devaient en retirer une force nouvelle, aussi le Hakem aidé de la Djemaa (pouvoir civil) durent-ils interdire la conservation des grains dans les mosquées. (kanoun cité par Watin).
Voir Motylinski. *Guerara*, p. 33. N.

(6) Voir *Chronique d'Abou Zakaria*, 227.

où se formaient ces prestigieux moines-soldats dont nous parlent avec admiration les chroniques abadhites.

La mosquée de Ghardaïa, premier édifice construit lors de la fondation du ksar, remonterait donc au xiᵉ siècle. Depuis cette époque, toutes les habitudes de construction mzabite sont restées les mêmes. C'est là une constatation utile en ce qu'elle nous montre la fixité et l'antiquité des traditions architecturales que nous retrouvons aujourd'hui.

Le Minaret. — Il est appelé *assas* (عساس) par les mzabites : nous reviendrons tout à l'heure sur ce mot.

Le Minaret de la mosquée de Ghardaïa est situé dans une direction opposée à celle du Mihrab ; c'est là son emplacement classique (le minaret étant le plus souvent accolé au mur de la cour opposé à la qibla). Il donne une impression de tranquille solidité, sa forme est celle d'un tronc de pyramide se terminant à son faîte par un ornement typique : quatre doigts dressés vers le ciel [1]. Sa hauteur est de vingt mètres (40 coudées) mesurés de la loggia du Moudden au sol, soit vingt-deux mètres si l'on comprend la superstructure de cette loggia. Celle-ci a 2 mètres de large alors que la base [2] de l'édifice a 6 mètres environ de côté.

Il est construit entièrement en calcaire aggloméré et revêtu de timchemt ; aussi possède-t-il une teinte d'un violet rose qui devient rouge vif au soleil couchant. Ses parois ont plus d'un mètre à la base, elles vont en s'amincissant en prenant de la hauteur, pour ne plus compter au faîte que trente centimètres. Un lourd pilier de blocage occupe la partie centrale intérieure ; entre ce pilier et les flancs de la tour gironne un escalier de 122 marches qui permet d'accéder au sommet. Les marches inégales sont en maçonnerie et reposent sur une voûtelette rampante continue. Cette voûte construite suivant la méthode que nous étudierons (djerid, pierres et timchemt) s'épaule d'une part sur les murs, de l'autre sur le pilier central. En coupe cet escalier donne juste passage à un homme, on aperçoit la voûtelette au-dessus de soi ; des archères trop rares donnent une lumière incertaine lors de l'ascension.

---

(1) Voir infra ce que nous disons des ornements dressés.

(2) C'est à la base du minaret que les peines corporelles prononcées par les Azzaba ou le Hahem étaient infligées (*Adeb* 20 coups de bâtons, *Taazir* 40 coups, *Nekal* plus de 40 coups). Le coupable pouvait ne pas subir le bâton, mais alors il devait être emprisonné autant de jours qu'il aurait dû recevoir de coups. Nous avons vu que la prison des femmes était située dans la mosquée.

Cliché du Commandant Cauvet.

Ghardaïa. — Vue intérieure de la mosquée.

Ce curieux ensemble de portiques entoure le *çahn*. L'étage sert de lieu de réunion aux *tolbas*, c'est le *tamenaït*. On a suspendu au travers des baies, les objets trouvés dans la ville : ceux qui les ont perdus ont la grande facilité de les retrouver presque à coup sûr à la mosquée.

La loggia du Moudden fait corps avec le reste de l'édifice ; elle est très incommode. Quatre ouvertures semi-cylindriques, une sur chaque face, permettent de se pencher sur l'amoncellement des maisons pour leur jeter l'appel rituel. De cette hauteur la ville abadhite apparaît avec toute sa netteté, les habitations semblent être attentives et céder à l'attraction mystique. Il est malséant d'ailleurs de plonger du regard dans les cours intérieures. Le toit de ce réduit que l'on nomme *tabejdout*, justement à cause des ornements qui le surmontent, est constitué par une cuvette de poterie (du type *mehbes* [1] mais sans col) noyée dans le plâtre et placée retournée.

Cet édifice archaïque a dû demander une grosse quantité de matériaux. Un autre minaret [2] de dimensions beaucoup plus modestes a été bâti avant celui-là ; on l'aperçoit à côté du premier, il est du même type que lui. Tous les minarets des villes du Mzab sont d'ailleurs construits dans ce style, il n'est pas jusqu'à Metlili qui n'ait son minaret pyramidal, mais le sien est blanchi à la chaux à la différence de ceux des villes abadhites. Les ornements dressés du minaret de Melika portent des boules de faïence blanche sur leur sommet : ces boules sont une reminiscence des œufs d'autruche qui devaient jadis, orner le faîte des minarets mzabites [3].

Nous avons dit que le minaret s'appelait *assas*. « C'est le gardien de la ville » disent les habitants du kçar, *assas* en arabe signifie en effet gardien [4]. D'autre part c'est un principe général que, de tous les minarets de l'oued Mzab, l'on doit apercevoir le dessus des bords escarpés de la chebka ; de la sorte, le nomade pillard qui surgira sur le plateau pourra être signalé avant que de descendre.

Ce n'est pas tout. Cette forme pyramidale est aussi celle des tours de défense ou des tours de guet mzabites ; le bordj Baba Salah n'est pas construit autrement : mêmes matériaux, même forme, même technique. Et dès lors, nous voici en exacte conformité avec les conclusions de M. Edm. Doutté qui, rappelant les idées de Schwally, rapprochait les minarets des tours de guet

---

(1) Voir ci-après les poteries.

(2) Sur ceux qui l'ont construit voir *Zakaria*, p. 154 N.

Si on interroge les mzabites sur la présence de ce minaret, ils répondent qu'il a été bâti pour permettre au Moudden de se faire entendre les jours de bourrasque alors que sa voix se perdrait dans la tempête s'il devait monter sur le grand minaret.

(3) Voir le minaret de Segou surmonté de trois œufs d'autruche en genre d'ornement ; photogr. dans le volume de Mgr. Hacquard, p. 361.

(4) On sait que minaret vient de *manar* qui veut dire phare.

ﻣﺮﻓﺐ, donnant celles-ci à ceux-là pour ancêtres et ajoutant, que l'origine de ces tours ne se trouvait pas ailleurs que dans les tours byzantines et sassanides [1]. Ce savant professeur faisait aussi remarquer les ressemblances frappantes qui unissent les tours de la circonvolution défensive de Mansourah et le célèbre minaret central de cette ville : d'une façon identique nous rapprochions le bordj Baba Salah du *assas* de Ghardaïa.

Maintenant, nous élevant au-dessus de ces considérations d'origine, pouvons-nous essayer de classer ce style pyramidal dans une synthèse plus générale de l'évolution du minaret, si évolution il y a eu ?

Les minarets de l'Islam présentent une infinie variété. On peut les individualiser d'après le genre des merlons qui couronnent les parapets, ou la coupe de la loggia terminale ou encore d'après leur revêtement architectural extérieur : mais notre modèle est trop fruste pour offrir un aussi riche détail. Considérons seulement le plan ou la forme générale.

Le plan carré serait celui commun aux plus vieux minarets du monde musulman [2]. Le minaret de Sidi Okba [3] à Kairouan a été construit sur plan carré (IXe siècle), il en est de même de celui de la Qalâa des Beni Hammad, cette ville berbère du XIe, si curieuse, dont un sultan impitoyable avait détruit Sedrata d'Ouargla. On peut encore citer les minarets de la Koutoubia de Marrakech (XIe et XIIe), de la Giralda de Séville (XIIIe), de la Médersa Bouanania à Fez, de Sidi Bou Medine à Tlemcen (XIVe) [4] pour ne nous en tenir qu'à des époques lointaines et pures.

Les minarets à fûts ronds si élégants et si fragiles, seraient plutôt l'apanage de l'Orient et en particulier de la Perse : mosquée impériale à Ispahan, de la Mésopotamie : Médressé de Mostansir à Bagdad (XIIIe), de la Turquie surtout, de l'Egypte enfin (Caire). Ne parlons pas de formes plus compliquées comme le type octogonal (minaret de la Mosquée de Hamouda Pacha à Tunis,

(1) Ed. Doutté. *Les Minarets et l'appel à la Prière*, in *Revue Africaine*, 1899, p. 348. L'auteur parle aussi des clochers, et de fait nous nous rappelons des clochers de France qui ont gardé leur ancien aspect de tour de défense (l'église St-Victor, près du Vieux-Port, à Marseille, l'église du vieux Royat, en Auvergne.)

(2) M. G. Marçais. *Revue de l'Art Musulman en Berbérie*, in *Revue Africaine*. 4e trim. 1906, p. 410 Outre une bibliographie infrapaginale abondante on trouvera là, en un raccourci remarquable, un tableau des manifestations architecturales des Arabes en Berbérie.

(3) Sur le minaret de Sidi-Okba voir les travaux de Saladin.

(4) Voir dans Saladin, *Manuel d'Art Musulman*, tome I, les figures : 154, p. 217 161, p. 224 ; 168, p. 232 ; 241, p. 303 ; 197, p. 262.

commencée au XIe) [1] ou des formes mixtes, fûts carrés en bas, octogonaux en haut avec étage intermédiaire [2] ; nous sommes déjà bien trop loin de notre sujet.

Le minaret sur plan carré, à l'aspect toujours un peu lourd, semble donc bien propre à l'Afrique du Nord. Or cette forme a pénétré dans le Sahara ; elle y a pénétré, venant du Maroc, par les oasis : la zaouïa de Kenadsa a un minaret carré à influence tlemcénienne, elle est descendue par la Saoura : Kerzaz en possède un aussi « très simple, mais construit de la base au sommet en dalles de grès, luxe unique dans un pays de construction en pisé [3]. »

Cette infiltration des minarets à forme marocaine, a une origine historique : ce sont les traces laissées par le grand remous du XV° parvenu jusqu'au fond de la Saoura, quand l'Islam, écrasé en Espagne, reprit conscience de lui-même en Afrique et se redressa dans toute sa force et toute sa foi [4].

Les minarets de Sidi-Okba [5] près de Biskra, celui-ci bien antérieur par contre à ce mouvement, de l'oasis de Biskra, de Touggourt, sont aussi construits sur un plan analogue.

Voilà une aire de répartition immense, mais que l'on pourrait assez facilement délimiter. Or chaque fois que cette influence est venue mourir dans le Sahara, une autre se dressait en face d'elle pour lui succéder et c'est justement celle de notre minaret pyramidal.

La forme massive de ce dernier minaret a été attribuée au peu de solidité des matériaux employés. Cette raison est valable pour les constructions de pisé, mais au Mzab il ne nous semble pas que ce raisonnement puisse être adopté. Certes, le constructeur, par cette forme écrasée est certain d'éviter les porte-à-faux ; mais il y a aussi d'autres raisons.

En feuilletant les ouvrages touchant le Sahara soudanais ou le plateau central nigérien, on est tout de suite frappé par la multiplicité des minarets pyramidaux qu'on y rencontre. Dans ces régions immenses, malgré la diversité des matériaux employés,

---

(1) Il existe aussi un minaret du type octogonal à Constantine, rue des Forgerons. Cette forme a surtout pénétré en Algérie à l'époque turque. (V. Marçais, *L'Art en Algérie*, p. 136.)

(2) Feuilleter à ce sujet les belles photographies du manuel de Saladin.

(3) M. Gautier, *Le Sahara*, t. I, page 205, voir aussi p. 161. Phot. 54 et 65.

(4) Voir sur cette crise les pages de M. Gautier, *Le Sahara*, p. 26, et Ernest Mercier, *Histoire de l'Afrique septentrionale*, tome II, p. 416

(5) Voir les travaux de Blanchet.

c'est toujours la même pérennité de la forme. Le minaret d'Agadez dans l'Aïr [1] a exactement le profil de celui de Ghardaïa, sa hauteur est aussi d'une vingtaine de mètres ; or Agadez est à plus de 1.800 kilomètres, à vol d'oiseau, de nos villes du Mzab. Plus loin encore, à Tombouctou, les minarets sont aussi à forme pyramidale, mais là il semble bien que l'archaïsme de la technique architecturale n'ait pas permis aux constructeurs des genres élancés : les minarets de Tombouctou sont très lourds et ramassés en effet (mosquée Djinguré Berry et mosquée Sonkoré) [2].

Il y a là l'expression d'un véritable style, qui a dicté le profil de nos minarets abadhites, et on peut l'appeler style soudanais, puisque le Soudan est sa véritable aire d'expansion. Maintenant, pourquoi les minarets de la Chebka ont-ils cédé à cette influence, pourquoi les mzabites ont-ils construit comme au Soudan [3] alors que leur science de l'architecture, que l'exemple de la Berbérie si proche, pouvait leur suggérer des modèles si différents ! Ce sont là des questions qu'il ne nous est pas permis d'élucider encore, les données que nous possédons sur la civilisation ancienne du Sahara et du Soudan étant trop incomplètes.

On pourra aussi remarquer une analogie, peut-être même une parenté entre le profil de ces constructions et la forme générale des monuments égyptiens.

Il est difficile de ne pas y voir l'expression d'une antique tradition africaine, soit indigène, soit importée [4].

Conclusion. — Nous avons qualifié la mosquée de noyau d'attraction urbain ; ce caractère peut lui être reconnu à de multiples

---

(1) Voir Chudeau. *Sahara Soudanais.* t. XI. fig. 22 ; voir aussi pl. XXXVIII. texte page 64. Le minaret porte même à son sommet des embryons de *Tibejdal,* autant que la photographie permet de le voir ; d'ailleurs, à ceux-ci, nous réservons des développements à part.

(2) Voir Desplagnes. *Le Plateau Central Nigérien,* fig. 129. 130. p. 213.

(3) Sur la civilisation soudanaise du Sahara, voir les conclusions de l'étude de M. E. F. Gautier, *Etudes d'ethnographie saharienne* (Anthropologie XVIII. 1907. p. 37-68, 315-332). L'hypothèse de la race garamantique noire de Duveyrier est rappelée par M. Gautier. Des observations géographiques et ethnographiques viennent la confirmer. Le savant géologue. p. 330. parle des relations du Sahara avec la Tripolitaine. On sait que les Syrtes, sous les Carthaginois comme sous les Romains, constituaient des centres très civilisés.

(4) En Phénicie, des tombeaux surmontés de pyramides dominaient la mer. Voir les tombeaux d'Amrith, le bordj El-Bezzak : Renan, *Missions de Phénicie* ; Babelon. *Manuel d'archéologie orientale,* p. 270.

On sait peu de chose des temples phéniciens ; cependant, le temple des Adonies près de Beïrout à Byblos. était placé sur une hauteur et possédait une pyramide se rattachant à une cour sacrée. Il nous est connu par une monnaie frappée sous Macrin (Renan, op. cité, texte p. 177. Babelon, Monnaies de la Bibliothèque Nationale, Perses achéménides, monnaies de Phénicie, pl. XXVII, fig. 11 et 12). La monnaie est très nette, on distingue sur le faîte du temple des ornements dressés (voir ci-après).

titres. Elle constitue une citadelle centrale et élevée où l'on enfermait le trésor de la cité et qui servait d'entrepôt pour les denrées de siège. Mais en plus d'un centre matériel, elle est un centre moral et social et à ce dernier point de vue, elle jouait et joue encore un rôle prépondérant dans la vie de l'habitant. C'est le siège du gouvernement religieux, on y trouve aussi l'école, l'établissement de bains et la prison, enfin et surtout, c'est le seul lieu affecté au culte et ce dernier caractère, à lui seul, nous explique le rôle important joué, par cet édifice, dans la vie de l'agglomération.

Le Marché

Description de la place du marché. — On ne l'appelle que d'un seul nom, celui de *Souk* (سوق). C'est une belle place rectangulaire aux larges dimensions, bordée de portiques en arcades. La direction de son grand axe est N-O-S-E et ses côtés ont respectivement 75 m. et 44 m. de long.

Du côté nord-est cette place est dominée par l'acropole de la ville et l'amoncellement de ses maisons à arcades : beaucoup de celles-ci sont aveuglées par des murettes à claire voie pour empêcher les acheteurs de surprendre quoi que ce soit de l'intimité des demeures.

Face au grand côté ouest, elle possède une *mçolla* et vers le centre de la moitié nord-ouest du rectangle existe une *haouïta* ; mçolla et haouïta constituent les seuls objets qui s'élèvent au-dessus du sol uni[1].

Cette mçolla dite de Sidi El Hadj Bouhafs est élevée de 1ᵐ 25 au-dessus du sol ; de grosses marches permettent d'y accéder, elle a 5ᵐ 50 sur 4ᵐ d'encombrement. C'est une habitude dans les villes du sud de trouver ces édicules, sortes de plate-formes, pui permettent de prier au-dessus des impuretés ; on les a comparés au templum antique [2]. Celle-ci placée sous l'invocation d'un saint vénéré surtout chez les Ouled Sidi Cheikh, est peu fréquentée par les Mzabites ; ce sont surtout les Malékites qui l'encombrent aux heures de prière.

La haouïta est une ligne de 26 pierres irrégulières enfoncées

(1) Nous ne mentionnons pas un caniveau en diagonale N-S construit par les Français pour l'écoulement des eaux. L'angle sud de la place n'était pas clos en 1882 (voir le croquis de l'art. précité de Huguet). La place était complètement à la périphérie de la ville.

(2) Masqueray, Zakaria 122 N.

dans le sol et disposées en une demi-ellipse de 5ᵐ d'ouverture environ. Ces pierres, selon la tradition, formaient autant de sièges
autrefois à l'usage des membres de la djemaâ, qui s'asseyaient là
pour discuter des affaires de la cité. Ce conseil laïc préférait donc
l'emplacement même du commerce et des transactions pour prendre ses décisions temporelles.

Telle qu'elle, cette vaste place, dans sa nudité, a une ordonnance inconnue dans les autres villes indigènes [1], elle rapelle un
forum romain. Ce qui lui donne surtout un aspect propre c'est sa
rangée circulaire de portiques.

Ces portiques sont destinés avant tout, à protéger des ardeurs
du soleil : ils forment une galerie qui a 2ᵐ de large en moyenne.
Le profil des arcades et des pilliers est surtout très archaïque.
Toutes les arcades sont inégales [2] ; beaucoup forment le plein
cintre, certaines une anse de panier très allongée, d'autres au
contraire sont lobées et surhaussées. Parfois elles possèdent une
décoration : c'est une bande méplate qui entoure extérieurement
leur tracé [3], ou bien des dentelures forment arêtes à leur intrados
ou bien encore l'archivolte donne un arc double et festonné,
celui de devant étant surhaussé par rapport à l'autre [4].

Les pilliers ne sont pas moins curieux, ils paraissent être en
pierre, mais en réalité ils ont été construits en maçonnerie [5].
Ces supports verticaux affectent toutes les formes ; le plus grand
nombre sont à section carrée ou rectangulaire mais on en
reconnaît même d'octogonaux. Enfin certains ne sont même
plus des pilliers, ce sont des colonnes à fût rond et lisse.
L'examen des retombées des arcs est surtout très instructif :
elles esquissent parfois à leur intrados des amorces de cannelures
à l'endroit de leur jonction avec les piliers, ou bien elles
naissent directement sur le pilier mais à des hauteurs inégales :

(1) Voir par exemple une photographie de la place principale du Ksar de Timimoun
dans le Touat (Gautier, *Le Sahara,* pl. XLI fig. 78). La place est irrégulière, conçue sans
aucun tracé, on sent qu'elle est le fruit de la nécessité et non d'une volonté intelligente,
elle est traversée dans toute sa longueur par une séguiâ (petit canal d'irrigation).

(2) Aussi est-il difficile de donner les dimensions des arcades et des piliers. Celles-là
ont par exemple 1ᵐ 50 d'ouverture, 3ᵐ de hauteur et 70 cᵐ de côté.

(3) Angle sud.

(4) Angle nord, amorces du grand côté.

(5) Pour la construction, voir le chapitre qui lui est réservé.
Les piliers de la vieille place du marché sont au contraire constitués par de petits
fûts de pierre monolithes : c'est le seul exemple pour toute la ville. Ne voulant pas
revenir sur la description de cette petite place, disons tout de suite que ses côtés sont
inégaux et qu'un puits a été creusé vers son centre.

celle de droite prenant plus haut que celle de gauche ou inversement. Certains piliers sont couronnés d'une tablette en tailloir qui
augmente leur saillie et les renforce[1], ou bien il y a déjà l'embryon
d'un chapiteau grossier. On assiste à toute une évolution architecturale. Ces peuples, qui n'ont pas de traditions certaines dans
l'art de leurs formes constructives, empruntent, spontanément et à
la fois, toutes les dispositions qui ailleurs sont le fruit d'une lente
épreuve.

Les piliers n'ont pas de soubassement, mais par contre les
colonnes possèdent parfois une base carrée plus ou moins élevée.
Le sol de la galerie couverte est surélevé d'une marche et pavé
de pierres plates et irrégulières. Les voûtes qui la protègent sont
construites en troncs et stipes de palmier suivant une technique que nous connaîtrons[2]. La construction de ces portiques
exclut la présence de bancs, comme on en trouve aux marchés de
Beni Sgen et de Bou Noura, ici les flâneurs s'assoient sur les
marches.

Les constructions qui entourent la place sont régulièrement
alignées au dessus des portiques ; on ne remarque pas entre elles
de solutions de continuité : les travées des rues mises à part. Les
fenêtres des étages sont rares et cependant ceux-ci ne sont employés presque exclusivement qu'à l'usage de magasins: aucun
Mzabite ne pouvant souffrir d'avoir sa demeure dans un lieu si
mouvementé. Les façades sont blanchies à la chaux et pas du
tout ornées ; cependant vers le centre du petit côté nord, au-dessus et dans l'axe du fût d'une colonne, seul, un curieux dessin
formé de deux losanges, dont l'un enferme l'autre, a été incisé
dans le stuc.

Au milieu du grand côté ouest[3], se trouve un édifice plus élevé
et de meilleure apparence que les autres ; outre des ouvertures
plus spacieuses son aile gauche, construite sur une ancienne
porte de la ville[4], est couronnée de deux ornements à redents
flanquant un motif central en forme de stèle [5].

Cet édifice sert depuis fort longtemps de *maison des hôtes* ;
c'est là que les laïcs ou leurs préposés recevaient à leurs frais
les visiteurs de leurs cités, car les clercs sont de par les kanoun

(1) Angle Nord précité.
(2) Voir le chapitre réservé à la construction.
(3) Partant face à la *mçolla* précitée.
(4) Bab Mhamed.
(5) Sur ces ornements voir infra.

dispensés de contribuer à la réception[1]. C'est aussi le lieu de réunion de la djemâa de la cité ; ce conseil ne se réunit même qu'à cet endroit pour ne pas être soupçonné de vouloir prendre des décisions clandestines. Le caïd tient journellement ses assises devant la porte, sur un banc : les plaignants viennent lui exposer leurs litiges. Ainsi la place, en plus d'un centre économique, est un centre politique et administratif de la ville Mzabite.

Les autres maisons ne méritent pas pour l'instant de mention spéciale ; une d'elles cependant sur le petit côté N-O, a son faîte décoré d'ornements d'angle surhaussés. La face interne de ces ornements est curieusement découpée en cannelures et sur leur partie en façade, ils montrent des croissants et des étoiles incisés que nous aurons l'occasion de retrouver par aillieurs [2].

A Guerara par contre, les constructions bordant la place sont tout à fait surprenantes, elles sont beaucoup plus hautes et compliquées[3]. Une d'elles, sise sur le nouveau marché, a une hauteur double de celle des maisons ordinaires ; son second étage forme une arcature qui a toute l'allure d'une galerie italienne : au-dessus, la murette de sa terrasse est percée d'ouvertures semi-sphériques qui alternent avec d'autres évidements disposés en triangle, et constitués eux-mêmes par six petits triangles superposés.

Pour en revenir a Ghardaïa, disons que l'ombre des portiques de la place, abrite les boutiques des marchands. Celles-ci, très simples d'ailleurs, sont conçues sur le même plan que les *tabernac* romaines[4]. Au travers d'une baie, entourée parfois d'un encadrement cannelé avec rosaces[5] aux angles, le tout sculpté dans le stuc, est placé le comptoir de bois (*mensa*) ; au fond se trouve parfois l'arrière-boutique, et au-dessus un minuscule entrepôt auquel on grimpe par une échelle.

Les marchés adjacents. — Le marché est non seulement le point d'aboutissement de nombreuses artères, mais il forme en plus le centre d'autres marchés secondaires qui lui sont attenants. Ces derniers ou bien sont installés à la naissance des rues ou bien occupent un emplacement spécial comme ce marché à la viande, situé au Sud-Ouest de la place.

A Rome déjà le *carnifex* et les locaux où l'on avait affaire avec

---

(1) Kanoun daté de 1246 de l'Hégire. (Masqueray Formation 66).
(2) Voir décoration des portes.
(3) Soleillet les signale déjà, en passant, dans son ouvrage qui date de 1877.v. 70 p. bibl.
(4) Cf. Daremberg : taberna·
(5) Boutiques sises à l'angle ouest. Sur les rosaces décoratives voir infra.

le bétail étaient relégués hors de la ville[1] . A Ghardaïa l'abattoir
est, au loin, perdu dans les sables de l'oued et la viande se débite
exclusivement dans le marché dont il vient d'être question. On y
pénètre par un *vomitorium* double. à arcades, ménagé sous une
maison de la place ; ce passage donne accès à une placette de
26 mètres sur 22, close de murs élevés. Ces murs sont garnis sur
tout le pourtour d'une profusion de crochets de bois, scellés dans la
maçonnerie ; à deux ou trois mètres d'eux, s'élève un gigantesque étal en angle qui occupe toute la longueur de deux côtés.
Construit d'une manière fruste en pierre et mortier, cet étal
atteint la hauteur d'épaule d'un homme debout.

Le sol de ce marché est, comme le sol de la grande place,
revêtu d'une poussière impalpable : résidus de toutes sortes desséchés par les ardeurs du soleil.

Les indigènes nomment cet emplacement *souk el lham* (سوق
اللحام) le marché à la viande.

Les autres marchés se tiennent simplement au commencement
des rues qui donnent sur la place et pourtant ils reçoivent encore
les dénominations de *Souk Dellala* et de *Souk Khedra*. Cela provient de ce que l'expression arabe souk (سوق)[2] pl. أسواف) s'applique non seulement aux emplacements des marchés, mais aussi
aux rues affectées normalement à la vente des produits d'une
même industrie : les rues sans boutiques ni commerce recevant
la dénomination propre de *Zanka* (زنقة) [3].

C'est justement le cas, ici, du marché des crieurs publics et du
marché aux légumes, installés le premier dans deux rues dites
chacune *Souk Dellala* (سوف الدلالين ou الدلالة سوف)[4], et le second dans
le *Souk el Khedra* سوف الخضرة marché aux légumes). Ces rues
sont bordées de bancs *doukkan* دكّان ou bien les seuils des portes
et des boutiques, sont élargis et surélevés pour permettre de
s'asseoir commodément.

Le marché, siège de l'activité humaine. — Les villes du Mzab
concentrent toute leur vie sur leurs marchés, d'abord parce que
certaines ventes, concernant les animaux ou la viande par exemple,
ne peuvent être conclues que là, et puis parce que le Mzabite est

---

(1) Cf.. ouvrage de Karlowa. cité dans la thèse de M. Maunier, p. 310, N. 1.

(2) Voir Bresnier. *Chrestomathie arabe*, 1857, p. 37.

(3) Prononcé aussi zgag au Mzab.

(4) Elles débouchent sur le côté N.-O. de la place ; le second marché occupe le début
de Zgag Ouasaá.

devenu commerçant par essence. Les marchés sont quotidiens ou hebdomadaires.

Ghardaïa, Beni-Sgen, les villes riches, ont des marchés quotidiens [1]. Il s'y traite surtout des ventes d'objets mobiliers, produits de l'industrie locale : tapis, burnous, haïks, ou provenant de successions, de liquidations, en général de ventes ordonnées par justice. Après la prière de l'*aceur*, les habitants viennent s'installer sur des bancs ou s'asseoir à terre sur des tapis, et le crieur public, en annonçant les enchères, passe pour leur présenter les objets mis en vente. A Beni-Sgen particulièrement, le spectacle de l'animation de ces marchés constitue à lui seul une curiosité ; on se rend compte, en les suivant, jusqu'à quel point ces natures berbères sont amoureuses du commerce et du gain.

Les surenchères successives ne peuvent être supérieures à un certain taux [2]. Les objets de haut prix, comme les bijoux, sont estimés en blé ; les surenchérisseurs augmentent le nombre des mesures offertes. C'est là un sage moyen qui représente d'une façon plus tangible que l'argent, la valeur attribuée à un objet [3].

Les marchés hebdomadaires par contre, sont les vrais marchés : ils dépassent de beaucoup comme importance ces petits marchés locaux ; d'autre part, ils mettent aux prises le ksourien avec le nomade. On surprend, en les suivant, le secret du ravitaillement des villes sahariennes. Enfin pour l'homme du dehors, ils jouent en outre le rôle du marché quotidien du sédentaire, en satisfaisant ses goûts de luxe et de superflu.

Nous disons qu'ils dépassent de beaucoup en importance les marchés quotidiens ; en effet dès le jeudi soir, pour le marché qui se tient tous les vendredis à Ghardaïa, la place commence à s'emplir de caravanes. Chaque *Sokhar* [4] fait agenouiller ses chameaux décharge les tellis gonflés de blé et d'orge et les adosse deux par deux. Puis d'autres caravanes débouchent encore des rues et bientôt les nomades forment des groupes compacts ; ils s'assemblent en cercle autour de feux de brindilles et la place, au soir tombant, prend une tout autre physionomie.

Certes ce sont d'autres hommes que les nomades, nerveux et

(1) Voir de Motylinski, *Guerara*, 46, N. 1. Le marché de Ghardaïa n'a cependant plus lieu, maintenant, que le dimanche et le mercredi soir.

(2) 0.25 en général. Ce taux est d'ailleurs variable d'après la nature des objets.

(3) C'est peut-être aussi un souvenir du troc. Autrefois entre Mzabites et Nomades l'échange se faisait surtout par troc.

(4) سَخَّار conducteur.

ardents, rompus aux fatigues et sachant supporter les privations. Le sédentaire qui ne se déplace guère, est pour eux un objet de mépris ; mais il faut dire à l'inverse que les habitants des ksour, *el-ksouriat* (القصوریة) ne les ont pas, eux aussi, en grande estime. On se méfie des nomades [1] et s'ils passent la nuit sur le marché de Ghardaïa ils n'y passent que cette nuit-là, et encore s'entoure-t-on de précautions. Le soleil couché, il sera interdit de pénétrer sur la place ou d'en sortir ; les chameaux ne pourront pas en bouger, et pour mieux faire respecter cette prescription, les rues entourant la place sont soigneusement closes par des chaînes scellées dans les murs. Les autres caravanes stationnent jusqu'au lendemain à l'extérieur de la ville. D'ailleurs les nomades connaissent fort bien toutes ces coutumes. Qu'ils viennent d'Aflou ou de Géryville ou au contraire d'Ouargla ou d'El-Goléa ils disposent leurs étapes de façon à arriver à jour fixe dans les villes mzabites.

Le lendemain, les rues s'emplissent de monde, on vient des quatre autres villes saintes pour assister au marché : bientôt, malgré ses vastes proportions, il ne donne plus le spectacle que d'un grouillement indescriptible.

Beaucoup d'artisans et de commerçants de la ville se dérangent pour offrir leur marchandise qu'ils étalent sur des tapis. Ils l'apportent jusque sur la place, pour la mettre plus à la portée des acheteurs de l'extérieur. Les petits métiers s'installent même dans la poussière, au milieu du mouvement et des bêtes de somme : les fabricants de couteaux [2] par exemple, frappent sur leurs enclumes et fabriquent et réparent aussi vite qu'ils le peuvent. On peut dire que le marché est bien alors le siège de l'industrie et du commerce, c'est le centre de *l'emporium* dans toute sa plénitude.

Les ventes d'autre part, s'effectuent suivant un certain ordre et à certaines heures. Le Hakem ou Caïd possède un surveillant du marché qui doit veiller à l'observation de ces prescriptions [3],

---

(1) Voir dans l'étude de M. Morand sur les *Kanouns du Mzab*. p. 442. une convention de 1288 (1871) qui interdit à tout nomade habitant sous la tente, de s'installer dans la ville de Beni-Sgen.

Les coutumes relevées maintenant encore, sur les marchés mzabites, pourraient donner lieu à d'intéressants rapprochements avec les anciens usages des marchés ou des foires. Sur ce sujet voir Huvelin, *Essai historique sur le droit des marchés et des foires*. Thèse de droit. Paris 1897. 620 pages.

(2) On nomme ceux-ci *flissa* ou *boussaâdi*, la petite ville de Bou-Saâda en ayant fait sa spécialité.

(3) Le rôle de ce surveillant de marché rappelle celui des édiles curules de Rome.

il a aussi un vérificateur des poids et mesures [1]. Des règles spéciales de police s'appliquent aux marchés, leur accès est interdit absolument aux femmes de condition libre [2], règle curieuse dans son rigorisme et qui éloigne de l'échange la moitié des individus de nos cités.

Autrefois chaque ville s'évertuait à attirer sur son marché, les nomades et leurs précieuses caravanes ; de la présence de celle-ci dépendait la condition même des transactions. Aussi la djemaâ de chaque cité n'hésitait-elle pas à héberger ces hommes frustes pour s'assurer leurs visites. Ghardaïa entretenait des relations suivies avec le Soudan ; elle en faisait venir surtout ses esclaves et de l'or natif et aussi une multitude d'objets dont on retrouve encore, tout au moins le souvenir, au Mzab : défenses d'éléphant, peaux, plumes d'autruche, selles pour cheveaux, cuirs ouvrés [3]. Les Mzabites leur donnaient en échange des grains, du sucre, du café, du savon, des bougies de cire, les objets manufacturés fabriqués chez eux, enfin et surtout de la poudre, dont le Mzab avait la spécialité de la fabrication [4]. Certains Beni Mzab confiaient aussi ces marchandises aux nomades et s'entendaient avec des commissionnaires qu'ils choisissaient dans le Touat et le Tidikelt.

Maintenant, ce grand transit a à peu près disparu, le nomade se cantonne dans son rôle de transporteur, et ceux qui arrivent sur les marchés sont pour la plupart à la solde des citadins [5] qui assurent eux-mêmes le ravitaillement de leurs villes. Ils font venir le blé d'Aflou, de Djelfa et de Tiaret, le beurre et les chameaux de Géryville. L'industrie du tissage absorbe surtout beaucoup de laine que l'on apporte dans des saches, souvent lavée et

---

(1) Voici quelles sont les mesures encore en usage au Mzab : les poids se divisent en *milyal* c'est-à-dire petites pesées, *rettel* (livre) et *quintar* (quintal). Comme mesure de capacité on emploie la *guelba*, 18 à 20 litres et la *halsia* 10 litres (demi double). Comme mesure de longueur on emploie beaucoup la coudée drâ (ذ ر ع) en mzab. *ir'il*, qui a un demi-mètre. Elle ne paraît pas d'ailleurs avoir eu tout à fait cette longueur à l'origine ; on lit en effet dans le manuscrit arabo-berbère de Zouagha (voir l'article de Motylinski concernant ce manuscrit, in 4ᵉ Section, IIᵉ partie, p. 76 des Actes du XIVᵉ Congrès des Orientalistes). « Il y a deux coudées dans un pas et il s'agit du pas fait par un pied à la marche de celui qui conduit les chameaux ».!! Le mille comprend deux mille pas, le pas comprend deux coudées, la coudée deux empans, l'empan dix doigts, le doigt six grains.

En somme, ce système primitif de mesure des longueurs repose, en fait, sur la mesure de largeur des doigts.

(2) Kanoun cité par Watin, 3ᵉ Note. Il est encore fidèlement observé.

(3) Voir Soleillet, p. 81 et 164 ; sur *Les Caravanes du Soudan* et la réputation dont ce pays jouissait, lire les textes berbéres traduits. recueillis par de Motylinski : *Le Dialecte de Ghadamès*, p. 72 et suivantes et 288 et suivantes.

(4) Conf. Coyne, p. 33.

(5) Voir ce que nous disons plus loin des routes et des transports.

GHARDAÏA. — La Place du Marché.

La place possède de belles perspectives : on remarque tout de suite les portiques à arcades inégales qui l'entourent. Remarquer à gauche les tailloirs des piliers et cet arc double à festons. Le mur de façade qui surmonte l'arc est percé d'une ouverture minuscule à encadrement disproportionné.

déjà prête à être filée. Enfin le marché offre encore toute une
série de produits locaux, des paniers de poils de chameau et de
chèvre pour fabriquer des cordes et des tissus, des aliments
bizarres, des plantes médicinales, des articles de droguerie.

L'animation du marché à la viande est très particulière. Ce
marché est exclusivement ravitaillé en viande de chèvre, de mouton et surtout de chameau : les Mzabites ne se nourrissent presque
que de chameau. Ceux-ci arrivent vivants le jeudi soir, ils
viennent ordinairement des pâturages de Géryville où ils ont été
engraissés. On les reconnaît tout de suite à leur aspect arrondi,
alors que les chameaux de charge sont décharnés. Le soir même
du jeudi et le matin du vendredi, ont lieu les adjudications aux
enchères, entre les bouchers, sur la place. Puis les animaux sont
emmenés à l'abattoir où ils sont égorgés par des nègres qui rapportent la viande et les dépouilles sur des ânes et des mulets.

Le finissage s'opère sur le marché lui-même. Avec une activité
fiévreuse les noirs s'emparent des membres et des carcasses des
victimes dont ils laissent les os à nu. C'est d'ailleurs un travail
répugnant réservé autrefois aux esclaves [1]. Les bosses grais-
seuses des animaux et toutes les particules grasses, sont amoncelées à part ou suspendues aux crochets de bois. Il est interdit
de mélanger la viande de bête maigre avec de la viande de bête
grasse, de vendre pour l'alimentation du sang ou des animaux
qui n'ont pas été égorgés suivant le rite [2].

Les chèvres et moutons sont dépecés sur le marché : grâce à
des roseaux introduits obliquement sous la peau on souffle de
l'air pour séparer celle-ci des chairs. Puis les quartiers de chèvre,
les *tabeg* [3] de mouton sont alignés avec la viande de chameau
sur l'étal. Cette énorme *taberna carnaria* en est complètement
tapissée, et au milieu des mouches et dans la chaleur du soleil
les transactions commencent. Les bouchers sont tenus à observer
des prescriptions méticuleusement précisées dans les *kanoun* ou
ilifaqat : « il leur est interdit d'introduire des bandes de suif entre
« les côtes pour faire croire que l'animal est gras, d'enlever une
« partie de la chair de l'animal et de le vendre ensuite comme s'il
« était entier » [4]. Le compérage, consistant à vanter la marchan-

---

[1] Kanoun de 1262 de l'Hégire, cité in Masqueray, *Formation*. p. 66.

[2] Kanoun, cité dans Watin, 3ᵉ note.

[3] Quart de mouton.

[4] Lire les extraits du Kitab El-Ahkam in de Motylinski Guerara 31 Nl et pages
suivantes.

dise et à surenchérir, sans intention de l'acheter, est également prohibé... le hakem doit veiller à l'observance de toutes ces défenses.

Le vendredi à midi, après la prière du *dohor* le marché commence à se disloquer : les nomades repartent peu à peu et au soir, la place reprend son aspect tranquille habituel. Il ne reste plus de ci de là que quelques chameaux *bagui* (باقي) [1] c'est à dire arrivés épuisés et fourbus et dont on tolère le séjour en raison de leur état.

Enfin nous aurions pu allonger cette description qui ne voudrait avoir qu'un but celui de montrer un des aspects de l'animation de notre ville et de faire comprendre, par les relations qu'elle a eu ou qu'elle a avec l'extérieur, les influences qu'elle a pu subir dans sa civilisation urbaine.

II. — LES CONTOURS EXTÉRIEURS

Les remparts et les constructions défensives

Solutions diverses données au problème de la défense. — Pour certains historiens, la ville du Moyen-âge se définit par l'existence d'une fortification; à cette époque, l'usage de la muraille était à ce point généralisé, qu'on pouvait la prendre pour une propriété essentielle de la ville [2].

Peut-on partir de ce caractère morphologique pour définir les villes sahariennes ? Ce serait éliminer d'un seul coup un grand nombre d'agglomérations importantes qui ne possèdent pas de murs de défense et néanmoins si l'on regarde de près, dans cet immense pays de la guerre et du pillage, beaucoup de centres ont été dotés, par leurs habitants, de remparts protecteurs. La fonction essentielle du village étant une fonction de défense [3], les indigènes se sont souvent efforcés

---

(1) De *baqa* بقي rester. Ce sont les chameaux que l'on laisse en route parce qu'ils sont claqués ; ordinairement ils refusent tout aliment et leurs conducteurs doivent, pour les remonter, leur introduire leur nourriture avec le bras, dans l'arrière gorge. Tout chameau bagui est, sur la place, l'objet d'un pareil traitement : ce gavage est fort long. On donne à ces animaux du drinn (sorte d'armoise) coupé, mélangé à de l'herbe des jardins ou des noyaux de datte qui ont été préalablement trempés dans l'eau ou même encore des têtes de chèvre cuites que l'on coupe en morceaux.

(2) Voir l'ouvrage de Babeau, *La ville sous l'ancien régime.*

(3) Cf. la thèse précitée de M. René Maunier, p. 90.

à solutionner ou à tenter de solutionner, le mieux qu'ils ont pu, ce problème aigü.

Dans le Touat, l'Adrar et le Tidikelt, les habitations sont enfermées dans de grandes *casbah,* en pisé, quadrangulaires, flanquées de tours carrées et longées de fossés [1].

Au Mzab, les abadhites devaient tout naturellement songer à cette importante question : d'abord, pour ne pas laisser la cité sans défense devant un *rezzou* [2] venu pour la piller, et aussi pour lui permettre de ne pas être à la merci de la jalousie féroce d'une de leurs villes-sœurs, au cours de ces guerres intestines, qui reviennent si souvent dans les annales mzabites [3].

Il serait peut-être intéressant de connaître les solutions qui furent successivement adoptées par eux.

Au début de la fondation de leurs villes, il semble que ce soit dans la disposition défensive des habitations elles-mêmes qu'ils aient cherché leur salut. L'examen des vieux quartiers d'El-Ateuf et de Ghardaïa, l'aspect actuel de Bou-Noura et de Melika paraissent confirmer complètement cette hypothèse. Dans ces deux dernières petites villes, en effet, les maisons de la périphérie sont rangées en cercle et leur dernière ligne circulaire forme une enceinte à peu près continue, qui ne demande que des travaux de construction tout à fait minimes pour être complète. Nous avons vu, d'autre part, combien les Mzabites recherchaient les positions élevées pour rendre plus facile le problème de la défense [4]. La petite cité guerrière de Melika surtout, avec toutes ses maisons étroitement serrées, pour mieux rester sur le faîte de leur rocher, donne au plus haut degré l'impression de ce groupement défensif des habitations; on sent que chacune

---

(1) Par ex. la Casbah d'In Salah où se réfugiait la mission Flamand en janvier 1900. Voir aussi les remparts de Timmi la capitale du Touat in Gautier, Sahara I. pl. XL. fig. 76 et texte p. 257.

(2) Le *r'ezzou* غزو est une troupe d'hommes assez nombreuse, montée à méhari et qui part pour enlever du butin, avec un objectif bien déterminé. Si la troupe est minime on l'appelle *djich* جيش si elle est considérable au contraire c'est une *harka* حركة. Pour plus de détails voir : L. Mercier, L'arabe usuel dans le Sud Oranais. XIV⁰ Congrès Orientalistes, tome III, 3⁰ section, p. 310 : Expéditions guerrières.

(3) Cf. Masqueray, Formation des cités. 211.

(4) Voir dans Brunhes, *Géo. Hum.* Edition 1910, p. 161, fig. 53. la photographie d'un « aoul » ou village fortifié du Daghestan (Caucase oriental). Les maisons à toit plat sont superposées : le village est tout entier disposé pour la défense, il possède le même aspect que nos villes abadhites.

de ces petites cités devait constituer, par sa cohésion propre, un centre attractif, au temps où le plat pays était la proie des bandits et des coupeurs de routes.

Il résulte de cette disposition que le tracé de ces remparts primitifs tend plutôt vers le cercle; c'est là une tendance qui leur est propre, car les villes anciennes de l'Europe, les villes de la Gaule pour mieux dire, paraissent, dès le début, avoir répugné au cercle dans leur tracé [1].

Plus tard, la méthode évolua et nos Abadhites préférèrent construire, au delà de la dernière ligne des maisons, un mur d'enceinte continu [2]. Nous avons même vu que le développement des villes obligeait à reporter celui-ci toujours plus loin.

Il est probable aussi que des cités aient été réduites à l'espace circonscrit par leurs remparts ; or, comme toute agglomération dépend, pour sa subsistance, des espaces extérieurs [3], la crainte de ce danger amena les Mzabites à s'imposer un remarquable effort. Ils allèrent même jusqu'à clore leurs oasis tout entières, de murailles continues : les jardins de Beni-Sgen en sont encore une illustration vivante.

Le mur d'enceinte. — La ville de Beni-Sgen est, certes, la mieux dotée au point de vue fortifications ; ses murailles ont été reconstruites vers 1860 environ, à une époque où le Mzab n'était encore que tributaire de la France ; elles ont été reportées à 100 m. environ de la vieille enceinte, tout près de l'oued et construites avec un soin tout particulier.

Le mur a de 4 à 5 m. de hauteur aux courtines, il est couronné par une tablette débordante en maçonnerie ; entre les dernières maisons de la ville et lui, existe un large espace de 20 m. environ qui forme un véritable boulevard. Ce boulevard facilite beaucoup la circulation des animaux dans la ville; il a été conçu aussi pour rendre plus pratique le ser-

---

(1) Voir ce que dit Flach des oppida gaulois par ex., opus cité p. 27 et p. 30.

(2) Ce mur d'enceinte n'est jamais renforcé par un fossé.
A Ouargla au contraire, l'enceinte comportait un fossé lors de notre entrée dans cette ville. (V. Tarry, art. précité. Excursion dans la vallée de l'oued Mya, p. 4, plan d'Ouargla).

(3) Les villes seraient des agglomérations d'hommes qui, pour leur subsistance dépendent des produits du travail agricole extérieur.
C'est même ce caractère qui inspire seul, la définition que Sombart donne des villes (Cf. thèse de M. R. Maunier, 37. N 1). Les mzabites tentaient par tous les moyens et surtout par des approvisionnements de s'affranchir, au moins temporairement, de cette nécessité.

vice des remparts et de ses meurtrières. Il y a, en effet, des meurtrières mieux conçues même que celles habituelles [1]; elles permettent de se rendre compte de l'épaisseur du mur de pierre [2] qui a 75 cent. à 1 m. de large.

Mais, en somme, Beni-Sgen est une privilégiée, les autres villes sont moins bien dotées; seulement, leurs ouvrages défensifs étant plus anciens, nous renseignent peut-être mieux.

Le tracé de l'enceinte de Ghardaïa dans ses parties subsistantes — car elle a été démantelée dans la seconde partie Sud — ne présente que peu de brisures; elle paraît plutôt être un mur continu de clôture qu'une fortification. Elle dénote une étude de flanquements pour ainsi dire inexistante; les angles intérieurs qu'elle forme sont très ouverts : on les appelle *chouka* شوكة (pointe).

Le mur a 4 m. environ de hauteur; il est percé de meurtrières, surtout aux abords des portes. Ces meurtrières sont hautes et minces [3]. Ce sont des fentes bordées de dalles plates qui sont scellées au nu extérieur du mur de défense. Intérieurement, leurs ébrasements sont tout à fait étriqués; ils ne permettent de croiser le feu de mousqueterie que très loin à l'extérieur : comme quoi ces résultats, qui nous paraissent le fruit d'une logique enfantine, sont, en réalité, celui du temps et de multiples recommencements.

La muraille est simple, l'enceinte forcée, la ville est prise; elle n'a pas de créneaux et n'est bordée d'aucun fossé à l'extérieur.

Outre la protection matérielle qu'elle permettrait en cas d'attaque, hypothèse à laquelle les Mzabites songent trop souvent et qui les pousse à vouloir construire encore des remparts [4], l'enceinte de la ville paraît avoir, à leurs yeux, une signification mystique. Il y a une dizaine d'années, un spéculateur abadhite voulant offrir à ses concitoyens l'occa-

---

(1) Elles servent d'égout à la population qui vient y jeter ses détritus que le soleil a tôt fait de purifier.

(2) Pour la technique de construction on emploie celle courante. se reporter à nos développements sur la construction. Les remparts ont une coloration rouge parce qu'ils ne sont pas crépis.

(3) Voici leurs dimensions ordinaires : 0,40 de haut, 0,20 de large à l'intérieur et 0,07 à l'extérieur. Elles sont placées à 0,80 du sol intérieur très surélevé par rapport au terrain extérieur.

(4) Les villes de Guerara et de Berrian en avaient le désir encore récent. Il a été réalisé à Guerara, au cours de la guerre.

sion de s'élargir en dehors de leurs murailles trop étroites, avait fait construire un mur rectangulaire adjacent au rempart Nord-Ouest de Ghardaïa; dans son esprit, l'espace enclos dans cette nouvelle muraille devait constituer des terrains à bâtir qui seraient vite appropriés. Mais il lui fallait percer la vieille enceinte pour permettre une communication directe de la ville avec ce champ clos; or, l'assemblée des *tolba* et la djemaâ s'opposèrent de toute leur force à ce qu'une semblable atteinte fut consommée. Depuis, aucun Mzabite n'a seulement tenté de construire sa maison en dehors du tracé circonscrit par la vieille muraille : les nouveaux murs, construits à grands frais dans les sables de l'oued, n'entourent toujours qu'un espace vide, parfois seulement occupé par quelques nomades passagers.

Les bordjs de défense. — Les remparts seuls constitueraient un bien piètre système défensif, s'ils n'étaient renforcés par de nombreux *bordjs*.

Nous connaissons déjà certaines acceptions du mot *bordj*; il convient de leur ajouter sa signification dans l'architecture militaire : le *bordj* pl. *broudj* بروج برج est une tour, sans distinguer entre la tour de fortification et celle d'observation. On trouve ces deux modèles dans le Mzab.

Les enceintes sont armées de tours flanquantes; ces tours, comme les tours de guet d'ailleurs, sont en maçonnerie non crépie, carrées [1], amincies vers le haut et crénelées. Leur allure générale rappelle, en plus massif encore, l'aspect de pylône égyptien retrouvé dans la forme pyramidale des minarets; nous avons vu que ceux-ci, dans chaque ville, autrefois, jouaient le rôle de *guettes*.

Ghardaïa et Beni-Sgen possèdent chacune une grosse tour flanquante à proportions assez imposantes; celle de Ghardaïa, le *bordj* Baba-Salah, ne subsiste plus que dans son infrastructure, mais celle de Beni-Sgen, au contraire, le *bordj* Cheikh El Hadj, est encore au complet. Elle a de quinze à vingt mètres de haut sur douze mètres de diamètre et fait partie des anciennes fortifications de la ville. Elle possède des étages intérieurs avec archères et un plancher terminal. Les étages successifs sont formés par des troncs de palmiers

______
(1) Les bordjs de l'oasis de Figuig sont ronds au contraire. Art. de Doutté sur Figuig, p. 180 : La Géographie, T. VII, année 1903.

croisés et recouverts de mortier [1]. Les escaliers intermédiaires sont en maçonnerie [2].

Les enceintes de ces deux villes ont encore de nombreuses tours généralement à un étage; toutes ces tours sont couronnées de créneaux ayant une forme triangulaire allongée et elles portent à leurs quatre angles des ornements dressés. Les remparts de Bou-Noura et d'El-Ateuf affectent, à certains endroits, une forme semi-sphérique, constituant des sortes de tours, rondes cette fois, et très ouvertes à la gorge.

Avant l'occupation du Mzab, les Mzabites s'astreignaient à un véritable service de place, même en temps de paix. Les remparts étaient entretenus et surveillés [3]; il était interdit aux particuliers d'avoir une porte donnant sur l'enceinte extérieure de la ville [4]. Le service des tours exigeait un personnel se relayant en permanence [5], il se recrutait exclusivement parmi les laïcs et les clercs mineurs : les clercs majeurs en étant dispensés [6]. L'armement des habitants était surtout constitué par des fusils (m. *tamrout, timra* au pl.); les indigènes gardent encore cependant le souvenir du canon *(amroud)*.

Mais en dehors des enceintes des villes et des oasis, il existe une multitude de *bordjs* avancés et isolés où l'on plaçait des vedettes *(chouf,* شوف *)* chargées de donner l'éveil. Les tours de guet ont toujours été établies pour lutter contre le brigandage; l'isolement des petites villes au milieu de la chebka, la promptitude avec laquelle agissent les *djich* et les *rezzou* des nomades devaient tendre à les multiplier. On en voit beaucoup sur les éminences dominant les oasis, d'autres descendent très en aval dans l'oued, bien après El-Ateuf. Elles portent pour la plupart des noms de docteurs de l'abadhisme. Dans les jardins non protégés, à Bou-Noura ou à El-Ateuf, par exemple, les veilleurs devaient, par leurs cris, faire fuir les travailleurs isolés vers les villes [7].

---

(1) Suivant la légende les ouvriers auraient, aidés par les prières d'un Taleb, élevé ce bordj en un jour. V. Coyne. p. 18.

(2) Se reporter à l'étude des escaliers dans la construction.

(3) Chaque quartier devait contribuer pour une partie déterminée à cette surveillance et cet entretien. Kanoun cité par Watin, 2e note.

(4) Kanoun de Melika datant de 1273 de l'Hégire. Masqueray, Formation, p. 67.

(5) Soleillet, p. 79.

(6) Kanoun de 1246, d°, p. 66.

(7) Les tours d'observation se rencontrent aussi dans l'Aurès et dans le Rif marocain où le Lieut' de Foucauld les signale (*Reconnaissance au Maroc*. Paris. 1888). On les rencontre aussi à Figuig (Doutté, op. cité p. 180).

Certaines de ces tours plus grandes peuvent servir d'ouvrages détachés susceptibles de résister en dehors des remparts eux-mêmes. Le *bordj* du cimetière Hamou Youcef, au Sud de Beni-Sgen, commandant la piste de Metlili et d'El-Goléa, fait partie de cette catégorie. Outre des archères irrégulièrement réparties, il possède une niche extérieure formant une sorte de mâchicoulis où peut se loger un homme voulant battre de son feu la base de la tour. Ce curieux appareil, qui rappelle par sa forme les *Katoula* كاتولة d'Arabie [1] et qui a peut-être été conçu à leur imitation par un pèlerin revenu de La Mecque, est placé sur le côté opposé à la porte pour empêcher les assaillants de saper la tour dans son infrastructure; une autre, plus petite, semi-sphérique, permettant d'épauler un fusil verticalement, a été ménagée au-dessus de l'ouverture de la tour, de l'autre côté.

En somme, l'architecture militaire des Mzabites est étrangement simplifiée. Elle semble d'abord adaptée au danger assez mince que les nomades pouvaient faire courir aux cités, mais il est curieux qu'on n'y reconnaisse point la technique solide qui a inspiré les ouvrages défensifs des villes berbères du VIIe au Xe siècles. Celles-ci possédaient des murs d'enceinte énormes qui se développaient sur des longueurs considérables; ils étaient armés de grosses tours, percés de chemins de ronde perfectionnés [2]... Mais il est vrai d'ajouter aussi qu'à cette époque les autochtones africains venaient d'être éduqués par les Byzantins dans l'architecture militaire, souvent même ils pouvaient utiliser les citadelles et les remparts que ces derniers venaient d'abandonner [3]. Il est vrai qu'ils avaient à lutter contre des conquérants disposant de véritables armées. Les habitants actuels du Mzab sont retournés à une technique proprement indigène et qui est suffisante pour les protéger contre les coups de main des tribus nomades, seul danger qu'ils aient à redouter dans les solitudes sahariennes.

(1) Cf. Huber, l'*Arabie*, p. 124 et 133.

(2) Les chemins de ronde de la Kalaâ des Beni Hammad formaient ce que l'on appelle des « haha » en terme de fortification. L'enceinte avait 7 km. de développement. une énorme tour le Ménar la commandait. Voir l'ouvrage cité de de Beylié, p. 27.

(3) C'est ce que firent les habitants de la Tobna berbère (v. bibl. précitée).

Les abords de la ville

Ce qui frappe le plus vivement lors de l'arrivée au Mzab, c'est que les villes se dressent tout d'un coup au milieu d'une banlieue vide; brusquement et sans transition, on passe de la terre inhabitée et désolée, à l'agglomération active et grouillante. Les jardins mis à part — et ils sont souvent éloignés de plusieurs kilomètres, comme ceux de Ghardaïa, — rien de vivant ne vient rompre la monotonie de ces abords urbains.

Certaines remarques se rattachant à des objets étrangers à la ville proprement dite peuvent cependant trouver place ici. Nous savons que la partie Sud des remparts de Ghardaïa a été démantelée; or, dans cette échancrure se sont développées des constructions auxquelles la ville elle-même n'avait pas encore donné asile [1].

Ce sont d'abord de nombreux fondouks (فندق pl. فنادق) construits à l'imitation du Tell, avec cour centrale spacieuse et écuries sur les bas côtés; c'est là que les voyageurs et les marchands laissent leurs animaux avant d'entrer dans la ville.

Puis ce sont des lieux de plaisir que la sagesse des Beni-Mzab a toujours refusé d'admettre dans l'enceinte de la cité et qui n'existaient même pas lorsque les villes s'administraient elles-mêmes. C'est la *suburre* de Ghardaïa que le rigorisme des Beni-Mzab rejette extra muros; les *nayliat* ou *Ouled Nayl* y vivent du trafic de leurs personnes [2].

Enfin, nous voudrions consacrer une mention spéciale à une petite enceinte, blanchie à la chaux, et à une *mçolla*, dites toutes deux d'Ammi Saïd, qui ne diffèrent cependant pas, dans leur apparence, de celles que nous allons étudier à l'occasion des cimetières, mais qui, surtout dans le passé, ont eu une signification particulière. Cette enceinte est située auprès du tombeau du cheikh Ammi Saïd, à l'Est de Ghardaïa, et en contre-bas d'une croupe rocheuse dite Bou He-

---

[1] Comme nous l'avons déjà fait en ce qui concerne le plan, nous négligerons de parler des constructions militaires ou européennes (cafés, anciens hôtels).

[2] Mentionnons encore 2 bains maures construits en 83 et 85 (l'occupation est de 82). La ville Mzabite propre, ne comprend pas de bains maures en général, à la différence des villes du Tell.

raoua où se trouve tracée la montée de la route de Laghouat. C'est là que les villes du Mzab envoyaient des représentants qui tenaient leurs assises, pour les questions touchant les intérêts généraux de ce que nous appelions la Confédération Mzabite. Les villes représentent bien un type social secondaire et il semble que ce soit à ce stade que les Abadhites en soient restés dans leur chebka. Cependant, il convient de noter cet essai d'union politique des noyaux urbains, ce *synœkisme* qui n'a d'ailleurs jamais eu ici que des causes temporaires politico-juridiques [1], plus rarement économiques, et qui disparaissait une fois celles-ci évanouies; lien en somme assez lâche et qui rappelle les réunions entre villages berbères, relevées dans d'autres régions de l'Algérie [2].

Maintenant encore, dans certaines circonstances, ces *djamaaïat* (جماعة réunion) se reconstituent, mais elles ne subsistent plus que pour des raisons juridiques. Il se tient par exemple, à la Mçolla du cheikh Ammi Saïd, des conférences entre les cadis abadhites des sept villes, lorsqu'ils ont une communication importante à se faire sur un point de droit ou de jurisprudence.

Le choix de ce lieu, en dehors des remparts, est particulièrement significatif. Les cités devaient craindre, en choisissant l'une d'elles, d'accorder à celle-ci une supériorité dont elle n'aurait pas manqué de tirer parti sur les autres. Il prouve la compréhension égalitaire qui englobait les sept noyaux sociaux indistinctement [3].

Cimetières, Tombeaux et Autels

Cimetières. — Les cimetières sont fort nombreux au Mzab. Cela tient à deux raisons : d'abord à ce que les Abadhites de la chebka ont la tradition bien ancrée de se faire enterrer

---

(1) Par ex. lorsque le Mzab fit sa soumission à la France, voir Soleillet, p. 162.

(2) Cf. les réunions entre *tiddar* ou villages kabyles. Masqueray, thèse 96.

(3) Au Nord-Ouest de Ghardaïa sur un escarpement du plateau il existe des ruines dites de Sidi Saad. C'est un camp retranché qui d'après la tradition mzabite aurait été édifié à l'annonce d'une invasion de Beni Abbas. Les envahisseurs auraient été vaincus et les abadhites auraient enterré leurs cadavres ainsi que le butin du combat dans 2 trous qu'ils montrent encore.

chez eux, puis parce que chaque groupement veut avoir son cimetière propre.

Les Mzabites tiennent, en effet, avant tout, à revenir mourir dans leur pays; au besoin les moribonds accomplissent ce suprême voyage; et comme cette coutume est régulièrement suivie depuis la fondation des petites villes, leurs cimetières n'ont cessé de s'agrandir [1].

D'autre part, non seulement les individus séparés par la confession désirent réunir leurs morts à part, comme le font les Juifs et les Malékites, mais, dans le même groupement religieux, chaque portion tribale qui prétend descendre d'un ancêtre commun, veut avoir ses morts groupés en un endroit distinct. C'est ainsi qu'à Ghardaïa, chez les Mzabites, chaque fraction fondatrice a un cimetière [2]: les Ouled Ammi Aïssa se font enterrer dans le cimetière Ammi ou Aïssa encore appelé cimetière Ammi Saïd... Parmi les Malékites, les Mdadih et les Beni Merzoug ont chacun leur cimetière propre. Le fossé qui sépare les vivants, sépare encore les morts : comme quoi le lien qui résulte d'une ascendance commune peut être puissant! A Metlili, on ne trouve plus maintenant que des Malékites et cependant les cimetières sont autant multipliés. Là encore chaque fraction se fait enterrer autour de ses ancêtres.

Aussi nos villes sont-elles circonscrites par une véritable ceinture de cimetières. Ghardaïa est flanquée, au Nord-Est, du grand cimetière Ammi Saïd; au Sud, du cimetière des Beni Merzoug [3]; dans la direction du Nord-Ouest, on trouve le cimetière de Sidi Sliman ou des Mdabih et le cimetière Baba ould Djema. Enfin, nous ne parlons pas du grand cimetière de Sidi Bou Djema, de celui d'Abou M'hammed ben Abou Salah, etc...

Melika, qui est entourée de ravins, voit tous ses cimetières se grouper au Nord et à l'Est, là où l'éperon rocheux sur lequel elle est construite se trouve relié au plateau. Près de l'oued, on rencontre le cimetière Ba Saïd bou Beker; puis,

---

(1) Les Chaàmba aussi, hommes de caravanes qui ne sont point des citadins cependant, préfèrent de beaucoup être enterrés chez eux. On ne les inhume en dehors de leur pays d'origine qu'en dernière extrémité.

(2) M. Morand. Etudes de Droit musulman : *Les Kanoun du Mzab* p. 433 N° 1. ; de Motylinski *Guerara* p. 6 N° 2.
Voir aussi ce que nous disons à propos des tombeaux.

(3) A l'est de celui-ci on a créé une pépinière sur l'ancien emplacement du cimetière de Sidi-Aïssa ou Aïssi.

au Sud-Est, celui du Cheikh Ba Abderrahmane et, tout près de la petite ville, le cimetière de Sidi Aïssa; ce dernier vient si étroitement l'enserrer de ses tombes, qu'au soir tombant, on ne distingue plus les maisons des sépulcres; les habitants de Melika redisent souvent d'ailleurs qu'ils habitent une ville des morts [1]. Pour chaque ville enfin, nous pourrions multiplier ces énonciations, qui témoignent de l'importance que les cimetières revêtent au Mzab [2].

La dénomination du cimetière est toujours empruntée au nom du santon qui y est enterré, ou de l'ancêtre qui y repose et dont la fraction descend d'après la tradition [3]. Les *nazils* [4] de Ghardaïa groupent leurs morts autour du tombeau du cheikh Ammi Saïd, savant de Djerba qui est venu se fixer au Mzab au XVIIᵉ siècle.

Tout cimetière est clos d'un mur [5], élevé seulement jusqu'à hauteur d'appui, en pierres sèches et dont le faîte est cimenté pour empêcher sa désagrégation. Cette simple clôture est construite pour le mettre à l'abri des souillures des animaux. Outre les tombes et tombeaux, on trouve ordinairement, dans chaque cimetière, une mosquée funéraire à laquelle est adjointe une Mçolla et des latrines, voisines de la mosquée.

Les mosquées funéraires apparaissent comme des masses blanches aux coins arrondis qui tirent l'œil de loin, au milieu du cadre gris d'alentour. Leur construction intérieure rappelle exactement la technique employée pour les mosquées urbaines : ce sont les mêmes arcades, les mêmes piliers [6]. On les appelle aussi *djamâ* et elles jouissent des mêmes immunités que les grandes mosquées; par exemple, on ne peut y arrêter les voleurs [7]. Elles possèdent toujours, face à leur entrée, un *çahn* maçonné et blanchi, parfois celui-ci est circulaire et entoure complètement l'édifice.

---

(1) C'est ce que nous disait notamment Brahim ben Abbès.

(2) On pourra reconstituer une liste des cimetières des cinq villes en lisant un art. sur les légendes du Mzab par X. *Soc. de Géogr. d'Alger*, 24ᵉ année, 1919, p. 93.

(3) Ce nom est précédé du mot « *Djebana* », cimetières.

(4) Voir infra.

(5) Nous parlons ici des cimetières établis en terrain plat ; lorsque le cimetière se trouve sur une des pentes abruptes du plateau, parfois, la précaution de le clore n'a pas été prise, surtout à Metlili.

(6) Par ex. la djama de Cheikh ba Abderrahmane dans la plaine de Tizzert.

(7) Convention citée par Watin. 3ᵉ note.

Cliché du Commandant Cauvet.

MELIKA. — Tombeau de Sidna Aïssa.

On aperçoit une partie des ornements dressés, si étonnamment multipliés sur ce tombeau. Tout autour de lui, des tombes communes sont groupées ; on voit çà et là les débris de poteries brisées. Le cimetière domine la petite ville de Melika : à droite le minaret de la mosquée, à gauche les remparts ; au fond la ligne dure du plateau rocheux.

Il y a aussi des oratoires, c'est-à-dire de minuscules mosquées qui ne diffèrent des premières que par leur exiguité. Toutes ont le trait commun de posséder sur leur faîte des ornements bizarres sur lesquels nous reviendrons [1].

Si le cimetière n'est pas doté d'une mosquée, il possède au moins une mçolla, plate-forme maçonnée et blanchie, élevée plus ou moins et d'une surface très variable. La mçolla de Sidna Aïssa, à Melika, est flanquée de forts bassins qui ont été maçonnés, sur un de ses côtés, pour recueillir les eaux pluviales [2].

Tombeaux. — Le Mzab n'a pas subi l'influence qui a laissé de si profondes traces dans le Nord de l'Afrique. Nous voulons parler de ce culte maraboutique dont le succès ne cessa de s'affirmer du XIVe au XVIIe siècles. Partout des koubbas blanches se mirent à scintiller sur les collines pour proclamer la gloire d'un nouveau santon et à elles s'adjoignait bientôt l'établissement féodal de ces couvents militaires ou *ribat*, qui se développait comme par bourgeonnement auprès de chaque tombeau [3].

Ces cultes, par leur intensité et leur généralité, peuvent porter ombrage à l'unité de Dieu lui-même, en créant tout autour de Lui un cortège de personnages puissants, élevés aux yeux des gens peu instruits, jusqu'au rang de divinités subalternes. Les Abadhites, unitaires au suprême degré, devaient rester réfractaires à un tel mouvement.

Ce n'est pas à dire qu'on ne trouve pas chez eux l'équivalent de ce que nous appelons communément des marabouts, au contraire, les abords de leurs villes en sont parsemés; mais, ces petits édifices n'ont jamais été le germe d'une zaouïa et, d'autre part, certains d'entre eux ont une origine

---

(1) Par ex. Sidi Abdelkader dans le cimetiûre des Beni Merzoug.

(2) Le jour où ces bassins ont de l'eau, chacun vient y puiser avec discrétion, c'est autant qu'il n'y aura pas à extraire à grand peine des puits. Les conventions précisent que le hakem doit défendre de laver de la laine ou des vêtements dans les eaux de pluie, d'y abreuver des animaux : il doit empêcher les enfants de s'y baigner (Watin, 3e note).
Dans les agglomérations du Nefousa moins aride que la Chebka les habitants paraissent avoir multiplié les citernes, auprès de leurs agglomérations, pour recueillir les eaux de pluie. V. l'ouvrage précité, sur le Nefousa pp. 75, 81, 96, 106.

(3) Voir sur ce mouvement si intéressant, V. : E. Mercier *Hist. de l'Afr. Septentr.* II 382 et aussi *Les Ribats et les Marabouts dans l'Afrique du Nord* in *Rec. des notices et mémoires Société Arch. de Constantine* vol. XXXIV, année 1900 ; E.-F. Gautier *Sahara* I 260.
Et surtout l'ouvrage déjà cité de MM. Octave Depont et Coppolani.

qui leur est propre : ce ne sont pas des tombeaux, nous les étudierons d'ailleurs plus loin.

Si les Abadhites du Mzab n'ont pas de saints dans le sens de marabouts, ils ont tout au moins des docteurs qui bénéficient d'une immense considération, sinon d'un culte public. Ce sont pour la plupart ces anciens entraîneurs d'hommes qui venaient, accompagnés de leurs *halgas*, fonder une ville ou adjoindre leur groupe à une cité préexistante. Après leur mort, la tradition a répété leurs mérites et, tout naturellement, les gens de leurs fractions ont groupé leurs tombes autour de leurs sépultures. Cette raison nous indique pourquoi ces tombeaux parsèment les cimetières et ont chaque

Fig. 1. — MÉLIKA — Cimetière du Cheikh Ba Abderrahmane — Tombeau.

Fig. 2.— Même tombeau, vu sous autre angle. — On aperçoit des cailloux et une lampe qui y ont été déposés en offrande.

fois joué le rôle de pôle attractif d'autres tombes serrées autour d'eux. Ce sont les divisions sociales des vivants qui se perpétuent chez les morts.

Les tombeaux mzabites sont surtout curieux par leur con-texture; à coup sûr, ils constituent une originalité des Abadhites de la chebka. Ils atteignent toutes les dimensions [1].

Les plus petits sont de minuscules guérites carrées de 40 centimètres de haut environ et surmontés, aux quatre angles, de pédoncules doublant à peu près leur hauteur [2]. Ces pédoncules ont leur base en forme de pain de sucre, puis ils se terminent en formant une boule grossièrement sculptée dans le plâtre [3]. Entre eux et sur le toit de cette logette — qui est d'ailleurs vide à l'intérieur — sont disposés le plus

[1] On les dénomme de l'appellation arabe de qoubba.

[2] Nous décrivons un petit tombeau du cimetière du Cheikh Ba Abderrahmane.

[3] Nous entrerons pas dans les détails de construction, tous ces petits édifices sont construits en pierre et plâtre suivant la technique exposée infra.

souvent des objets en tas : d'abord, des pierres apportées
par les visiteurs en ex-voto [1], puis des lampes d'argile,
enfin parfois une grossière lampe de fer blanc.

D'autres fois, comme dans le tombeau de Sidna Aïssa, à
Melika, la tombe disparaît sous un blocage irrégulier de
maçonnerie et au-dessus fleurit toute une profusion de ces
sortes d'ornements dressés : on en compte plus de douze
irrégulièrement répartis. Certains forment des pains de sucre
massifs, d'autres se dressent d'une façon beaucoup plus
élancée vers le ciel, un autre encore forme une pyramide
massive et possède un trou à sa base où est placée une lampe
garnie d'huile. Une ouverture plus grande et meublée de la
même façon est disposée aussi dans le socle du tombeau.

Fig. 3. — GHARDAÏA. — Cimetière
des Beni Merzoug. — Tombeau
de Sidi Abdelkader (la base a
2ᵐ 50 de long).

Enfin, une espèce de tour pleine, quadrangulaire, complète
cet ensemble bizarre ; elle est surmontée de quatre autres
ornements dressés de hauteur inégale.

Parfois ces tombeaux affectent des formes plus architecturales [2]. Par exemple, sur une base de cinq mètres de côté
environ, s'élèvent quatre piliers d'angle formant quatre arcades en plein cintre ; au-dessus, en guise de couverture, a été
ménagée une curieuse coupole formée jusqu'à la moitié de
sa hauteur d'un cône tronqué, puis se terminant par l'extrémité d'un autre cône à profil légèrement concave. Enfin,
encadrant cette tiare et aux quatre angles, quatre pédoncules quadrangulaires élèvent leurs extrémités en boules vers
le ciel.

---

(1) Sur le rite de l'apport des pierres en ex-voto voir Doutté *Magie et religion* p. 447.
La pierre que l'on a touchée et que l'on apporte à un sanctuaire, ou à un tombeau
comme celui-ci, continue à influencer celui ou celle qui l'a apportée et lui communique
des vertus spéciales qui découlent des vertus du lieu sacré. Elle lui porte bonheur.
Voir aussi infra les ouvrages que nous citons à propos des *Kerkour*.

(2) Marabout du cimetière abadhite de Berrian situé à la sortie de la petite ville en
se dirigeant vers Ghardaïa.

Certains tombeaux, plus archaïques, sont coiffés d'un énorme gâteau terminé en pointe ou de trois pédoncules inégaux. Leur trait commun reste bien toujours de porter des ornements dressés; nous retrouverons, par ailleurs, cette décoration.

Tombes et mobilier funéraire. — Les tombes se ramènent à deux types, suivant que le mort a été inhumé dans un sol friable ou sur le roc. Ce dernier type est surtout fréquent à Metlili, les cimetières des cinq villes étant plutôt disséminés sur les accotements des sables de l'oued. On y rencontre cependant des cimetières sur les flancs rocheux du plateau; les Chaamba de Melika ont toutes leurs tombes groupées dans ces conditions, au cimetière du cheikh Abderrahmane; leur méthode a été imitée par influence, aussi la distribution de ces deux types est-elle impossible à préciser. Le Mzabite semble préférer l'inhumation selon le premier mode. Dans la zenatia du Mzab, les tombes se nomment *inilen* (sing. *anil*).

Le mort est toujours couché sur le dos, jambes étendues, pieds joints, bras allongés. On l'inhume enveloppé d'un linceul et aussi, suivant l'usage islamique, on le couche la tête tournée dans la direction de la Mecque, orienté vers la *qibla*.

Les tombes du premier type, c'est-à-dire celles creusées dans un sol friable, sont aménagées au moment de l'inhumation. Des serviteurs ou les parents pratiquent dans le sable un fossé de 50 à 70 centimètres seulement de profondeur, en séparant la nouvelle tombe de ses voisines d'une marge de 50 ou 60 cent. de largeur. On recouvre le cadavre de sable et l'on plante sur sa tombe les témoins de la foi : les *chouahed* (شاهــد شواهـد وشوهــدة) pour affirmer la *chehada* (شهــادة) l'acte de croyance des musulmans. Ce sont des pierres plates taillées en angle à leur sommet, ce qui leur donne l'allure de petites stèles puniques au faîte triangulaire [1]. On en place une sur la tête et une autre au-dessus des pieds, si c'est pour indiquer la tombe d'un homme. On en rajoute une plus petite, entre les deux, s'il s'agit de la tombe d'une femme [2].

Les crues de l'oued, qui emportent et bouleversent les sables, la haute valeur des atterrissements cultivables, nécessi-

---

[1] Le sommet des stèles puniques est le plus souvent taillé en angle, c'est-à-dire à deux pans. Voir Delattre : *Fouilles de la Nécropole voisine de Sainte Monique.*

[2] Même remarque concernant les tombes de Metlili.

tent souvent l'installation des cimetières à même le rocher. Mais alors faut-il entamer la roche et ménager au pic ou à la mine de véritables tombeaux? Ce serait une solution assez dispendieuse; la méthode des indigènes répond à une autre tradition. Le mort est couché directement sur le roc et, tout autour de lui, on élève, au moyen de pierres sèches aussi jointives que possible, un entourage de quatre petits murs disposés en rectangle. Au-dessus de cette minuscule clôture qui, intérieurement, a les dimensions d'encombrement d'un individu couché et possède environ un mètre de haut, des pierres plates sont disposées, de façon à former un couvercle rudimentaire; elles sont lutées avec de l'argile et de l'eau. Parfois, les matériaux des murettes sont agglomérés de la même façon, mais, dans la majorité des cas, on ne prend même pas cette précaution et l'air circule librement à l'intérieur du sépulcre. La sécheresse et la chaleur aident alors à momifier le cadavre qui ne se décompose pas.

Sur ces curieux appareils, on place encore de la terre et du sable de façon à former un amalgame où l'on plante des *chouahed*, et puis on ajoute un mobilier spécial sur lequel nous nous étendrons tout à l'heure. Les objets constituant ce mobilier, les pierres tombales donnent de loin aux sépultures un aspect caractéristique. A Metlili, lorsqu'on descend l'oued en venant du ksar, les tombes des cimetières installées sur les berges se détachent toutes, sous le ciel, en un cordon presque ininterrompu.

Les matériaux servant à l'édification de ces tombeaux seraient souvent onéreux et difficiles à trouver pour les parents du mort à inhumer, mais, en général, des hommes riches et pieux prennent le soin d'acheter des pierres calcaires qu'ils font stocker à l'avance aux environs du cimetière [1]. Dès lors, chacun peut venir y puiser à son gré.

Ces curieux tombeaux, qu'on ne paraît pas retrouver en dehors de la chebka du Mzab, ont été comparés, dans leur structure, aux sépultures mégalithiques [2]. Il est difficile de donner l'explication de leur origine, peut-être celle-ci se

---

[1] Observation faite à Melika.

[2] Masqueray, *Zakaria*, p. 72 N. — *Formation*, p. 242.
Ville op. cité p. 62 a quelques lignes sur les tombes de Metlili.
Soleillet (V. bibliographie), p. 157, parle en passant des tombes du Mzab, mais sa description est bien imprécise.

trouve-t-elle simplement dans une adaptation aux conditions tectoniques locales.

En dehors des tombes mzabites et *chaamba* dont la technique de construction est la même et qui, dans l'espace, sont étroitement rapprochées comme à Melika — peut-être en raison de l'*hospitium* [1] donné aux Chaamba par les Beni-Mzab — il convient de mentionner les tombes des populations agrégées et des Juifs.

Ghardaïa, Mdabih et Beni-Merzoug ont chacun leur cimetière nettement distinct. Leurs tombes rappellent les tombes mzabites du premier type; on ne remarque pas de différences.

Les tombes Juives sont, par contre, élevées d'une manière spéciale. Au fond de la fosse et tout autour du cadavre on aligne des pierres constituant le support de dalles recouvrant le corps du défunt. Ces pierres plates sont maçonnées au mortier indigène et l'on fiche vers leur centre une pierre portant l'inscription du nom et de la date de la mort du décédé, tandis qu'à l'extrémité, du côté de la tête, une pierre unique est dressée. Les deux pierres ornent les tombes des hommes, celles des femmes ne sont dotées que de l'une d'entre elles [2].

Le cimetière Juif est placé au fond d'un ravin dit *Chaabet El Ihoud* (ravin des Juifs), dominé au Sud par l'éperon rocheux du blockhaus français et à la sortie duquel se trouve le cimetière des Beni-Merzoug.

Nous avons jusqu'à présent passé sous silence la plus grande originalité des sépultures mzabites, nous voulons parler de leur mobilier funéraire. N'est-ce point là une expression trop précise ? Pourtant, c'est la seule qui puisse être l'image exacte de cet alignement de poteries rencontrées sur chaque tombe. Les sépultures mzabites des deux types sont, en effet, ornées d'une vaisselle caractéristique.

Des vases sont alignés sur toute la longueur de l'amoncellement de sable et de pierrailles qui recouvre la fosse, entre les deux *chouahed* terminaux; ou bien ils sont disposés, accompagnés de cailloux, en plusieurs rangées irrégulières, s'il s'agit d'une sépulture du second type [3].

---

(1) Masqueray, *Formation* p. 205.

(2) Voir la description des tombes juives faite par Huguet, *Les Juifs du Mzab* (bibl.) p. 569.

(3) On en trouve aussi sur les tombes des populations agrégées mais en beaucoup moins grande quantité.

Parmi les modèles rencontrés, on relève surtout des gargoulettes pansues, rondes à l'épaule et à anses doubles, ou bien des spécimens plus gracieux dont le corps forme une ceinture à profil légèrement anguleux, d'un diamètre environ deux fois plus large que celui de la base ou du col, ou bien encore des aiguières de terre (ibriq) [1]. Toutes ces poteries sont cuites au four, beaucoup sont vernissées en vert, alors que pour l'instant les Mzabites semblent avoir oublié de vernir leurs poteries. On trouve aussi des jarres longues et pointues à la base, en terre poreuse : leur modèle rappelle certaines de ces amphores puniques longues et effilées [2]; sur les tombes, on les place couchées sur le flanc.

Toutes ces poteries possèdent le trait commun d'être brisées ou fêlées. Pour certaines, la brisure est si peu accentuée qu'on voit qu'elle a été faite volontairement avec un objet pointu [3]; ses dimensions ne dépassent pas celles d'une pièce de monnaie; pour d'autres, ce sont de beaucoup plus larges échancrures ou bien encore il ne subsiste du vase qu'un simple éclat et alors sur ces tombes déshéritées, c'est un ramassis de vieille vaisselle et de pots cassés. En règle générale, on peut dire que pour beaucoup d'objets, le bris a été volontaire et, disent les habitants, fait pour empêcher les voleurs, les nomades sans aveu, d'emporter les objets dont ils pourraient user pour eux-mêmes. Dans ce dernier cas, ce sont des objets courants, des objets de la vie de tous les jours que l'on a apportés au mort : les modèles relevés sont ceux que l'on trouve dans les maisons [4]; il n'est pas fabriqué, pour l'usage funéraire, d'articles spéciaux; c'est le même mobilier qui sert aux morts comme aux vivants. Maintenant, la tradition s'est affaiblie; cet usage de consacrer aux cimetières des poteries, peut-être très utiles dans les intérieurs, a paru à certains dispendieux. Aussi se contente-t-on parfois de faire le simulacre de la tradition;; de là, ces débris apportés à

[1] Voir infra, ch. *Le Mobilier*.

[2] Voir Gsell. IV p. 61.
Certaines de ces jarres pointues ont été trouvées à Dougga (Tunisie).
Des modèles analogues ont été retrouvés en Phénicie, voir dans les *Missions de Renan* un vase découvert près de Sidon, p. 432, texte et figure.

[3] Le capitaine Rocroy, commandant le cercle de Ghardaïa a constaté à Igli une pratique analogue.

[4] Les grandes jarres pointues existent encore, on s'en sert pour conserver le *guedid*, voir *Le Mobilier*.

profusion, ces morceaux de toutes sortes, voire de vieilles cuvettes, qui donnent aux tombes un aspect lamentable.

Un Mzabite nous expliquait, fort bien d'ailleurs, le processus de cette évolution qui vient de s'achever. La décoration des tombes, dans sa pureté primitive, comporte, en outre des vases, de longues palmes fraîchement cueillies que l'on place en longueur sur la tombe en ayant soin de les enfiler dans les anses et poignées des poteries alignées. En plus de l'effet décoratif, elles servent à conserver à celles-ci la rigueur de leur arrangement et, en outre, à les empêcher de basculer. Mais maintenant, de plus en plus, les Mzabites, après être passés par le stade des pots brisés, se contentent d'une unique palme placée entre les *chouahed*. Et ainsi disparaît, sous nos yeux, une tradition vieille de plusieurs millénaires.

Il faudrait connaître l'origine et la raison de ce très ancien usage. Les Mzabites répondent parfois que chacun casse sa cruche à sa manière pour reconnaître l'endroit où reposent les siens [1], mais cette explication nous paraît mériter bien peu de crédit. Nous avons déjà dit que beaucoup de cruches ne sont percées que d'un trou imperceptible et souvent même pas visible; les cruches, d'autre part, sont multipliées jusqu'à atteindre le chiffre de dix ou douze et ce moyen de reconnaître ses morts serait trop onéreux pour avoir été généralisé. A notre avis, il faut laisser complètement de côté cette raison d'occasion.

L'habitude de placer des débris de vase sur les tombes se retrouve : dans le Sud oranais, où l'on ajoute parfois aux éclats de poterie des écuelles funéraires [2]; A Djerba, où les *chouahed* sont souvent remplacés par la portion inférieure d'une jarre [3]; enfin, au Sud du Sahara, où la tradition paraît être des plus significatives. Les tribus de chérifs mulâtres ou métissées de la rive droite du Niger déposent des vases sur le tertre rectangulaire de leurs tombes [4]. Les pêcheurs Korongoï du Niger, les habitants de Dienné, emploient

---

(1) Masqueray, note citée, *Zakaria*, p. 72, de l'Eprevier (v. bibliogr.), p. 269.

A Beni Sgen cpt. où existent, aux abords de la ville, de nombreux tas de fumier semblables les uns aux autres, chaque propriétaire marque le sien au moyen d'un ou de plusieurs débris de poterie.

(2) E. F. Gautier, *Sahara*, voir une photogr., fig. 26, pl. XIII.

(3) Bertholon, *Exploration de Djerba*, étude citée, p. 375.

(4) Desplagnes, *Le Plateau Nigérien*, pp. 44, 45.

des tuyaux de poterie dans lesquels ils déposent des libations [1]. C'est, en effet, ce dernier geste qui paraît devoir expliquer la présence de nos jarres mzabites.

Les idées très anciennes d'offrande funéraire et de communication avec le mort ont dû seules inspirer cette pratique à l'origine. Maintenant encore, il est remarquable de vérifier comment tous les objets se présentent sous la forme de récipients servant à mettre des boissons ou des mets; même si ce sont des morceaux brisés, on les a choisis très concaves pour rappeler leur destination première; sur les tombes d'enfants, il est d'usage de placer des assiettes creuses. Partout cette vaisselle funéraire semble attester encore la croyance à une vie matérielle du défunt. C'est un rite presque aussi vieux que l'humanité elle-même, cette aide apportée à la survie du mort dans la terre [2], et le Mzab l'observe encore rigoureusement. Certes, il n'y a plus de libations : plats et cruches restent vides comme ils paraissent d'ailleurs être restés vides de bonne heure déjà dans l'antiquité [3]. Mais il subsiste encore au Mzab une déformation de ces repas funéraires et notamment sous la forme de grands banquets pris en commun sur les tombes comme nous allons avoir l'occasion de le décrire.

Usages et rites funéraires. — Chez les Mzabites, les morts sont enterrés très vite après leur dernier soupir; chez les agrégés, on les veille pendant une durée de temps variable; dans la coutume actuelle des Juifs, il est d'usage de les exposer vingt-quatre heures dans la cour de la maison [4]. Il existe dans les villes du Mzab des laveurs et des laveuses de chaque confession pour procéder à la dernière toilette des défunts. Pour tous, il est fait usage d'un linceul blanc.

(1) D, p. 48.
El Bekri parlant des sépultures de l'Empire des Ganatha en 1050, nous dit « ils (les nègres) disposent auprès du mort ses parures, ses armes, *les plats et les tasses dans lesquels il avait mangé et bu,* et diverses espèces de mets ou boissons ». In Desplagnes. p. 63.

(2) Pour la Carthage Punique voir les développements touchant cette croyance in Gsell IV p. 459.

(3) Gsell IV p. 457.

(4) En 1882 Huguet art. cité p. 569, nous dit que le mort était enseveli aussitôt après son dernier soupir.
Chez les Mzabites les *Tolba* assistent le moribond en l'entretenant de choses pieuses; on a rapproché cette pratique de la confession (Masqueray Zakaria IV p. 147).
Pendant la veillée, les femmes surtout ne cessent de se lamenter.

Les Beni-Mzab font en général leurs enterrements de bon matin et très rapidement, comme pour ne pas attirer d'assistants [1]. Quelques parents, au total peu de personnes, suivent le corps; elles se relaient pour servir alternativement de porteurs de la bière. On dépose celle-ci sur le çahn de la mosquée funéraire et l'on dit la prière islamique des morts. Si c'est un notable, le *muphti* ou le cadi prononcent quelques paroles à caractère exclusivement religieux, puis on procède sur-le-champ à l'inhumation. Celle-ci terminée, tous les assistants reçoivent du pain et des dattes apportés par la famille et mangent ces aliments dans le cimetière, comme pour célébrer une sorte de repas funèbre. Puis les personnes présentes se séparent et prennent congé des membres de la famille, en disant à chacun: *Adama Allahou ajreka* (اد امر اللـــه اجـــرك). Que Dieu prolonge ta récompense.

Si les musulmans sont en général très respectueux pour leurs morts, ce sentiment est, peut-on dire, porté à son paroxisme au Mzab [2]. Ces champs sacrés que sont les cimetières apparaissent, aux yeux du profane, sous l'aspect d'un ramassis de pierrailles et de pots cassés. Mais, aux yeux des indigènes, ils possèdent des caractères propres et notamment une ordonnance qu'il importe de respecter. Les tombes sont entourées d'une marge qui les sépare les unes des autres, celles surélevées sont disposées en lignes et en gradins; or, ces passages sont suivis avec une méticuleuse attention, on prend bien soin de ne pas s'en écarter. Il y a des espaces plus grands pour circuler en groupe et si l'on veut parvenir à une tombe, on doit y accéder par le bas et circuler toujours entre les morts dans le sens de l'inhumation, en allant des pieds à la tête; enjamber une tombe, par exemple, constituerait un manquement grave à ces prescriptions : il importe de ne pas traverser les morts. Ces règles, et d'autres avec elles, étaient d'ailleurs, autrefois, sanctionnées par des pei-

---

(1) Une allusion à ce propos dans la *Géogr. Universelle* de Reclus, Afrique p. 373 : « Les ensevelissements sont tenus fort secrets ; ils se font de nuit... ».

Cette rapidité dans l'exécution n'exclut d'ailleurs pas un formalisme rigoureusement prévu.

Le Cheikh Aboul Abbas Ahmed ben Mohamed a consacré un livre entier à la question des funérailles c'est le *Kitab el Djanaiz* كتاب الجنايز (Voir Motylinski, Les livres de la secte Abadhite p. 16).

(2) A Djerba aussi le culte des ancêtres est encore très vivace. Bertholon art. cité p. 375.

nes sévères dont la moindre n'atteignait pas moins de vingt coups de bâton [1].

Les Juifs aussi sont très respectueux de leurs tombes, mais chez eux le culte des morts revêt une forme spéciale : il consiste à ne jamais toucher les sépultures achevées. C'est par malignité et mépris de cet usage, que les enfants Mdabih ou Mzabites s'ingénient à les briser à coups de pierre.

Les cimetières mzabites sont l'objet de visites individuelles ou collectives. Ce sont les femmes surtout qui accomplissent les premières; à certains jours, elles viennent passer de longues heures sur les tombes de leurs morts, s'assoient à leurs pieds et absorbent en silence des aliments.

Le cimetière est aussi le siège de réunions périodiques où se portent des foules entières. Ces réunions ont lieu au nombre de deux par année pour le cimetière de Si Bou Djema, de trois pour celui de Sidi Saad. Il y en a une en général pour chaque cimetière et, partant, chaque fraction a sa fête des morts. On les appelle *marouf* (مَعْرُوف aumône, bienfait) et dans le langage local *nouba*. Ce nom leur vient justement des redevances en nature que l'on distribue ces jours-là. Elles ont lieu en hiver. Le clergé se transporte sur place et se réunit dans la *mçolla* du cimetière; cette réunion se nomme *mahadra* [2]. Les azzaba se rangent en un ou plusieurs cercles ou *halga* [3].

Si la réunion a eu lieu au cimetière de Si Bou Djema [4] (Cheikh Abou Tadjema), les tolbas se partagent en huit groupes; chaque groupe récite un huitième du Coran et la récitation complète du « Livre » est finie au Mogreb (coucher du soleil), alors qu'elle a été commencée à l'*âcer* (3 heures en hiver.).

En décembre, des réunions générales se tiennent dans tous les cimetières. Au *fedjer*, c'est-à-dire à l'aurore, les tolbas

---

(1) « *L'adeb* (20 coups de bâton) est infligé à celui qui laisse son troupeau pâturer dans les cimetières ou qui y coupe de l'herbe... ». « Encourt la peine *nekal* avec emprisonnement celui qui laboure un cimetière, arrache des tombes, détruit des oratoires et et les mçolla... ». « Il défendra (le hakem) ainsi que la djemaa des musulmans de construire dans les cimetières, d'y creuser, d'y planter... ». Extrait de diverses conventions citées par Watin, 3ᵉ note.

(2) De Motylinski, *Guerara*, p. 30 N.

(3) Sur ce mot voir Masqueray, *Formation*, p. 217. — Les hommes assis en cercle ne doivent pas laisser d'intervalles entre eux pour empêcher les esprits mauvais d'entrer.

(4) Un vendredi de sept. et un vendredi de déc.

arrivent et se rangent en cercle, les clercs mineurs [1] en font autant à côté. Le premier cercle récite la première moitié du Coran et le second termine la seconde moitié. Vers 3 heures, à l'*âcer*, la récitation est close.

Entre temps, les fidèles ont afflué, les chemins se sont remplis de monde et, de tous côtés, an voit arriver des ânes et des serviteurs chargés de victuailles. Celles-ci constituent le produit des *noubas* ou simplement des *sadaqat*, c'est-à-dire des donations bénévoles, accomplies en dehors des *noubas* constituées au profit des cimetières. Les cimetières, en effet, bénéficient de donations perpétuelles tout comme les mosquées. Les aliments sont peu à peu alignés sur le sol : ce sont des guerbas d'eau, des régimes de dattes, des *tabeg* ou quarts de mouton et des *gueçaa* [2] de couscous au beurre. Les dattes sont entourées de serviettes pour les protéger de la poussière.

L'oukil de la mosquée se place au centre du grand cercle des tolbas avec quelques azzaba. Lorsque les noubas sont toutes arrivées, le chaouch de la mosquée fait faire le silence et le muezzin avertit qu'on va procéder à la vérification et au partage [3]. Alors l'oukil vérifie la composition des prestations en nature et pointe chaque fois sur son registre [4], puis il procède au partage entre les tolbas. Les parts sont d'ailleurs connues et fixées pour chaque *mahadra* ; lorsqu'elles sont toutes distribuées, le muezzin fait savoir aux assistants qu'ils sont libres. Alors les tolbas se divisent par groupes pour déguster les dattes et la viande avec ceux qui les ont apportées : le couscous, *taam*, est en grande partie abandonné aux pauvres et aux gens de peu qui sont accourus; ces derniers sont d'ailleurs presque exclusivement des individus appartenant aux tribus agrégées [5]. Pendant ce grand repas, le chaouch récite la *fatihat* [6] et un des plus anciens

(1) Pour les clercs, voir *les divisions sociales de la ville*.
(2) Plat de bois, voir *Le Mobilier*.
(3) Nous empruntons ces détails à la 3ᵉ note inédite de M. Watin, voir bibliogr.
(4) Ces registres sont détenus normalement par les azzaba de chaque fraction.
(5) Voir *Divisions sociales*.
(6) La récitation de la *fatihat* constitue un acte essentiel du *Marouf*. Chacun l'écoute en rapprochant ses mains, les paumes en haut, pour recevoir la bénédiction (*baraka* ﻙﺮﺑ). Lorsqu'elle est terminée les assistants se passent doucement les mains sur la figure pour mieux se pénétrer de la faveur du ciel.

Chez les nomades autrefois, et en cas de lutte entre tribus, la paix était cimentée par un *marouf*, sorte de communion générale de tous les ennemis de la veille. Une *diffa* de ce genre était toujours accompagnée de la récitation de la *fatihat* (Voir L. Mercier : L'Arabe du Sud Oranais p. 318).

Cliché du Commandant Carver.

BENI-SGEN. — Le cimetière.

C'est l'aspect typique du cimetière mzabite dominé par les flancs rocailleux de la chebka. Sur les tombes entre les *chouahed* est aligné le mobilier funéraire.

L'ensemble de la vue donne une idée de la sécheresse et de l'aridité des environs immédiats des villes.

parmi les *azzaba* termine par une prière spéciale dans laquelle il demande à Dieu de rendre bons les vivants et de « recevoir dans son giron les musulmans et les musulmanes qui sont morts ». On termine par la parole rituelle : *Soubhana Allahou* (سبحان الله). Gloire à Dieu !

Ces *Mahadras* absorbent annuellement des quantités considérables de dons en nature; la seule ville de Ghardaïa a plus de trente-quatre de ces réunions par an. Pour les sept villes, les habous et noubas arrivent à consommer des richesses énormes qui s'ajoutent aux palmiers habousés au profit des mosquées et aux autres donations dont celles-ci bénéficient [1].

L'importance de ces donations nous indique d'abord combien ces sociétés sont profondément religieuses et théocratiques. D'autre part, cette fête des morts, ces réunions au milieu des tombes revêtent une importance primordiale aux yeux des Mzabites. Les Malékites eux-mêmes les imitent par contagion; Mdabih et Beni-Merzoug ont aussi leurs *marouf* à Ghardaïa. Ces cérémonies, dans leurs prières publiques et leurs banquets, rappellent une sorte de communion faite avec les morts. Leur origine ne semble pas être dans l'Islam, mais bien se rapporter à des traditions beaucoup plus anciennes [2].

Autels ou maqam. — Il nous reste à parler de petits édicules qui rappellent les tombeaux, mais qui sont situés en dehors des cimetières, et dans lesquels il n'a été procédé, en général, à aucune inhumation.

En arrivant aux environs des villes mzabites, on est frappé de rencontrer, au milieu des pierres, ces petites constructions. Elles sont élevées au creux des oueds ou, au contraire, dans les hauts lieux, au sommet des collines rocheuses.

Avant d'atteindre Berrian, on aperçoit un de ces édicules au sommet d'un pâté calcaire dominant l'oued Soudan; vis-à-vis, sur une hauteur, il y en a encore un autre, un troisième est situé dans les sables de l'oued, en contre-bas et en amont

---

[1] M. Watin en fait le compte dans sa note précitée. En 1918 les Habbous et Noubas des 7 villes comprenaient en immeubles et en dons mobiliers annuels: 40.300 palmiers, 23.500 régimes, 6.867 hatsia de pain (la hatsia vaut 10 kg.), 4.924 kilogr. de beurre, 2.305 moutons.

Voir aussi la note précitée de M. Motylinski.

[2] M. Masqueray (Formation pp. 242-243) rattache ces traditions à des rites romains.

du barrage. A Metlili, tous les points élevés sont pigmentés
de la même manière.

A Ghardaïa, la situation est différente, car les Mzabites
tenaient essentiellement à ne pas signaler au loin, la présence de leurs villes saintes blotties dans la gouttière de
l'oued Mzab; aussi ces constructions sont-elles placées le
plus haut possible, sans toutefois jamais atteindre le rebord
du plateau.

Ces édicules se nomment *maqam* (مـقـام), nous les appellerons des autels. Leur nom indigène leur vient de ce
qu'ils sont construits sur des places préférées par des personnages pieux et exaucés. Or, les hommes pieux de l'abadhisme considéraient les sommets des montagnes comme
particulièrement propices à la prière, et ils avaient coutume
d'y faire leurs dévotions. Les Abadhites considèrent encore
maintenant, les points culminants avec un saint respect [1].

La présence de ces petits autels sur ces hauts lieux n'est-
elle pas à rapprocher du culte punique des Hauts-Lieux lui-
même, culte qui revêtait une telle importance chez les Phéniciens et à Carthage? [2] C'est là une suggestion pleine d'intérêt qui ne manque pas de vraisemblance.

Toujours est-il que nous pouvons à peu près nous expliquer la position dominante de ces édicules. Pour ceux situés
au creux des vallées, on remarque facilement qu'ils se trouvent tous en amont des villes et précédant les barrages. Dès
lors, ces autels placés sous l'invocation de quelque santon,
se trouvent là pour attirer les crues bienfaisantes qui revêtent l'importance capitale que nous savons. Les rites viennent corroborer cette explication donnée par les indigènes.

Ces *maqam* revêtent les formes les plus variées : le plus
simple paraît être celui du cheikh Hamou El Hadj, perdu
dans les sables de l'oued Mzab, en amont du barrage de
Bouchem et au Nord de la pointe de l'oasis dénommée
Tagdit. C'est un simple pain de sucre arrondi, plus haut
qu'un homme et blanchi, sur toute sa surface, à la chaux.

Ceux de Berrian rappellent les tombeaux par leur forme
en guérite. Ils atteignent environ 2 m. 50 de hauteur et leur
toit est surmonté aussi d'ornements dressés. La façade a, par

(1) Voir à ce propos l'extrait de la règle de Cheikh Abou Ammar Abd El Kafi publié
en appendice à la *Chronique d'Abou Zakaria.*

(2) Voir Gsell, *Hist. Anc. de l'A. N.,* pp. 391 à 393, t. IV. Voir aussi I, p. 243.

exemple, l'allure générale d'une stèle avec fronton triangulaire entouré, de chaque côté, de deux appendices terminés
en boule [1]. Ceux signalés en amont, aux environs de l'oued
Soudane et dans cet oued, sont couronnés de trois ornements
dressés, dont l'un, celui du centre, est plus élevé que les deux
autres. Ils sont évidés sur leurs quatre faces; leur couverture,
si curieusement ornée, est alors supportée par quatre colonnettes irrégulières, ou bien, au contraire, ils sont ouverts
d'un seul côté. Parfois, on remarque qu'ils sont construits
sur un socle [2].

Les Mdabih eux-mêmes, quoique malékites, ont adopté
cette coutume; dans une situation dominant leur oasis de
la daya *Ben Dahoua*, au Nord-Ouest de Ghardaïa, ils ont
construit des autels dans des positions élevées. Ceux-ci ont
même une taille plus développée. L'un d'entre eux a cinq
mètres environ de hauteur, sur une base de trois mètres cinquante de côté [3]. Ses quatre angles sont relevés en motifs
à redents; entre eux, une grossière coupole à profil presque
triangulaire élève un ornement terminal en pointe; la hauteur totale de cette couverture atteint près de deux mètres
et demi; elle est percée d'un trou pour l'échappement des
fumées odorantes. Les côtés de l'édifice sont pleins, un d'entre eux possède une porte de bois. A côté existe un autre
autel plus petit, à base carrée, mais à toiture plate; une
ouverture en voûte, jamais close, permet d'y pénétrer. Sur
le toit, quatre ornements dressés et pointus surmontent les
quatre angles; ils flanquent un autre motif analogue, plus
grand, disposé au centre. Partout, c'est la même profusion
décorative de ces pointes élevées vers le ciel [4].

Ces petits monuments sont toujours vides intérieurement,
et pourtant ils sont le siège d'une activité réelle quoique temporaire. En général, ils se trouvent placés sous l'invocation
d'un docteur de l'abadhisme ou d'un saint malékite. La tra-

---

(1) Près du cimetière au Sud de Berrian dans l'oued.

(2) Nous ne mentionnons pas le maqam de Sidi Saâd qui simule la silhouette d'un
homme accroupi et qui est situé entre l'oasis et la ville de Ghardaïa. Il nous parait être
l'objet d'une fantaisie de maçon.
   Mais d'autres lieux sont l'objet d'une décoration analogue: un banc par ex., où dit-on
Sidi Aïssa avait coutume de se reposer en montant à Mélika, est orné d'ornements
dressés identiques.

(3) Situé à l'Est de la Daya, très visible de celle-ci.

(4) Elles nous paraissent si symptomatiques que nous leur consacrons un petit développement ci-après.

dition, la légende sont venues greffer sur leur fondation des anecdotes plus ou moins véridiques qui se rattachent à la vie du personnage invoqué [1]. Mais, et c'est surtout cela qui est typique, ils sont l'objet de rites sacrificiels. Dans les circonstances difficiles, on vient y consacrer des victimes (moutons, agneaux) que l'on égorge devant leur façade. Parfois, c'est un chameau entier que l'on sacrifie, dans les grandes occasions, pour demander la pluie par exemple. Les Mdabih semblent préférer les chèvres et les boucs noirs [2]. Les femmes viennent brûler des parfums, des bougies de cire, de l'huile, dont on relève des traces abondantes; parfois, elles viennent y manger des aliments.

Les sacrifices sont surtout remarquables; au Mzab, leur usage paraît particulièrement généralisé. Toutes les fêtes sont des occasions pour sacrifier et elles donnent lieu parfois à une véritable communion générale. A Melika, par exemple, une fois par an [3], les riches de la ville se cotisent pour acheter de douze à quinze chameaux. On les égorge tous en une fois en l'honneur de Sidna Aïssa [4], puis on fait autant de parts qu'il y a d'individus, grands et petits, dans la ville et on les distribue à chaque père de famille. Tous les habitants consomment la chair des victimes consacrées au patron de leur cité. N'est-ce point encore le sacrifice antique par lequel se consacrait l'alliance des hommes et de la divinité? [5]

Appendice. — Les ornements dressés. — L'étude du minaret de la mosquée, des tombeaux et des *maqam*, nous permet dès maintenant de connaître l'essentiel de la décoration mzabite : ce sont bien les ornements dressés qui la caractérisent.

Les architectes réservent ces ornements plutôt pour les monuments à caractère religieux; ils les dénomment *tabejdout* (pl. *tibejdad*) [6] ou encore *dhad* (pl. *idhoudan*) doigts.

Cette décoration semble bien distincte de ces ornements

---

(1) Voir ces traditions dans l'art. précité sur *Les Légendes du Mzab*.

(2) Voir Doutté, *Magie et Religion*, pp. 456 et suiv., pp. 463 et suiv.

(3) Premiers jours d'octobre.

(4) L'égorgement des victimes a lieu à l'ouest de la petite ville au bord d'un ravin voisin de la porte Mhamed Belkheir.

(5) Voir les *Sacrifices à Carthage* Gsell IV p. 405.

(6) Rapprocher ce nom de celui *limejtil*, peigne.

d'angle à redents, formant de petits escaliers, qui ornent les marabouts du Tell; cette dernière est peut-être d'influence orientale, on la retrouve très multipliée en Arabie, où elle constitue souvent un couronnement continu et dentelé des murs [1].

Notre décoration est plus archaïque et semble être assez curieusement disséminée dans notre Afrique. Chose tout à fait remarquable : les mosquées des Abadhites de l'île de Djerba possèdent des minarets en forme de lanterneau, qui sont surmontés d'ornements identiques [2].

Dans le Soudan, les angles des habitations, les murs, les minarets des mosquées, portent aussi une décoration analogue. Les pylones d'angle, les ornements en pointe sont multipliés sur les faîtes des constructions civiles et religieuses. Tombouctou et Dienné semblent particulièrement influencées par ce style étrange [3].

Ainsi, à notre époque, les contrées du Mzab, de Djerba, les villes soudanaises, si lointaines, des rives du Niger, semblent, au point de vue architectural, participer de la même inspiration. Mais d'où celle-ci a-t-elle pu leur venir?

Synthétisée dans son expression la plus simple, notre décoration fait penser tout de suite aux pierres debout : le *maqam* de Hamou El Hadj ressemble à une pierre dressée, toutes ces protubérances distribuées sur les toits des autels, des tombeaux rappellent d'abord des pierres, elles en ont la forme fruste et imparfaite.

Or, sans faire appel au très curieux culte des pierres qui fleurissait en Berbérie depuis probablement les temps les plus reculés, nous pouvons remonter à une période historique où les pierres possédaient un caractère sacré et étaient même adorées comme des divinités [4]. Nous voulons parler des *bétyles* des Phéniciens. Ces navigateurs avaient importé en Afrique leur culte préféré et, dans les villes et les cam-

---

(1) Voir Huber, *Arabie* p. 124. On appelle ces ornements *Hemam* حمام ou *Chemroukh* شمروخ; dessins p. 133.

(2) Bertholon, *Exploration de Djerba* 574 et fig. 11 p. 375.

(3) Voir Desplagnes. *Le Plateau Nigérien* fig. 121 à 126, 129 à 130 et 136. L'auteur attribue à ces ornements une origine phallique (?), nous adoptons une explication plus simple et qui nous paraît plus plausible. Voir Meynier, l'*Afrique Noire*, p. 60 et fig. p. 325. Voir aussi les photographies publiées dans l'ouvrage de Mgr Hacquard.

(4) Sur ce Culte voir Gsell IV p. 371.

pagnes, bétyles et cippes avaient été partout dressés. Il y en avait dans chaque lieu saint, « ils y recevaient des hommages, étaient oints d'huile et enduits de graisse » [1].

Mais n'est-ce point là encore les rites auxquels se livrent les femmes mzabites lorsqu'elles brûlent, à la base de ces blocs de maçonnerie enduits de chaux, des essences et des huiles qui laissent de larges taches gluantes et noires?

Il est remarquable que dans les régions si distantes les unes des autres, que nous citions tout à l'heure, on retrouve des pratiques analogues.

A l'entrée de la petite cité de Houmt-Souk, dans l'ancienne île des Lotophages, on voit « une sorte de cylindre de plusieurs mètres de haut; il rappelle en grand, les pierres élevées partout dans les mosquées » [2]. L'auteur qui le mentionne ajoute aussitôt que c'est là un souvenir de la litholâtrie [3].

Dans les agglomérations du Soudan, l'érection de pierres n'est encore pas moins fréquente. Parfois, au milieu de la place du village, comme à Dakol, s'élève un autel conique qui a toute l'apparence de nos motifs [4].

Ainsi la généralité de ce culte qui, dans les pays d'Islam, revêt évidemment une couleur particulière [5], semble une chose démontrée.

Mais, dira-t-on, où se trouve le lien qui unit l'autel grossier isolé, en pain de sucre, et les ornements dressés qui couronnent le faîte des tombeaux ou des minarets? A notre avis, ils participent tous de la même origine. Et cela nous espérons l'avoir montré par les spécimens de tombes et d'autels que nous avons décrits; à eux tous, ils constituent une progression nette et suffisante. D'abord l'élément isolé, le pain de sucre conique [6], puis tous les mêmes motifs distribués sur un socle [7], enfin les *tibejdad* glorieux, dressés, comme les doigts de l'orant, au sommet des minarets des villes mzabites.

---

(1) Op. cité p. 373.
(2) Bertholon, étude citée. p. 375.
(3) Bertholon, id.
L'auteur y voit un culte phallique.
(4) Voir la photographie de cet autel dans Desplagnes, op. cité, fig. 151, lire aussi texte pp. 295 et 296.
(5) En se personnifiant non dans l'objet mais dans un saint ou un personnage pieux.
(6) Tombeau de Hamou El Hadj.
(7) Tombeau de Sidna Aïssa.

Les temples et les édifices puniques devaient être probablement couronnés de la même manière; malheureusement,
les éléments font défaut pour conclure d'une façon catégo-
rique. Néanmoins, certains documents semblent autoriser
pareilles conjectures. Des monnaies de l'époque impériale
nous représentent les grands temples phéniciens [1]; au milieu d'une baie, on aperçoit le bétyle divin conforme à la
description de Tacite [2], c'est-à-dire figuré sous l'apparence
d'un bloc circulaire qui s'élevait en cône, diminuant gra-
duellement de la base au sommet; puis, entourant cette porte
gigantesque, sont représentés deux tours. Mais ce qui fait
pour nous l'intérêt de ces constructions, c'est qu'elles ont
justement leurs angles surmontés d'ornements dressés terminés en boule : il nous semble apercevoir nos motifs mzabites.

Les Phéniciens paraissent avoir énormément affectionné
tous les ornements dressés en général; des plaquettes découvertes à Carthage montrent des cippes dressés sur un socle
commun. Ils sont, par exemple, au nombre de trois : celui
du milieu est plus élevé que les deux autres, ou bien ils ne
sont que deux, ou bien ils se groupent par deux ou par trois
triades, etc... [3]. Ce sont des pierres sacrées que ces obélis-
ques figurent.

Certes, l'Afrique du Nord a été balayée par maints courants depuis que la civilisation phénicienne s'est implantée
sur ses rivages, mais n'est-ce point justement logique de retrouver dans les régions isolées par leur foi ou bien dans ce
lointain Soudan si conservateur, des traces de cette première
empreinte? Sans vouloir parler des relations de Carthage
avec le Soudan dont elle faisait venir cependant ses esclaves
noirs [4] et l'or [5] qui l'enrichissait, il est avéré que les populations phéniciennes du bord de la mer avaient des rapports

---

(1) Il y en avait à Tyr, à Byblos, à Sidon, à Paphos; la monnaie décrite est de Paphos
(Chypre), on la trouvera dans Babelon, Catalogue des monnaies grecques de la bibliothèque Nationale, n° 805. V. aussi sous le n° 823... Perses Achéménides.
Voir aussi Babelon, *Manuel d'Archéologie Orientale*, p. 255, fig. 184. Et surtout Gsell,
op. cité.

(2) *Histoires*. Livre II, ch. 3.
On trouvera aussi des dessins de cippes et de cônes votifs dans les *Missions* de *Renan*,
p. 380, 392 et ds. la pl. XLIII.

(3) Voir Gsell, IV, pp. 232, 233 ; p. 375.

(4) Voir Gsell I, pp. 282, 283, 304 et particuliérement la page 302.

(5) D° IV, p. 167.

avec l'intérieur de la Berbérie [1]. Les Berbères qui, avant l'invasion hilalienne, sont venus se grouper de tous les points de l'horizon, dans la chebka, devaient apporter avec eux les traditions du vieux sol africain.

L'interpénétration du Soudan et du Nord du Sahara, explique d'autre part que ces influences aient, avec le sang berbère, rayonné jusqu'en Nigritie. Nous avons vu que Ghardaïa entretenait des relations avec le Soudan. Les travaux d'ethnographie consacrés au Haut-Bassin du Niger concluent à une étroite parenté entre les conceptions architecturales du Soudan et celles du Sud de l'Algérie et de la Tunisie [2]. L'une dés caractéristiques de cette architecture, que l'on pourrait appeler liby-phénicienne, réside dans les ornements dressés que nous venons de décrire.

III. — LES VOIES DE PÉNÉTRATION ET DE COMMUNICATION

Les routes

Description. — Beaucoup d'agglomérations, en France, ont eu pour origine un relai de poste ou l'auberge construite à un croisement : elles se sont formées aux nœuds routiers. Au Mzab, nous savons que les villes ont une origine bien spéciale. Leur fondation et leur développement paraissent tout à fait indépendants des voies de communication; bien plus, l'isolement des cités, leur situation reculée en dehors des routes suivies, ont déterminé le choix de leurs fondateurs.

Plus tard seulement, l'activité des populations mzabites, leur aptitude au négoce surent attirer dans la Chebka un courant commercial qui pénétra dans le plateau, alors qu'il l'aurait sûrement contourné sans les dispositions spéciales de ses habitants. Cette observation concorde d'ailleurs avec un jugement plus général visant les villes du désert sans distinction, à savoir que le trafic de ces agglomérations dé-

(1) D° IV, pp. 133-134.

(2) Lire les conclusions trés nettes de Desplagnes à ce sujet p 365 à 367.
Sur l'histoire du Soudan et du Sahara, voir l'esquisse écrite par Schirmer dans *Le Sahara* pp. 237-238.

pend moins de leur position géographique que de conditions purement humaines [1].

Les pistes de la Chebka, autrefois très rarement suivies, se virent de plus en plus fréquentées d'une façon très régulière, et à ce point de vue il convient de faire remarquer que Ghardaïa jouissait sur ses rivales d'un avantage indéniable, puisque c'est elle qui est la plus proche du croisement des deux grandes artères de la chebka. La première de ces artères est, en effet, constituée tout naturellement par la vallée de l'oued Mzab lui-même; nous avons vu déjà son rôle en tant que voie de pénétration : les cinq villes s'y sont construites d'aval en amont par ordre d'ancienneté. L'autre est la route Nord-Sud; elle est de beaucoup la plus suivie, car les deux immenses pays qu'elle relie s'opposent l'un à l'autre au point de vue économique et on sait que ce sont ces oppositions qui créent les grands courants d'échange. D'autre part, circonstances plus locales, cette route relie dans la chebka même, la pentapole mzabite à Berrian et à Metlili; le chemin de Guerara vient s'y embrancher.

Le croisement de ces deux routes est tangent au quartier Sud de Ghardaïa, mais il reste lui aussi à la périphérie de la ville. La grande voie dont il a été déjà question, qui traverse la place et contourne la ville étagée, est aussi très fréquentée; vers l'Est, elle permet de se rendre de Ghardaïa aux quatre autres villes et, vers l'Ouest, c'est grâce à elle que l'on gagne l'oasis de Ghardaïa et la daïa Ben Dahoua, autre plantation de palmiers, situé un peu plus haut, toujours en suivant l'oued. Le tronçon de route Ghardaïa-oasis est particulièrement animé.

La physionomie des routes est certes bien peu parlante dans le Mzab. Ou bien les anciennes pistes s'allongent en sinueux détours sur le plateau pierreux et alors ce sont toujours les mêmes accidents qu'il faut avoir soin de faire éviter à sa monture, les mêmes thalwegs que l'on descend ou que l'on remonte sans que le passage mille fois répété, puisse en user les aspérités, ou bien c'est sur le sable que l'on circule, au creux des oueds, et là le vent a tôt fait d'effacer toute trace [2].

---

(1) Schirmer. Thèse. Chapitre relatif au Commerce du Sahara et p. 341·

(2) Nous ne parlons pas des routes carossables et des pistes automobiles qui permettent d'aller dans les 7 *Ksour*.

Au milieu de la chebka, rien ne vient rompre la monotonie et la stérilité du cadre. On voit les *gour* ou témoins rocheux se profiler sur l'horizon; ils sont presque toujours surmontés d'une pierre droite : c'est le sommet de leur squelette de roche dure qui fait penser aux pierres levées des époques préhistoriques. Les puits et leurs bordjs d'étape sont les seuls endroits habités. Sur la route de Metlili, on rencontre de gros cailloux disposés en cercle autour d'une aire minuscule qui a été débroussaillée : c'est un *haouch*, elle porte en général un nom de saint de l'Islam et l'espace central sert de *mçolla* pour la prière des voyageurs. Il y a aussi des *rjem* ou *kerkour* [1] qui, à l'origine, commémorent une mort violente par exemple, et qui, plus tard, prennent un caractère quasi-religieux; on ne s'en explique pas la cause, mais chaque passant est tenu d'y apporter une pierre en ex-voto.

Activité des routes. — Remarques touchant les transports. — Les nomades ont toujours été les maîtres de la route dans le Sahara. Les ksouriens effrayés se terrent derrière leurs murailles et n'en sortent qu'avec d'infinies précautions. Au Mzab, cette subordination des sédentaires aux souverains de l'espace était encore plus étroite que partout ailleurs.

Ordinairement, l'homme de la ville partant en voyage, acquitte au nomade la *debiha* ذبيحة; c'est un don plus ou moins important qui fait de lui le client, le protégé du nomade. Le sédentaire est dès lors sous sa responsabilité في ذمتـه [2]. Le nom de cette coutume trahit son origine sacrificielle (*debeh* ذبح égorger) [3], elle rappelle l'*ânaia* [4] que l'on relève en Kabylie.

---

(1) On les appelle aussi *henchir* هنشير (ruine) et *nza* نزاء

Sur les *Kerkour*, voir Doutté, *Magie et Religion* p. 421 et surtout *Marrakech* 1905. 408 p., particulièrement p. 57 à 89, les tas de pierres sacrés dans le Houz......

L'auteur a réuni ces dernières notes dans un opuscule distinct : Documents sur le Nord-Ouest-Africain, les tas de pierres sacrés et quelques pratiques connexes dans le Sud du Maroc, Alger 1903, 39 pages.

(2) D'où l'expression Ahl Eddemma اهل الذمّـة les protégés.

(3) Un criminel désirant échapper aux poursuites, allait égorger, en cachette, devant la porte ou la tente de celui dont il implorait la protection, un mouton sur le seuil.

Ce rite une fois consommé la protection ne pouvait lui être refusée sous aucun prétexte. Pour plus de détails, voir L. Mercier. L'Arabe usuel dans le *Sud Oranais*, XIVᵉ congrès des orientalistes T. III, 3ᵉ section p. 323.

(4) Hanoteaux et Letourneux, *La Kabylie et les coutumes kabyles* II p. 61.

L'Anaia a été rapprochée du *conduit des foires*. Voir Huvelin thèse précitée p. 361.

Les Mzabites non seulement payaient la *debihal* jusqu'aux moindres tribus, mais encore ne se risquaient à se rendre dans le Tell, que dans une caravane annuelle qui revêtait l'allure d'un peuple en marche [1]. Dans les autres directions, le moindre déplacement ne se faisait qu'avec un énorme concours de partants et jamais sans l'aide de plusieurs cavaliers stipendiés.

Maintenant, la situation est, certes, toute différente; la sécurité est assurée, sauf peut-être pour les Beni-Mzab qui se risqueraient trop isolés sur le plateau, et dans les rapports avec les nomades l'attitude respective des partis est complètement intervertie. Le nomade et ses moyens de transport sont à la solde des Mzabites, ce sont eux qui prennent le soin du ravitaillement et qui, à cet effet, organisent des caravanes par entreprise.

Nous avons vu comment les nomades campent à côté des ksour. Aux abords des villes, on en voit souvent qui ont égrené leurs tentes jusque dans les sables de l'oued. Ce sont les miséreux qui, n'ayant plus de bêtes de somme, ont été obligés de se fixer pour ne plus se déplacer; on dit en parlant d'eux *Guitnou fil oued* قـيـطـنـوا ڢـى الـوادى ; (ils ont établi leurs tentes dans l'oued), car ce sont des *guitana* قـيـطـانة, c'est-à-dire des habitants des tentes.

Les portes de la ville

Les portes sont les points d'aboutissement des *routes,* à partir desquels celles-ci deviennent les *rues*. Ghardaïa possède plus de neuf portes assez régulièrement réparties. Le nouveau quartier du Sud empêche de savoir s'il en existait une ou deux dans la rue neuve qui donne accès à la place du Marché. Toujours est-il que du côté du Sud-Ouest deux portes défendaient l'entrée du marché : une dite *bab el Blaça* et la seconde appelée *bab dakhlani mta Essouk* باب داخلني متاع الـسـوڢ (porte intérieure du marché) [2]. Les chaînes qui défendent l'accès de la place, la nuit, devaient donc être remplacées à l'origine par de solides vantaux.

<hr>

[1] Coyne p. 35 parle de cette caravane annuelle. Les Mzabites en ont d'ailleurs fort bien conservé le souvenir : elle partait au printemps.

[2] C'est celle que nous avons déjà rencontrée sous le nom de Bab Mhamed voir supra p. 67, N. 4.

La grande rue de transit aboutit, au Nord-Ouest, à la *bab Djedid* ou *bab El-Ouassaâ* (porte neuve ou grande porte). La seconde artère, parallèle à la première, a, dans sa perspective, la porte de la palmeraie ou du forgeron (bab el r'aba ou El Haddad باب الغابة و الحـداد); plus au Nord se trouve la porte d'en bas (bab tahtani باب تحتاني).

Sur la face Nord-Est des remparts, on rencontre: la porte de la palmeraie Est *bab r'aba Cherguia* باب الغابة الشرقية، la porte du berger, *bab er Raâï* بــاب الـراعــى, la porte Haouecha, *bab Haouecha* (حواشة), puis la porte Salmou Aïssa باب سالو عـيـسى, enfin la porte desortie des Juifs : *bab kherja mtâ El Ihoud* باب خرجة متاع إلّا هود

Toutes ces portes desservent chacune un petit quartier; comme appellation, ou bien elles empruntent le nom de la rue dont elles constituent un aboutissement (bab Salmou Aïssa), ou bien elles portent l'appellation de l'endroit auquel elles permettent de parvenir (porte de la palmeraie de l'Est). Ghardaïa se trouvant à l'origine entourée par les palmiers de tous ses jardins, c'est à cette seule raison qu'il faut attribuer la multiplicité d'ouvertures de ses murailles [1]. Elles permettaient à chaque exploitant de prendre le plus court chemin pour gagner sa terre.

Au point de vue de la construction, les Mzabites, à la différence des Arabes d'Egypte, ne sont pas arrivés jusqu'à la conception romaine de portes placées entre deux tours proéminentes qui en défendent les abords. On sent cependant chez eux un effort pour protéger les ouvertures de leurs villes. La porte constitue un élément défensif qui se rapproche un peu des bordjs; elle est placée soit à l'extérieur de l'alignement des remparts (porte neuve d'El-Ateuf) [2], soit beaucoup plus généralement en retrait, position moins avantageuse, puisque les parois latérales de la porte étant intérieures, ne peuvent être utilisés par les assiégés. La baie elle-même occupe toute la partie inférieure et se ferme par une porte de bois à deux battants; elle est surmontée d'une salle haute, équivalent d'une chambre à herse, quoique la herse

---

(1) A Tiaret il n'y avait que 4 portes (Voir Abrégé du Cheikh Amhammed Atfiech in *Chronique Zakaria* 54 N.).

(3) Kherja djedida خرجة جـديـد

Elle a été construite récemment, en 1898, les remparts ayant été modifiés et agrandis.

Ghardaïa. — Le quartier du centre de la ville (*ammas n ar'rem*).

C'est la rue montant à la mosquée dont on aperçoit la paroi à droite soutenue par un contre-fort. L'échancrure de soleil pénètre par une des travées circulaires. Au delà bab Er Rahba ou porte de l'ancien marché. Dans le lointain le Bordj Baba Salah et les bords de la chebka.

soit inconnue des Mzabites; on y accède par un escalier
extérieur le plus souvent. Cette chambre était toujours occu-
pée par des hommes de garde [1]; ils y faisaient le guet
comme les bourgeois de Paris. Ses parois sont percées de
meurtrières, ainsi que les remparts attenants. Les portes sont
souvent couronnées de *tabejdout* ou d'ornements dressés,
plus ou moins multipliés [2].

Les rues de la ville

Dans les agglomérations sahariennes, les rues répondent
à deux types nettement définis. Tantôt ce sont de larges espla-
nades, sans tracé bien net, se coupant le plus souvent à angle
droit [3]; le soleil y dessine de fortes oppositions d'ombre et
de lumière, le vent élève du sol une poussière impalpable
qui aveugle et vous enveloppe. Tantôt ce sont des passages
couverts, étroits, construits par dessus et où circulent indistinctement bêtes et gens. Ces sombres tunnels permettent aux
humains de sortir de leurs demeures, fut-ce à midi; ils sont
aménagés aussi pour servir de passage aux animaux chargés, des renfoncements rectangulaires permettant à ceux-ci
de s'y croiser [4]. Ce dernier type constitue, à proprement
parler, la rue adaptée au climat.

Les rues de Ghardaïa (m. *ar'lad*, pl. *ir'oulad*) semblent
mal faites pour le soleil si torride de la chebka : les passages
couverts y sont très peu multipliés. Ceux qui existent sont
fort courts et encore sont-ce pour la plupart d'anciennes
portes intérieures de la vieille ville dont nous connaissons
déjà le tracé : on les appelle *tiskifi*, du mot arabe *sekef*
(ﺳـﻘـﻒ) qui, dans son sens classique, signifie toit [5]. Nous
en avons remarqué deux plus particulièrement : l'un était
la porte de la ville donnant accès au marché primitif situé
à l'extérieur des remparts, c'est la *bab Baba Salah*, la même

[1] Cf. Soleillet p, 159.

[2] Voir ceux de bab Er Raâï à Melika. Voir aussi la porte, bab Ouled Neceur, de Bou Noura qui est particulièrement typique, elle possède des ouvertures semi sphériques qui servaient à tirer le canon.

[3] Rues de la Zaouïa de Tamelhat à 15 km. de Touggourt près de Temacine.

[4] *Figuig*, art. Pariel p. 260. *Ghedamès*, Largeau. 1ᵉʳ voyage, p. 321. Touggourt possède aussi ce genre de rue...

[5] Tiskifin est le nom d'un village de l'Aurès situé dans l oued El Abiod.
On appelle aussi ces passages couverts *sabat.*

qui a dans sa perspective le *Bordj Baba Salah*. La seconde est à son opposé par rapport à la vieille ville : c'est le *tiskifi Mamma Ali;* toutes deux possédaient des corps de garde supérieurs comme les portes actuelles.

Les rues ordinaires sont des rues découvertes bordées de maisons peintes à la chaux et beaucoup plus étroites en général que les rues des autres oasis, tracées comme au hasard entre leurs constructions aux teintes terreuses. On sent, d'autre part, un certain ordonnancement; l'alignement des maisons est bien respecté et, certes, leur seul aspect indique que leurs constructeurs sont venus du Tell et qu'ils n'ont pas puisé leur inspiration dans l'architecture saharienne si imparfaite.

La viabilité cependant est assez mal étudiée : si la rue reliant le marché à la porte neuve a de 6 à 8 m. de largeur, c'est bien la seule et on l'appelle d'ailleurs pour cette raison *Zgag El Ouasaà* زفـــاف الـــواســــع (la rue large). Les autres présentent une largeur bien moindre, 2 à 3 mètres, parfois moins; de toute façon, elles doivent répondre à la nécessité de laisser passer un âne chargé; le conducteur crie, on s'efface dans l'embrasure d'une porte et l'animal, embarrassé de son fardeau, vous croise en vous frôlant.

Certaines voies sont souvent très déclives et rien n'a été fait pour adoucir leur pente, puisqu'au contraire elles ont été percées perpendiculairement aux rues circulaires entourant la butte. Le problème des transports étant uniquement résolu par des bêtes de charge, ces courbes qui nous paraissent excessives ne présentent pas de grands inconvénients : chameaux, ânes ou mulets circulent aisément dans les artères des petites cités. Melika, dans sa position de bourg rhénan, est ravitaillée sans difficultés; les dromadaires apportent les sacs de grains jusqu'au plus profond de ses quartiers. Ainsi les caractères de l'habitat dépendent de la technique des transports.

Ces rues déclives sont seules pavées, à moins que le roc ne forme déjà un pavage naturel; on emploie des pierres communes ou plus spécialement des pierres plates dénommées *meddaqa* (مـــدّافـــة) [1]. Celles de la basse ville sont sablonneuses; les allées et venues, le vent, les ont embarras-

---

(1) Les rues ne comportent pas de trottoirs évidemment.

sées de cette poussière impalpable qui devient si gênante les jours de bourrasque.

La propreté relative des rues ghardaïennes, infiniment plus nettes à ce point de vue que celles des oasis sahariennes, tient à des causes religieuses; le croyant est, dans sa religion, directement intéressé à vivre dans un lieu exempt de souillures matérielles : les Abadhites sont des observateurs rigoureux de cette prescription coranique [1].

L'attitude des passants dans les rues est bien particulière; les hommes affectent un air grave et recueilli, les femmes sont complètement enveloppées de lourds *haïks* de laine; elles se guident en regardant d'un seul œil par un trou minuscule qu'elles ménagent avec leurs mains sous les voiles. Les enfants fuient derrière les portes des maisons en les heurtant violemment. Si un homme et une femme se croisent, à peine s'aperçoivent-ils que la femme doit se retourner face au mur et attendre que l'homme l'ait dépassée. Les tête-à-tête d'un homme et d'une femme libre dans la rue sont interdits : le *hakem* autrefois devait veiller à ce qu'une chose semblable n'arrivât jamais [2].

Les rues, dans le langage courant, reçoivent le nom générique de *zgag*, sans distinguer entre les rues et les ruelles; cependant les boyaux, le plus généralement couverts, qui permettent d'accéder à une maison, s'appellent *sabat*. Le nom générique de *zgag* est toujours suivi d'un nom particulier qui individualise la rue.

Tantôt ce nom est emprunté à l'appellation patronymique d'une famille qui habite ou a habité la rue : *zgag Badjri, zgag Balellou,* ou à l'appellation de la tribu ou fraction qui s'y est groupée : *zgag Beni-Merzoug, zgag El Ihoud;* tantôt il rappelle l'édifice voisin ou le lieu auquel la rue permet d'aller : *zgag Bordj Baba Salah, z. el r'aba, z. el djamaâ.*

---

(1) Cf. le commentaire du *Kitab en Nil* écrit par le Cheikh Abd El Aziz et étudié par M. Masqueray, *Zakaria* p. 111 Note.

Le *Diouân el achiakh* qui fait autorité chez les lettrés abadhites consacre un volume entier à l'importante question *des purifications* كتاب الطهارات

(V. Motylinski, *Les livres de la Secte Abadhite* p. 15).

(2) Kanoun cité par Watin. 3ᵉ Note.

On peut rapprocher de cette coutume les usages que Largeau relevait à Ghedamès (1ᵉʳ voyage p. 321 et suiv.). « Les rues sont étroites et couvertes, au soir l'obscurité y « est profonde. Les coutumes locales veulent qu'on fasse entendre un certain grogne- « ment, en se croisant pour s'avertir et ne pas se heurter. Si un homme vient au devant « d'une femme, il répond en frappant le sol de son pied, alors la femme revient sur ses « pas jusqu'à l'angle de la rue pour le laisser passer ».

Parfois même, c'est un caractère de la rue, un de ses aspects qui l'ont fait nommer : rue neuve, rue large, rue bleue.

Enfin, nous savons que les rues avoisinant le marché prennent, en général, le nom des produits qu'on y vend, précédé de l'appellation de souk : *souk ed Dellaline, souk El Khedra* (marché des crieurs publics, souk aux légumes, etc.). Une rue où passent les nègres qui vont de l'abattoir au marché, s'appelle *zgag el Ousfan* زقاق الوصبان (la rue des nègres).

Une mention spéciale devrait être réservée aux places de la ville, mais ce que nous avons déjà dit de l'ancien et du nouveau marché a épuisé le sujet; Ghardaïa ne possède pas d'autres places au sens propre du mot. Les puits [1] bénéficient seuls d'un renforcement, en général minime, qui rompt la monotonie du tracé des rues; enfin, près de la porte dite du Berger, dans chaque ville, il existe une aire assez spacieuse, mais nous reviendrons sur son utilisation. En somme, les cités mzabites sont des villes militaires qui rappellent nos villes du moyen-âge juchées sur des pitons : il n'a été réservé aux rues et aux places que le minimum indispensable.

---

[1] L'alimentation en eau a toujours été une grosse question pour les villes et au Sahara elle revêt une importance primordiale.

A Ghardaïa des puits ont été multipliés un peu partout, ils sont à peu près tous forés dans les rues et non dans les maisons, comme c'est l'usage dans les villes du Tell.

A Beni Sgen notamment, leur ouverture est protégée par une calotte de maçonnerie, fermant avec une porte, en bois. Ces puits banaux sont réservés aux habitants du quartier. Les juifs ont les leurs et ils ne peuvent puiser de l'eau ailleurs.

En général l'eau de la ville de Ghardaïa est saumâtre, impropre à la cuisson des légumes et du savonnage (Voir la brochure de Ch. Amat sur *Les eaux du Mzab*). Beaucoup de puits ont été creusés en vue d'assurer l'alimentation en eau de la ville en cas de siège. C'est la seule raison qui avait déterminé les habitants de Mélika à forer des puits de plus de 60 m. de profondeur.

A Ghardaïa l'eau de boisson est apportée de l'oasis ou des puits situés dans l'oued. L'eau des puits de la ville est utilisée seulement pour les nettoyages. On se rend compte des difficultés supplémentaires entraînées par ce ravitaillement. En plus du prix excessif de toute chose, les Mzabites doivent acheter leur eau de boisson ! Celle-ci est transportée dans des *afrad*, sortes de poches en peau de bouc maintenues ouvertes par un cercle de bois. Les porteurs d'eau en chargent deux sur leurs épaules au moyen d'une perche où les *afrad* sont fixés aux deux extrémités. Dans chaque maison l'eau est stockée dans des *guerba* ou peaux de bouc. En novembre 1921 la *guerba* d'eau valait de 7 à 10 sous ; au cœur de l'été elle atteint très souvent plusieurs francs.

CHAPITRE III

Les Divisions Sociales de la Ville

La ville est une société complexe, c'est-à-dire formée d'une multiplicité de groupes secondaires [1]. Ce caractère de complexité se montre à un très haut degré en ce qui concerne les villes mzabites. On ne saurait trop le redire : ces cités, qui apparaissent à première vue sous l'aspect uniforme et monotone d'une pluralité de maisons régulièrement étagées autour de leur mosquée, sont, au point de vue social, constituées par un assemblage d'éléments très disparates; dans une étude sur la civilisation urbaine, il importe de faire ressortir ce caractère fondamental.

Certaines villes du Moyen-âge islamique comprenaient à la fois des groupements *familiaux, territoriaux* et *professionnels* [2]. On trouve encore des traces très nettes de cette triple division dans maintes villes, entre autres : Fez ou Constantine. En pareil cas, l'élément territorial peut servir *in concreto* de point de départ à l'étude des divisions sociales. A Ghardaïa aussi, à l'origine, chaque groupement nouveau était nettement localisé, mais avec le temps, et pour certains de ces groupements, les limites séparatives se sont obscurcies jusqu'à disparaître. Aussi maintenant convient-il, pour esquisser la multiplicité des divisions sociales urbaines, d'adopter une autre méthode; celle-ci doit laisser néanmoins apercevoir les caractères de localisation encore reconnaissables. La ville étant formée par un agrégat de groupes de *familles*, on commencera par l'étude de ces groupements, puis il sera question des *quartiers* subsistants et enfin de tout ce qui touche aux *métiers* et aux professions.

[1] Voir l'ouvrage précité de M. René Maunier, *L'origine et la fonction économique des villes*, 1910, p. 42 et conclusion p. 317.

[2] M. Maunier dans son cours sur les groupements corporatifs de l'Afrique du Nord. Cours de sociologie algérienne professé en 1920-21.

Familles et Groupements analogues

Les Africains sédentaires ont fait l'objet d'études qui ont toujours conclu à une organisation forte de la famille chez eux [1]. A Ghardaïa, comme dans les autres villes de la chebka, la famille a beaucoup de cohésion; elle ne se fonde qu'au Mzab [2]; d'autre part, l'étude de la maison, par le seul examen du mode d'habitation, démontrera jusqu'à quel point elle est fermée au dehors et vit repliée sur elle-même [3].

Il faut remonter à la formation même de la cité pour voir quelle était l'importance originelle de la famille et comprendre la répercussion qu'elle a pu avoir sur le développement de la ville. Cette question d'ailleurs a déjà été traitée avec toute l'ampleur et la connaissance désirables [4].

Nous avons vu comment les *mechaikh* (مشـايخ) de l'abadhisme procédaient pour fonder un nouveau centre, aidés de leurs *halgas* d'hommes liges, guerriers religieux armés de lances. La *halga* ne comprenait qu'un nombre d'hommes restreint; mais, par contre, à chacun de ses membres se rattachaient plusieurs *quebilas* qu'ils entraînaient bientôt à leur suite.

La *quebila* قبيلـة est formée de plusieurs *achaïr* et l'*achira* [5], c'est-à-dire la famille (sing. de *achaïr* عشـيرة عشـايـر) forme l'élément simple et irréductible du premier groupe *quebila* [6]. Ces groupes, dans chacun des ksour, formaient un quartier à part ayant ses habitudes et ses traditions. C'était chez eux comme un souvenir de l'autonomie dont ils avaient joui anciennement. Par leur rapprochement, ces clans, ces *quebilas* donnaient naissance à une agglomération nouvelle qui, désormais, se superposait à eux et les dominait. Or, cette genèse d'un *ksar* ou *arch* ne diffère pas des mécanismes ordinaires de la formation

---

(1) Masqueray, *Formation*, p. 25.

(2) Voir l'ouvrage précité de M. Morand, Doyen de la Faculté de Droit d'Alger : *Introduction à l'étude du Droit Musulman Algérien*, p. 103.

(3) Voir infra la 2ᵉ partie.

(4) Par M. Masqueray dans la *Chronique d'Abou Zakaria* et sa thèse sur la *Formation des Cités* 1886. Voir particulièrement les pp. 41 et 249 de la thèse.

(5) Sur la composition de la famille, voir ci-après la maison.

(6) Chez les nomades entre l'*achira* et la *quebila* on trouve parfois des groupes intermédiaires appelés *ferq* ou *afkhad* فرق * إبخاض. Cf. Organisation de la tribu, p. 307 de l'étude de M. Louis Mercier.

des villes : c'est un mode de formation par concentration définitive et permanent; pour être plus précis : par agglomération de clans [1].

Compliquons maintenant le problème et imaginons que ces *quebilas* primitives soient elles-mêmes formées non de plusieurs *achaïr*, mais de plusieurs groupes de *achaïr* déjà constitués ; est-ce à dire que nous aurons alors une cité du second degré [2] plus complexe que la première et supérieure à elle? Nous ne le croyons pas, et ce qui fait qu'on ne peut adopter cette manière de voir, c'est que cette superposition de groupements qui s'embrassent les uns les autres, ne change rien finalement à la morphologie de la ville qui en est issue. Or, la sociologie démontre que ce sont surtout les caractères morphologiques intimes qu'il faut considérer pour préciser la définition d'une cité [3].

En fait, les villes du Mzab furent indifféremment constituées par des *quebilas* simples ou complexes, c'est-à-dire formées d'*achaïr* ou de groupes d'*achaïr*. Le développement plus ou moins avancé du clan ne devait modifier en aucune façon la physionomie propre de chaque cité. Guerara fut formée par trois fractions ou *quebilas* expulsées de Ghardaïa : les Ouled-Bakha, les Afafra et les Oulad-Nouh [4] ; Berrian fut créée par deux fractions de Ghardaïa, les Afafra et les Oulad-Nouh, assistées de quelques Mdabih [5], et il n'appert pas que ces deux cités fussent différentes morphologiquement de la ville abadhite de Ghardaïa.

Ghardaïa, en effet, présente dans sa genèse le second mode de formation; les deux *quebilas* qui la constituèrent à l'origine étaient multiples; chacune était composée de plusieurs groupes de familles. Si l'on trouve les Oulad-Ammi-Aïssa et les Aoulad-Ba-Sliman comme fractions fondatrices, tout mzabite lettré saura dire : que la première comprenait déjà les Aoulad-El-Hadj-Messaoud, les Aoulad-bou-Shaba et les Aoulad-bou-Alouan, les deux premiers groupes étant venus de l'Ouest et le dernier de Sedrata d'Ouargla, et que la se-

---

(1) Voir l'ouvrage de M. R. Maunier. Livre I, chap. II, p. 61.

(2) Thèse de M. Masqueray, p. 41.

(3) Voir le paragraphe 3, chap. II de l'Introduction à la thèse précitée de M. R. Maunier, p. 34.

(4) De Motylinsky, *Guerara*, p. 16 N.

(5) Eod. loc., p. 1 N 3.

conde fraction était formée des Aoulad-bel-Hadj [1] venus du Tamesna [2] et des Aoulad-ba-Ahmed venus du Djebel Amour.

Les deux groupements fondateurs étaient très nettement différenciés; chacun avait son cimetière — qu'ils ont encore conservé d'ailleurs — chacun célébrait ses morts glorieux et, par dessus tous, un héros éponyme [3] qui avait donné son nom à la *quebila* tout entière; enfin, chacun avait son quartier distinct [4].

Mais ce n'est pas tout : au cours des siècles subséquents, les villes du Mzab constituant autant de pôles attractifs virent grossir leur population. Ce mouvement d'immigration, s'il se faisait aussi d'une façon individuelle, procédait surtout par *quebila* complètes transportant d'un bloc leur siège d'activité. Et c'est ainsi qu'aux deux noyaux primitifs ghardaïens vinrent s'adjoindre des séries d'autres groupements venus encore des points les plus divers (Tafilalet, Oued Rir', Djerba, Djebel Nefousa). Les Oulad-Ammi-Aïssa se grossirent des Aoulad-Hamida, des Aoulad-Aïssa-ben-Hamou, des Aouled-Bakha ; les Aouled-Ba-Sliman, des Afafra, Nechacheba et des Aoulad-Younès, Mekisse, Mahraz et Aoulad-Nouh.

Ces groupes d'*achaïr* peu à peu pénétrèrent dans la cité, grossissant par à-coups l'une ou l'autre fraction primitive [5] et, en tous cas, bouleversant les limites que chacune s'était assignées sur le sol de la cité, jusqu'à les faire disparaître. Cette dernière conséquence explique qu'on ne puisse plus retrouver, dans la ville abadhite, l'embryon des quartiers anciens.

En somme, il importe de retenir ce mécanisme de formation des cités mzabites : leur fondation présuppose, outre la présence de la *halga* religieuse, une fusion de clans, de tribus. C'est là un mode tout à fait normal de constitution des

(1). Ce dernier nom semble même plus courant que l'autre. L'appellation d'aouled ba El Hadj s'applique à tous les aoulad ba Sliman.

(2) Le Tamesna était une province du Maroc comprenant l'arrière pays situé entre Azemmour et Salé.

(3) Ammi Aïssa pour le premier groupement et Ba el Hadj (Daoud) pour le second. Ce dernier nom suffit seul à expliquer la généralisation de l'appellation d'aouled Ba el Hadj.

(4) *Zakaria*, p. 59 N.

(5) C'est ainsi que maintenant les aouled Ammi Aïssa sont de beaucoup les plus nombreux et les plus influents.

villes [1]. Ensuite, par bourgeonnement, viennent se développer d'autres groupes qui pénètrent les anciens et s'incorporent à eux.

GROUPES LOCAUX : QUARTIERS

Jusqu'à présent, il n'a été question que des Abadhites proprement dits, mais Ghardaïa comporte, en outre, des populations étrangères à la confession abadhite. Ces dernières sont encore nettement localisées et c'est avec elles que nous nous trouverons en présence de quartiers véritables. Ici le mot quartier peut être employé dans toute sa valeur au point de vue sociologie, et avec plus que sa valeur, car ces groupes locaux sont à la fois des communautés d'origine et des communautés religieuses. Les groupes dont ils sont l'image au point de vue territorial constituent même aussi des sortes de classes sociales dans la mesure où, comme nous le verrons, ils sont traités comme inférieurs aux Abadhites.

Accolés à la ville centrale et élevée, existent, en effet, deux quartiers : au Nord-Ouest, celui des Mdabih et, à son opposé, le quartier juif [2].

Les Mdabih sont appelés, par notre administration, des arabes agrégés à la ville mzabite. Ce sont des demi-nomades originaires du ksar de Lelmia, au Sud du Djebel Amour, et qui furent appelés par la *quebila* des Aoulad-Ammi-Aïssa. Jamais des populations malékites ne se seraient risquées à pénétrer pacifiquement une ville abadhite. C'est de la ville elle-même qu'est parti l'appel, le but des Aoulad-Ammi-Aïssa étant de faire pièce à leur fraction rivale [3]. Plus tard, une composition intervint, une paix fut cimentée, les fractions fondatrices convinrent de s'intégrer les nouveaux venus et

---

(1) En Arabie, dans les villes, on retrouve chaque tribu initiale avec son propre quartier, son propre caravansérail et même son propre cimetière.

Voir les *Études de Droit Musulman* de M. Morand, p. 35.

Voir la thèse précitée de M. Maunier, p. 62, en ce qui concerne l'Afrique. M. Masqueray comparait aussi la formation des cités du Mzab à la fondation de Rome. Il importe cependant de ne pas pousser trop loin la comparaison.

(2) A propros de ces deux quartiers, nous grouperons quelques remarques que les Mdabih et les Juifs peuvent suggérer au point de vue de la construction de leurs habitations.

(3) Le fait n'est pas rare dans les annales mzabites. Berrian et Guerara possèdent aussi des agrégés : ce sont des *Atalcha* à Guerara et des Aouled Si Yahia à Berrian. Pour les Mdabih il y a environ 3 siècles que ce mouvement eut lieu.

ils furent répartis entre leurs groupements; les Mzabites expriment cette idée, en disant qu'ils entrèrent dans les familles : *dakhlou fil achaïr* دخلوا في العشاير [1].

Jusqu'alors ces étrangers à la ville avaient campé à l'ombre de ses remparts. Plus tard, malgré cette répartition équitable, ils ne pénétrèrent pas davantage la cité, territorialement parlant [2], peut-être pour rester unis dans leur foi et leurs traditions différentes, et surtout parce que les Mzabites les auraient vus entrer d'un mauvais œil.

Et c'est ainsi qu'un quartier malékite distinct s'est constitué aux portes de Ghardaïa. D'une part, il a subi une influence civilisatrice très nette de la part de la ville mzabite; ses constructions, par exemple, quoique un peu moins finies, s'inspirent directement de la technique importée au Sahara par les Abadhites. D'autre part, il a tendu à s'intégrer au contact de populations différentes et c'est ainsi que ces semi-nomades, peu portés cependant vers les choses religieuses, se sont construit une mosquée [3] vers le centre de leur quartier [4].

Avec les Mdabih, il importe de citer les Beni-Merzoug dont la présence à Ghardaïa a une origine identique. Ce sont des nomades venus de Metlili des Chaamba; eux également ont été incorporés aux fractions, mais leur importance est beaucoup moins considérable que celle des Mdabih. Alors que ceux-ci sont maintenant plus d'un millier à Ghardaïa, les Beni-Merzoug ne comprennent qu'une trentaine de familles environ, aussi leur localisation ne pouvait être aussi précise. Cependant, une quinzaine de leurs maisons, encore réunies à l'Est de la ville, suffisent pour donner à leur groupe le nom de quartier des Beni-Merzoug. Au moment où les Mdabih élevaient leur mosquée, eux aussi s'en construisirent une au centre de leur minuscule agglomération.

Enfin, Ghardaïa possède un *mellah* ou quartier juif. Au

---

[1] C'est-à-dire qu'il se rattachent à l'une ou à l'autre des familles mzabites mais sans jamais être admis à en faire partie intégrante.

[2] L'enceinte continue qui séparait autrefois le quartier Mdabih du reste de la ville, n'existe plus (Cf. Coyne, *Le Mzab*, p. 19). Le même rempart entoure maintenant la ville entière.

[3] Il y a 12 ou 13 ans.

[4] En 1885 les Mdabih possédaient 90 maisons à Ghardaïa (V. Motylinski Guerara 49 N. 1). Ce nombre a beaucoup augmenté depuis.

Maroc, beaucoup de villes possèdent un quartier juif adjacent à la cité proprement dite. Au Sahara aussi, c'est chose fréquente : Figuig et les ksour du Sud-Oranais ont leur *mellah* [1]. Près du Mzab, il y a des Juifs, à Laghouat, dans l'oued Rir'; on en trouve aussi à Touggourt.

La condition des Juifs des oasis était autrefois assez misérable [2]; ils jouaient le rôle d'éponge : les musulmans les pressuraient systématiquement aussitôt qu'ils s'étaient un peu enrichis. En général, on leur laissait leur statut et leur religion [3].

Les Juifs du Mzab seraient venus de Djerba, vers le XIVe siècle, au nombre d'une ou de deux familles, amenées par un Abadhite de la petite île [4]. Il est difficile de démêler quelles sont les causes qui poussèrent les Mzabites à les admettre. Il est probable que c'est leur caractère d'artisans qui les fit rechercher; le Mzabite était avant tout un *rusticus, miles* par nécessité, et probablement désirait-il s'adjoindre des *mercatores,* pour mieux dire de petits ouvriers : *fabri operarii.* Ainsi s'explique la prohibition qui fut imposée aux Juifs de ne se rendre acquéreurs d'aucune terre cultivable [5].

Peu à peu, le groupe israëlite initial augmenta, d'autres arrivèrent de la Tripolitaine, du Maroc, du Nord de la Berbérie [6]. Malgré les vexations que leur imposaient les Mzabites [7] — obligation de porter des vêtements noirs comme les Juifs du Maroc [8], lourds tributs les frappant à l'improviste et qui faisaient d'eux des protégés des Mzabites (اهل الذمة

---

(1) Doutté, *Figuig* 188.

(2) Notre occupation a énormément amélioré leur situation.

(3) Les Juifs de Touggourt cependant ont été convertis de force à l'islamisme au XVIIIe siècle, on les appelle les Mehadjerin المهاجرين
Lire sur eux et sur les Juifs de l'Algérie en général : *Lettre sur les Juifs de l'Algérie et de Touggourt,* par Cohen, grand rabbin. *Ann. de la Soc. arch. de Constantine,* 1866, et dans le volume du même périodique année 1867, par le même, *Les Juifs dans l'Afrique Septentrionale.*

(4) Voir à ce propos l'ouvrage de M. Morand, *Etude de Droit Musulman,* p. 429 N. 1.

(5) Cette prohibition a naturellement disparu. Les Juifs se rattrapent abondamment, ils achètent beaucoup de jardins et particulièrement à Metlili des Châamba.

(6) Voir l'art. de Huguet sur les Juifs du Mzab (*Bull. et Mém. de la Soc. Anthrop. de Paris,* 1902).
C'est une véritable étude sociologique et ethnographique très utile.
Il existe aussi des familles juives à Guerara et à Berrian.

(7) Voir M. Morand, *Etudes de D. M.* p. 432 N. 3.

(8) Obligation de se laisser pousser les cheveux sur les tempes en longues mèches ou *soualef,* qui permettent encore de reconnaître les Juifs au Mzab.
Voir aussi Soleillet p. 148.

ayant payé la *debihat* — ils progressaient rapidement.

La plupart travaillaient comme bijoutiers et leur agglomération, de plus en plus grossissante, constituait une sorte de *pagus mercatorum* ou de *suburbium* des orfèvres, ville neuve des faubourgeois [1] adjointe à la ville primitive des sédentaires construite sur la hauteur.

Leur quartier surtout prit une physionomie spéciale. Non seulement les Juifs tendaient d'eux-mêmes à se grouper et à s'agglutiner dans des habitations mitoyennes, mais encore les Mzabites exagéraient cette localisation. Ainsi il leur était interdit de construire en dehors des limites à eux assignées [2], d'avoir des portes ou d'avoir des terrasses donnant directement sur les maisons des Abadhites [3], d'user des puits servant à l'alimentation des autres habitants [4]; enfin et surtout, ils étaient clos par un mur continu.

Leur quartier était donc non seulement rejeté au Sud-Ouest de la ville mzabite, mais, de plus, entouré par un rempart spécial; on peut encore reconnaître les emplacements de ses anciennes portes. L'une d'elles était située rue Badjri et permettait de communiquer avec la cité; elle était tellement basse et étroite qu'on ne pouvait la franchir autrement qu'à pied [5]. L'autre, placée du côté opposé, dans le prolongement de la même rue, subsiste encore : c'est la *kherja El Ihoud* (خرجة اليهود)

Outre un quartier spécial, les Juifs de Ghardaïa ont aussi des temples et un cimetière, comme nous le savons déjà.

Ils appellent leurs synagogues djamaâ, à l'imitation des gens du Koran. On en compte trois à Ghardaïa [6], s'inspirant toutes, d'ailleurs, du plan qui leur est commun dans l'Afri-

---

(1) Cf. Flach, art. cité p. 156.
Thèse de M. Maunier, p. 161-162.

(2) Huguet, art. cité, p. 560.

(3) A Figuig l'usage des terrasses est interdit aux juifs. Pariel, art. cité, p. 269.

(4) En 1879 la colonie israélite n'avait encore que deux puits et il lui était interdit de puiser aux autres (V. Coyne, p. 18).
Des puits situés dans l'oued près du barrage ont dû appartenir anciennement aux juifs car ils sont marqués d'un sceau de Salomon incisé dans les montants.

(5) Soleillet, p. 148.

(6) *Djamaâ Kbir* la plus ancienne et la plus grande a été construite il y a 32 ans. Les deux autres ont été construites récemment par deux frères et portent leurs noms : Brahim Balouka et Daoud ben Makka.
Antérieurement à notre conquête les mzabites les empêchaient d'en avoir. Les juifs relevaient d'ailleurs de la juridiction des *Tolbas*.

Ghardaïa. — La rue large, *Zqaq Ouasaâ*.

La maison de droite présente un avant-corps à encorbellement. Il correspond intérieurement à une chambre réservée à la réception. On remarquera l'exiguïté des ouvertures, les découpures des consoles qui rachètent le porte-à-faux, et les ornements couronnant cette petite loggia.

Cette rue compte parmi les plus animées.

que du Nord. Ce sont des salles plus ou moins spacieuses avec au centre un pupitre et au mur un placard pour conserver les Bibles. Celles-ci *(sefer thora)* sont régulièrement alignées en rouleaux dressés, dans l'armoire, et enveloppées de gaînes de soie. Lors de la lecture, on les coiffe d'ornements à clochettes d'argent ou *tapouhim*. L'armoire aux *thoras* de la grande synagogue est surmontée d'ornements incisés, semblables à ceux qui ornent les frontons des portes des Beni-Mzab [1].

Auz édifices religieux est adjointe une annexe : c'est le bain rituel ou *makouï*. Il est situé dans la rue Tebila, adjacente à la rue Badjri. C'est un bassin carré d'un mètre cinquante de côté et d'un mètre cinquante de profondeur, rempli d'une eau nauséabonde qui n'est renouvelée qu'une fois par mois [2].

Les habitations des israélites sont construites sur le même plan et avec la même technique que les maisons mzabites. Il est remarquable d'ailleurs d'observer jusqu'à quel point les Juifs ont été influencés par les Abadhites : ils ont adopté complètement leur civilisation dans tout ce qu'elle n'avait pas de contradictoire avec leurs coutumes hébraïques. Chez eux aussi les sentiments religieux sont très développés, comme par contagion.

Cependant le mellah ghardaïen est d'une saleté repoussante et c'est peut-être ce qui lui donne sa physionomie propre, puisque ses rues sont semblables aux autres rues de la ville. En suivant le zgag Badjri qui coupe le ghetto dans toute sa longueur, de l'Est à l'Ouest, on aperçoit tout de suite la démarcation qui sépare la ville mzabite de la ville juive.

Il faut dire aussi que l'attitude générale du quartier est moins fermée : les femmes circulent assez librement et sans voile, les maisons sont rarement closes, on y pénètre sans difficultés.

Pouvons-nous maintenant essayer de dégager quelques

---

(1) Croissants et étoiles ; deux croissants dans le motif central au lieu d'être opposés par leur cornes sont opposés par leurs parties convexes.

(2) Huguet, p. 564, raconte qu'en 1888 un ouvrier mdabih occupé à le vider fut tué par les gaz délétères. Ce sont surtout les femmes qui usent du bain rituel ; 200 femmes par mois s'y plongent en moyenne.

Il est remarquable de retrouver au fond du Mzab les mêmes coutumes, les mêmes observances et les mêmes édifices rituels que ceux des juifs des Karpathes par ex., éloignés d'eux de plusieurs milliers de km.

Cf. le roman documentaire de J. et J. Tharaud, *A l'Ombre de la Croix.*

idées générales de cette curieuse morphologie des quartiers de Ghardaïa?

Les villes mzabites, avons-nous dit, sont formées de *quebilas* distinctes; à l'origine, chaque quebila à son quartier, puis, avec le temps, les séparations s'effacent et bientôt il ne reste plus trace de ces divisions territoriales. Au contraire, les quartiers dont nous venons de parler semblent avoir suivi une évolution diamétralement opposée; au lieu de fusionner avec le noyau central, ils ont tendu à se resserrer sur eux-mêmes et à rester nettement distincts. Comment expliquer pareille contradiction?

Nous croyons en trouver la solution dans la situation respective des fractions. Dans le premier cas, elles se soudent volontairement et traitent de plain pied, s'accordant des deux côtés les mêmes franchises, pour donner naissance, par leur jonction, à une cité supérieure. Ou bien, comme dans le cas de fractions venant s'adjoindre postérieurement, elles sont reçues par le groupe primitif qui les admet dans son sein pour augmenter ses forces et se développer. Dans le second cas, au contraire, lorsque la ville abadhite appelle à elle les Mdabih ou les Juifs, elle voit en eux, à la suite de circonstances de fait, des mercenaires ou des artisans utiles. La situation respective des groupements n'est pas la même, il y a entre eux une inégalité et cette simple différence ne faisant que s'aggraver de part et d'autre, engendre un rapprochement matériel incomplet qui n'aboutira jamais à une fusion dans la morphologie urbaine.

Les groupements sont somme parties contractantes : ils doivent traiter à égalité pour se pénétrer; dans le cas contraire, ils ne feront que coexister et se juxtaposer.

Or, ce sont là justement les conclusions de la sociologie étudiant l'attraction comme phénomène urbain [1]. Ainsi, indépendamment de toute question ethnique et religieuse, on peut expliquer cette différence de contexture qui sépare le noyau central de la ville de ses parties périphériques. Maintenant, si nous ajoutons que les Mdabih, Beni-Merzoug et Israélites sont très différents au point de vue origine, traditions, etc., des Mzabites fondateurs des ksour, qu'ils sont de plus étrangers à leur dogme, on comprendra sans difficultés la raison de cette localisation si tranchée.

---

(1) Voir l'ouvrage de M. Maunier p. 121, voir aussi page 46 et suivantes.

En tout état de cause, il est facile de percevoir quel peut être l'intérêt que comporte l'étude de ces sociétés fermées et de leurs réactions réciproques. Nous n'avons pu qu'esquisser le problème, mais Ghardaïa apparaît dès maintenant comme un type intéressant de ville segmentée et morcelée.

GROUPES PROFESSIONNELS. — MÉTIERS

L'industrie urbaine au Mzab apparaît sous deux modes : elle est familiale ou professionnelle.

Si l'on s'en tient à ce que l'on voit, ce second mode apparaît seul, mais il y a aussi ce qu'on ne voit pas. Chaque famille constitue en réalité un organisme à caractère économique; il s'exerce dans son sein des industries variées et complexes et sa production se développe dans un plan spécial qui lui est bien particulier. Une des principales productions familiales est constituée par le tissage, nous aurons l'occasion d'en reparler; disons tout de suite que le tissage s'effectue uniquement dans l'atelier de la famille.

L'industrie s'exerçant sous la forme professionnelle — et par industrie nous entendons toujours l'industrie et le commerce, la démarcation étant très difficile à démêler chez des commerçants qui sont aussi des artisans ou inversement — apparaît sous plusieurs aspects.

En dehors du ravitaillement des villes qui se fait par caravanes et entrepôts et qui ressort à proprement parler du négoce, l'habitant du Mzab, Abadhite ou Juif, s'expatrie. Les nécessités de l'existence le forcent à transporter ailleurs le siège de son activité; il quitte le pays temporairement et toujours avec esprit de retour, puisqu'il y laisse sa famille. Le Mzabite se rend dans le Tell et le Juif dans l'oued Rir', par exemple, ou en tout autre lieu. C'est là une habitude tout à fait généralisée et qui a une grande importance économique, car chaque individu concentre ses efforts et multiplie ses déplacements uniquement pour faire progresser sa situation extérieure. Certaines villes ou certains quartiers arrivent même à se spécialiser dans un certain métier. Ainsi les Juifs de Ghardaïa sont particulièrement aptes à exercer la profession de bijoutier; les habitants de Bou-Noura sont, pour la plupart, des revendeurs de charbon dans les villes du Nord; ceux de Beni-Sgen, des marchands de tapis, fabriqués dans leurs propres demeures.

Une fois ces réserves faites, on comprendra aisément que l'industrie locale, celle s'exerçant sous la forme de métiers, revête un caractère modeste et pour ainsi dire accessoire. Elle n'aura à satisfaire que les besoins du pays et, parmi ceux-ci, que les besoins non contentés par l'industrie familiale. Or, à ce point de vue, il importe de dire que l'Abadhite, à l'origine, était foncièrement un *rusticus*, c'était un agriculteur qui savait arracher du sol tous les produits nécessaires à son existence et qui pouvait ne demander à l'industrie étrangère aucun appoint. Ce n'est que plus tard, la population des kçour augmentant, qu'il fut forcé par la nécessité de devenir *mercator*. Nécessairement alors, l'industrie devait s'implanter dans les petites cités, ne fut-ce que pour satisfaire aux goûts des nomades qui commençaient à les fréquenter. Mais, dans les villes restées pauvres et peu développées, ce mouvement n'eut lieu que dans une mesure extrêmement faible; à El-Ateuf, par exemple, on ne relève, sur tout l'espace urbain, que des indices presque négligeables pouvant faire penser à un commerce ou une industrie spécialisés.

Envisageant spécialement les groupes professionnels de Ghardaïa, on parlera d'abord de ceux qui possèdent une base sédentaire, une installation matérielle dans l'espace urbain, puis de ceux, plus proprement sociaux, qui n'en ont pas.

Une observation liminaire s'impose en ce qui concerne les professions, c'est qu'elles sont toutes exercées par des hommes; si, dans la maison, la femme est la seule à travailler, dans la ville, on assiste au spectacle inverse : les métiers urbains ne sont exercés que par des mâles; il y a là une division du travail sexuel absolument tranchée [1].

A Ghardaïa, les métiers urbains sont répartis d'une façon assez instructive.

Il y en a qui satisfont à un besoin constant de la population, par exemple les marchands de légumes et d'objets d'alimentation [2]; ils sont distribués un peu partout, et nous avons

---

[1] Sur la division du travail sexuel en général. voir un article de M. R. Maunier. *Vie religieuse et Vie économique* in revue de Sociologie de 1907.

[2] Pain, dattes au détail, ingrédients de cuisine. graines. produits végétaux entrant dans la fabrication des teintures. Tout ce qu'il faut pour alimenter l'activité quotidienne de la maison.

vu qu'il y avait un marché aux légumes près de la place;
ailleurs, il y en a d'autres plus petits : un sur la vieille place
du marché, un autre au Nord-Ouest de la ville [1]. Les marchands de *delou* sont disséminés de la même façon : il y en
a un dans chaque rue importante; or, les *delou* sont des
outres qui servent à tirer l'eau des puits; on les emploie
tous les jours, non seulement à la ville, mais à l'oasis, et il
faut les réparer et les remplacer constamment. Les menuisiers aussi, répondant à une besoin courant (réparation des
poulies des puits, articles entrant dans la construction des
maisons, outils aratoires), sont disséminés un peu partout [2].
Il est à noter, cependant, que les métiers paraissent complètement éviter la haute ville, où l'on n'en rencontre pas.

Les autres marchands sont groupés d'une façon beaucoup
plus significative.

La rue neuve récemment construite à l'orée de la ville,
dans la partie Sud où le rempart a été démantelé, semble
avoir groupé tous les métiers qui satisfont aux goûts des
nomades; on y trouve des armuriers, des marchands de tissus, des cordonniers, des gargotiers voisins des *fondouks*
et qui logent de la sorte à pied et à chameau.

Ce sont aussi les abords immédiats du marché que l'on
trouve particulièrement achalandés; les marchands de tissus et de tapis, les épiciers, les marchands de grains et de
dattes en gros, offrent leurs produits aux arrivants et bénéficient de leur situation privilégiée les jours de marché.

Aux environs de la porte bab Mahmed, qui donne sur
la place, se trouve le quartier des forgerons; pourtant une
« porte des forgerons » existe à l'opposé de la ville, sur le
chemin de l'oasis. C'est que ce groupement de métiers s'est
déplacé depuis l'installation du grand marché actuel. Près
de *bab El Haddad* باب الحداد, il ne reste plus qu'un
forgeron et il ne fait plus beaucoup d'affaires. Les forgerons,
à Ghardaïa, en effet, ont pour occupation presque exclusive
de ferrer les animaux. Tout naturellement, ces métiers devaient s'installer près du marché.

[1] Zgag El Hassi (rue du puits), dans un renfoncement de cette artère. Notre plan
donne la situation des rues que nous citons; s'il ne la donne pas, celle-ci sera précisée
en note.

[2] Rue Neuve (il y en a deux), les autres se trouvent Zgag el Hassi, Zgag Zerga,
Souk Dellala.

Au milieu d'eux, on remarque des fabricants de couteaux; on les dénomme de la même façon que les forgerons : *haddad* et, en effet, leur matériel est, en réduction, identique à celui des forgerons [1].

Si l'on s'en souvient, c'est là aussi que se trouvent les caravansérails où sont logés les animaux des voyageurs. La fourrière voisine également avec ce quartier; on nous assure qu'elle existe depuis fort longtemps, les Mzabites en ayant de bonne heure reconnu l'utilité. Une grande porte cochère, avec vantaux tournant sur des gonds de bois et voûte ornée de briques disposées en retrait, permet d'accéder à un fondouk du type ordinaire. On appelle cet endroit, en mzabite, *ounni isserhan tir'attin* (lieu où l'on garde les chèvres); ce sont surtout ces petits animaux que l'on y rapporte. Un gardien, payé par la djemaâ, est affecté à demeure à cet édifice.

Les tailleurs qui coupent et brodent les bournous sont tous groupés de l'autre côté par rapport à la place : au commencement de la rue Badjri et avant d'entrer dans le quartier juif. Ils travaillent presque toujours dans la rue, en face de leurs boutiques.

Nous n'avons pas encore parlé des artisans juifs, et cependant ils occupent une place prééminente dans le commerce local; ce sont pour la plupart des fondeurs de métaux, des ciseleurs et des bijoutiers. Certains aussi occupent le métier de cardeurs et de ferblantiers, mais, en fait, c'est le travail des métaux précieux qui les retient principalement. Leurs professions sont héréditaires. Ils sont installés dans leur quartier ou ont leurs boutiques dans la rue neuve qui en est limitrophe. Les Mzabites méprisent leurs professions, aussi sont-ils tous rejetés vers le suburbium, c'est le « confinement des Juifs » bien connu [2]. Ces derniers métiers forment bien d'abord le commencement d'un quartier, puis une communauté à la fois d'origine et religieuse, enfin une classe sociale.

Ces quelques notes groupées sur les métiers permettent de

---

(1) Indiquons en passant qu'ils emploient le soufflet-sac formé de deux outres. On le nomme *hanout*. Ce dernier modèle de soufflet double aurait été introduit par le Sud à Ghardaïa.

Sur les soufflets voir une étude de Van Gennep parue dans la *Revue d'Ethnographie* et jointe à la suite de l'ouvrage sur les poteries kabyles dans le tirage à part.

Voir aussi l'art. de M. Henri Basset : Les influences puniques chez les berbères, *Revue Africaine*, 3ᵉ et 4ᵉ trim. 1921, pp. 351, 352.

(2) Voir la thèse de M. Maunier, pp. 208 et 219.

comprendre les grandes lignes de leur répartition dans la ville. En dehors de quelques marchands de produits courants qui sont disséminés dans la ville elle-même, le quartier industriel est très nettement localisé autour de la place. Les rues de métiers aboutissent au marché et c'est là l'application d'une règle bien connue [1]. Le centre économique est bien là nettement distinct du centre religieux qui l'a précédé. En outre, nous pouvons dire que les métiers sont spécialisés, c'est-à-dire que dans l'espace qu'ils occupent ils se sont groupés et agglutinés par genres. Cette spécialisation assez peu poussée, vu l'importance relative du groupe total, est cependant très nette pour les forgerons et les tailleurs, elle est aussi perceptible, quoique à un degré moindre, en ce qui concerne les bijoutiers.

Ces derniers caractères tendraient seuls à faire de Ghardaïa une ville différenciée; si maintenant nous ajoutons que le quartier marchand tout entier constitue comme une superfétation à la ville primitive, dont le centre reste bien la mosquée, qu'il forme un *suburbium mercatorum* accolé au *castrum* [2], alors la différenciation de notre ville apparaîtra nettement. Elle résulte du caractère successif de son mode de formation, de la multiplicité de ses éléments constitutifs et de la différence de leurs fonctions réciproques [3].

Il y a, disions-nous, des groupements professionnels sans base territoriale. Cette particularité tient à l'exercice du métier lui-même, qui oblige l'individu à ne pas séjourner à un endroit fixe. En général, ces artisans sont réunis en une sorte d'association de fait, que l'on peut assimiler à une corporation.

Evidemment, ce sont des corporations fort simples, leur hiérarchie ne peut pas être moins développée, elle se résume à un chef que l'on appelle *amine* ou *cheikh* (شيخ ، أمين). Elles n'ont pas de règlements écrits et se signalent par un caractère profondément démocratique [4]. L'amine est un représentant; dans les circonstances difficiles, il vient formuler les vœux de son groupement. Dire qu'il est désigné par ses

---

(1) Eod. loc., p. 155.

(2) Eod. loc. pp. 150, 151.

(3) Eod. loc. pp. 166, 167.

(4) Les corporations de l'Algérie du Nord se distinguent aussi par ces caractéristiques (M. Maunier dans son cours précité sur les Group. profess. de l'A. N.).

pairs est peut-être beaucoup dire. On ne sait en général comment il a été nommé, c'est un vieux du métier que la vie de tous les jours a plus particulièrement distingué.

Les *crieurs* publics forment un groupement de ce genre, dans toutes les villes du Mzab. A Ghardaïa, il y en a de vingt à trente. Ils possèdent le monopole de la vente à l'encan, c'est-à-dire qu'on ne saurait, en dehors de leur intermédiaire, vendre un burnous ou une gandoura usagés; ils sont d'ailleurs astreints à une discipline spéciale dans l'exercice de leur métier [1] et doivent fournir caution. L'un d'entre eux est affecté au caïd pour les ventes auxquelles il doit faire procéder. Ils ont un chef qui est appelé *amine eddella-line* ءامين الدّلالين

Les crieurs publics sont des Abadhites; ce sont, à notre connaissance, les seuls membres mzabites de corporations que l'on puisse citer [2].

Pourtant, il y a encore d'autres groupements analogues, mais leurs membres sont des individus de race noire. Ainsi les bouchers qui abattent les chameaux et les petits animaux destinés au marché à la viande, sont tous des nègres; leur chef se nomme le cheikh El Ousefane شيخ الوصبان

Les maisons sont ravitaillées en eau par d'autres nègres qui vont puiser aux puits et rapportent le précieux liquide dans deux delous suspendus, comme les plateaux d'une balance, aux deux extrémités d'une perche qu'ils placent sur leurs épaules. C'est un travail très pénible, surtout en été ; or, ces porteurs d'eau forment aussi un groupe imposant, on les appelle *seggui,* سقّي * سقاييـن [3].

Les nègres de l'abattoir et les porteurs d'eau sont pour la plupart d'anciens esclaves. Par contre, il existe d'autres noirs, ceux qui s'emploient au creusement des puits, qui ne sont pas d'anciens esclaves. Ce sont des habitants du Gou-

---

(1) Par exemple en ce qui concerne les enchères. voir plus haut à propos du marché quotidien.

(2) Voir dans l'appendice sur l'oasis, ce qui est dit des amines de l'eau.

A El Ateuf il existe un groupement d'abadhites qui a aussi un caractère commercial. Les descendants des *Cheurfa*. venus de Fez, lors de la fondation de la ville. ont conservé le monopole des carrières de plâtre dites de Télemçanine situées sur le plateau de Noumerat. Ils doivent ce monopole à ce que ce sont eux les premiers. qui ont exploité ces carrières.

Voir une note de M. de Motylinski, *Guerara,* 14.

(3) En m. : *itchara imidden aman.*

rara qui s'expatrient dans toutes les oasis du Sahara et sont spécialisés dans ce métier de forage fort délicat. Par suite de leur origine, on les nomme des *Gourari* قُوارِيس * قُورَري [1] ils ont aussi un amine, c'est le *cheikh El Gouarir,* شيخ الفوارِيس

Il nous reste maintenant à parler des *bergers*. Les bergers des villes du Mzab ne forment pas une corporation, mais leur institution revêt un intérêt qui mérite d'être signalé.

On choisit comme bergers des gens de confiance, capables au besoin de faire le coup de feu contre les voleurs, et rompus à la connaissance de ce qui concerne les troupeaux. En général, ce sont des agrégés ou des nomades fixés depuis longtemps dans le pays. Les petites villes comme Melika ou Bou-Noura n'ont qu'un ou deux bergers, chacun a au maximum cent chèvres, car ce sont les chèvres que les Mzabites préfèrent par dessus tout, elles seules peuvent s'accoutumer aux maigres herbes de la chebka. La ville de Ghardaïa possède de quatre à cinq cents chèvres [2] et a quatre bergers. Le troupeau se nomme *harrag* حَرّاق et en m. *oulli tir'attin.*

Chaque intérieur possède en général une chèvre. On la loge dans de minuscules réduits quand elle ne vit pas au milieu des habitants. Son lait entre dans la composition de tous les repas.

Nous savons déjà que dans chaque ville, il existe une porte dite du berger qui est précédée d'une petite place. Le matin, à une heure convenue, le berger se rend sur cette place et fait entendre certains cris très prolongés [3] ; au même instant, les portes des maisons s'entr'ouvrent, les chèvres sortent des habitations, se rendent d'elles-mêmes auprès du berger qui les attend et se groupent sur la petite place. Les boucs, en général, constituent la propriété de la

---

(1) On les appelle aussi *faguir* pl. *fegagir*, parce qu'ils creusent des saignées souterraines du type des *foggara*.

Sur les nègres et les affranchis de Ghardaïa. Voir Robin (bibl.) p. 35. Etude de M. Morand p. 445, N. 8.

(2) Il n'est question que des chèvres de la ville. Il en existe beaucoup d'autres dans l'oasis.

(3) A Ghardaïa les troupeaux portent le nom de l'endroit où ils se réunissent avant le départ, il y a les troupeaux du marché, de la porte du berger, du quartier Salmou Aïssa et le troupeau des juifs ou des Beni Merzoug. Suivant le nombre des chèvres, un cinquième peut se réunir aussi à Bab Djedid.

djemaâ [1]; ils sont libérés par les soins du nègre du caïd.

L'allocation du berger est fixée d'une façon assez curieuse : il lui est alloué dix sous par chèvre et par mois; autrefois il recevait trois quart de *saa* d'orge (un peu moins d'un litre); de plus, pendant les quatre mois d'été, de juin à septembre, s'il assume la charge de faire boire les chèvres en leur achetant de l'eau ou en la puisant lui-même, il a droit intégralement au lait pendant la même période. Il y a sept ou huit ans, il n'avait droit, pour chaque bête, qu'au lait d'un pis chaque jour [2]. En retour de ces droits, le berger est responsable de toutes les chèvres et des chevreaux confiés à sa garde, quoique ceux-ci ne compte dans sa rétribution que lorsque la mère a fait une seconde portée. S'il égare une bête ou si elle lui est volée par sa négligence, il doit la remplacer. En outre, tous les jours il doit partir au lever du soleil et ne rentrer que lorsque celui-ci « commence à jaunir » [3]. Les herbes étant complètement tondues aux environs des kçour, c'est à plus de vingt kilomètres que le berger mène pâturer son troupeau.

Les détails que nous venons de donner s'appliquent à toutes les villes, car chaque kçar mzabite possède un troupeau de chèvres. Si les animaux qui le composent sont l'objet d'un droit de propriété privée, il apparaît nettement que le troupeau est commun dans son exploitation. D'autre part, l'achat et l'entretien des boucs assumés par la djemaâ ramènent tout naturellement, par la pensée, à une époque où le troupeau tout entier devait être propriété communale [4].

CLASSES SOCIALES

Le groupe social de Ghardaïa nous montre déjà un type évolué, et il peut être intéressant de rechercher s'il existe, dans son sein, des classes sociales ou économiques compa-

(1) Tout au moins pour Bou Noura.

A Ghardaïa certains personnages riches font les frais d'un bouc qui profite à la collectivité.

(2) « Il traira un jour le pis droit et le lendemain le pis gauche » nous dit un acte rédigé à El Ateuf et indiquant en détail les obligations du gardien et les droits qu'il perçoit.

De Motylinski, *Guerara*, p. 43 N 1.

(3) Eod. loc.

(4) A ce sujet, voir la thèse de M. Maunier, p. 75.

rables à celles qui ont existé au cours de tout le Moyen-âge dans nos sociétés occidentales.

Au point de vue économique, nous avons assisté à une localisation très nette des métiers sur le territoire urbain; nous avons relevé l'existence de groupements pouvant être assimilés à des corporations. Est-ce à dire que nous soyons en présence de classes pouvant être individualisées d'une façon quelconque ou, autrement dit, les groupements sociaux, que nous avons reconnus, fondés sur la communauté d'*origine*, d'*habitation* ou d'*activité*, sont-ils *hiérarchisés* d'une façon quelconque? Nous ne le croyons pas; la localisation des industries provient, à Ghardaïa, de causes extérieures, les métiers ont tendu à se grouper pour des raisons envisagées du point de vue de la clientèle seulement. Quant aux corporations, ce sont des groupements de fait dont l'importance sociale est, croyons-nous, minime.

L'occupation de l'individu n'a pas d'action sur sa situation sociale par rapport aux autres; le travail est considéré comme sacré, quel que soit le plan dans lequel il se développe. Le labeur de l'individu, ses occupations manuelles, sont prisés au plus haut degré, aucune diminution de prestige, aucun déclassement n'en résulte pour celui qui s'y livre. L'Imam de Tiaret ne dédaignait pas de construire, de ses mains, comme maçon, sa propre demeure. Les Beni-Mzab sont du matin au soir penchés sur le travail de la terre, sur l'extraction de l'eau, sur tous les soins matériels en un mot, indispensables au maintien de la vie.

Il y a cependant une réserve à faire, en ce qui concerne certaines professions humbles, celles des porteurs d'eau ou de vidangeurs, par exemple, qui se recrutent uniquement parmi d'anciens esclaves et qui sont déconsidérées. Mais, somme toute, les divisions sociales du groupement urbain, les classes, ne sont pas là, il faut les rechercher ailleurs.

Les grandes divisions de l'espace urbain nous ont révélé l'existence de quartiers. Au centre, nous avons rencontré la ville abadhite, flanquée à l'Ouest de l'agglomération des Mdabih et, au Sud, d'un embryon de noyau constitué par des Beni-Merzoug, et surtout du quartier israélite. En ce qui concerne les Mdabih et les Beni-Merzoug, malgré les efforts faits pour les incorporer au groupement central, leur localisation est toujours restée très nette, leurs quartiers ont continué à être distincts. Pour ce qui est des Juifs, un fossé profond les a toujours séparés du reste de la cité.

Cette physionomie du territoire de la ville paraît devoir être aussi l'image du groupe social. Les grandes divisions de ce domaine sont essentiellement à base ethnique et religieuse; la population est agglutinée sur le même espace, mais chaque groupe de même confession et de même origine, vit d'une existence nettement distincte. On habite côte à côte, mais sans se pénétrer : on se regarde et on s'observe d'un air de défiance. Il résulte de cette situation réciproque que chaque groupe tend à s'unifier pour mieux lutter; les divisions intérieures disparaissent pour faire pièce au noyau rival qui se dresse en face. C'est du moins l'observation que suggère le groupe des Mdabih et celui des Juifs. Leur organisation interne est tout à fait rudimentaire : les Mdabih ont des *chiouks* شيوخ, vieillards respectables auxquels ils obéissent, et, quant aux Juifs, ils tiennent en très grande estime leurs rabbins, qu'ils nomment en faisant précéder leurs noms du mot *rebbi*. Chioukh et rabbins sont à la dévotion d'un *cheikh* ou d'un rabbin plus influent, qui constitue la tête de tout le groupe.

Le groupement des Abadhites présente au contraire une contexture beaucoup plus compliquée. Il est l'objet d'une double division. La première est à base religieuse, la seconde constitue ce qu'on appelle les çoffs.

Les Mzabites sont, disions-nous, divisés en classes à base religieuse. Ici on peut employer avec raison le mot de classe. On distingue, en effet, parmi eux, les Tolbas et les Aouâms.

Les Tolbas sont les clercs, ce sont même plus spécialement les clercs majeurs, mais leur appellation a été étendue au groupement tout entier. Tolba est le pluriel de taleb طالب qui signifie lettré, savant. Les clers se sont toujours groupés autour de la mosquée; nous avons vu que cette habitude avait imprimé au quartier supérieur de la ville mzabite, un caractère ecclésiastique et religieux, alors que la base de la colline conservait dans ses rues un aspect plus laïc et moins sévère.

La classe religieuse comprend elle-même toute une hiérarchie dont les clercs majeurs occupent le faîte avec leur

conseil ou *halga* [1]. La halga est formée de *iazzaben,* elle obéit
à un règlement intérieur précis [2]; son esprit se caractérise
par un rigorisme outrancier et un très grand exclusivisme
religieux. Les clercs mineurs sont eux aussi divisés en
ikhouan, imesorda et *guenadiz.* Les ikhouan sont des frères
lecteurs; quant uax imesorda et guenadiz, ce sont des aspirants formés sous l'œil des tolbas. Les imesorda « balbutient » le Coran (balbutiants, imesorda) [3].

Ce groupe des Tolbas forme bien une classe sociale distincte dans l'agglomération abadhite. Nous verrons qu'elle
détenait autrefois des pouvoirs propres et exclusifs au point
de vue du gouvernement de la ville, c'était également auprès d'elle que les autres trouvaient justice, et, fait caractéristique, les populations agrégées et surtout celles juives,
étaient ses justiciables. Les clercs jouissaient de privilèges
véritables qui, par leur ensemble, constituent un phénomène
juridique de classe, par exemple ils étaient dispensés de
contribuer à la réception, on ne pouvait les astreindre à
monter la garde, il était interdit de les réquisitionner pour
des travaux urgents. Enfin, dans leurs habitations, dans leur
vie de tous les jours, ils étaient bien à part et le sont d'ailleurs restés. Il n'est pas jusqu'à l'appellation des clercs majeurs, *iazzaban,* qui n'indique qu'ils mènent une vie à part,
une existence de reclus, de célibataires.

Sous l'appellation de *Aouam* عــوام on englobe tous ceux
qui ne sont pas *tolba,* toute la foule amorphe qui n'est
pas versée dans les livres sacrés : c'est la classe vulgaire des
illettrés. *Aouam* est le pluriel de *amm* عمّ qui signifie
commun [4]. Les *aouam* englobent tous ceux qui ne sont pas
clercs.

Indépendamment de cette division, il y en a une autre
qui se superpose à celle-ci : c'est celle en *coffs.*

---

(1) Sur la halga et sa composition, voir supra.

La halga n'est d'ailleurs pas fermée, les hommes pieux et savants peuvent, s'ils suivent la filière, y être admis par les azzaba (Morand, p. 434 N 4).

(2) Voir celui-ci dans Motylinski, *Guerara* N de la page 24.

L'azzabi pl. iazzaban عزابي * عزأبان est un reclus (*Formation,* p. 216). Le verbe
azzaba عزب signifie être célibataire, garder le célibat.

Les *iazzaban* sont aussi appelés *messabih.*

(3) *Formation,* p. 209. *Zakaria,* p. 252 N 1. Et surtout voir l'étude précitée de M. Morand
sur les *Kanoun du Mzab,* p. 423 et suiv.

(4) De Motylinski, *Guerara,* p. 31 N 1.

Ghardaïa a été constituée par deux groupes de fractions, comme nous l'avons vu. Ces deux groupes, au lieu de se fondre intimement l'un dans l'autre, comme d'ailleurs territorialement leurs quartiers se sont confondus, sont restés, au point de vue social, tout à fait antagonistes [1].

Bien plus, dans chaque groupe — et c'est ce qui indique jusqu'à quel point ce vieil esprit de division berbère est accentué chez les Abadhites du Mzab — on ne rencontre pas un noyau unique. Les individus composant les achaïr, connaissant tous de qui ils descendent et à quel moment précis ils ont été incorporés dans la cité, entendent au besoin tirer avantage de leur origine. C'est ainsi qu'ils se divisent eux-mêmes en *acils* et *nazils* [2]. Les *acils* [3] sont ceux dont les ancêtres remontent jusqu'à la naissance même de la cité dont ils ont été le principe et les fondateurs. Ce sont des gens de haut lignage, *cherif el acel* شريف الأصّل C'est là le germe d'une véritable *noblesse* abadhite; toute noblesse, en effet, se fonde sur l'ancienneté et se calcule par « *quartiers* », c'est-à-dire par *générations*.

Les *nazils*, au contraire, ne sont venus qu'après, ils ont été admis par les premiers comme des hôtes, des étrangers que l'on veut bien recevoir [4].

Mais cette dernière distinction n'a en fait qu'une importance relative, elle disparaît bien vite devant celle des çoffs. Le mot çoff صَفّ signifie ordre, série, rang, classe dans son sens classique. Il évoque aussi l'idée d'hommes rangés sur la même ligne pour un combat [5]. Or, à Ghardaïa, les deux groupes des fractions fondatrices et des autres fractions qui se sont jointes à celles-ci par la suite, constituent deux çoffs.

Ces çoffs, qui reçoivent la dénomination de çoff de l'Est

---

(1) Voir l'étude précitée de M. Morand sur les *Kanoun du Mzab*, p. 440.

(2) *Guerara*, p. 6 N 2.

(3) Acel أصل signifie origine, race, principe, racine. Acil أصيل est traduit par l'expression : solide, bien enraciné dans le dictionnaire de Belot.
Les *acils* sont mot à mot les originaires.

(4) Nazala نزل signifie faire halte chez quelqu'un. Nazil pl. Nouzala نزيل نزلاء signifie en effet un étranger qui arrive, un hôte.

(5) *Çaffa* صفّ signifie se ranger en ordre, en bataille, *taçaffa* à la vi⁰ forme تصافّ exprime l'idée de se mettre en rang face à face (*Dict. Ar. Français* du R. P. Belot).

et çoff de l'Ouest صقّ شرقّي * صقّ غربـي *Çoff Chergui*
et *çoff Gharbi,* peut-être à cause de leur situation territoriale respective à l'origine [1], remontent donc à la fondation même de la cité. Le premier groupe se dénomme Aoulad ba Sliman [2], encore appelés Aoulad Ba El Hadj, et le
second Aoulad Ammi Aïssa, de beaucoup les plus puissants d'ailleurs.

Est-ce à dire, comme on l'entend et on l'écrit si souvent,
que les çoffs soient des partis politiques? [3] Ils le sont peut-
être devenus en fait, mais leur origine démontre qu'il n'en
a pas toujours été ainsi. Leur nature est intimement liée à
la formation même des villes; par un accord tacite, des
groupes s'unissent sans se fusionner complètement, et, dans
ce rapprochement incomplet, dans cette nuance, se trouve
le germe de l'équilibre de la cité future. Le çoff apparaît
dès lors comme un groupement infiniment complexe où la
communauté d'origine, de tradition, les morts eux-mêmes,
révérés et connus comme des ancêtres, tendent à rapprocher
les individus par des liens de plus en plus puissants. En
face se dresse toujours le même groupe antagoniste qui a
lui aussi les mêmes raisons d'exister, et cette opposition [4],
entretenue par des incidents journaliers : procès, compéti-
tions, rivalités, tend à renforcer à la fois les deux clans au
lieu de les affaiblir et de les rapprocher. Ainsi s'explique la
persistance des conditions mêmes de formation des villes,
ainsi se perpétue le souvenir de ces combinaisons sociales

(1) Sur ce point voir Masqueray, Formation p. 212.

(2) Les Aoulad ba Sliman sont des *acils* par rapport aux Aoulad ba el Hadj qui sont
des *nazils.*

(3) Cette idée vient de Renan ; elle apparaît assez inexacte. Beaucoup l'ont adoptée
par la suite.
  Voir par exemple un article de Huguet, *Les Soffs.* Revue de l'*Ecole d'Anthropologie* de
Paris XIII 1903 p. 94, cinq pages.

(4) On comprend combien cette contexture même du groupe social devait être
favorable aux luttes intérieures. Cette loi de division est fatale à l'existence des Kçour
toujours déchirés par de nouveaux troubles. Les annales des Mzabites sont remplies
de ces récits de guerre civile que les populations agrégées (les Mdabih à Ghardaïa) ne
faisaient qu'aggraver en favorisant l'un ou l'autre des deux groupements. Les
Mekharidj مخارج ou abadhites expulsés des Ksour venaient ajouter leurs intrigues
en avivant les haines et en entretenant l'agitation.
  Enfin en plus de ces discordes et indépendamment d'elles existait l'hégémonie
toujours grandissante et oppressive des *Tolba* sur les *Aouam.*
  On se rend compte de l'état d'incertitude et de turbulence dans lequel devaient vivre
autrefois les cités Mzabites.
  Voir *Formation des cités* pp. 217 à 219 et *Guerara depuis sa fondation,* étude précitée.

qui furent à la base de la cité; en dépit du temps, il semble que l'on en soit toujours au premier stade de l'évolution sociale. Les çoffs sont donc dérivés des groupements originels de parents : ce ne sont pas des groupes fondés sur un principe nouveau, des associations volontaires à entrée libre.

RAPPORTS ENTRE CES GROUPEMENTS : GOUVERNEMENT ET POLICE

L'administration de chaque ville du Mzab se partageait autrefois entre deux *djemaâs* : la halga des Azzabas ou djemaâ des *Tolbas*, et la djemaâ des Aouams. La première, présidée par le cheikh des Tolbas, avait surtout pour fonction de préciser dans des *ittifaqat* ou conventions des règlements de police qui étaient exécutés par les soins de la djemaâ des Aouams. Cette dernière avait à sa tête le *hakem*, elle administrait au sens propre du mot, c'est elle qui prenait soin du temporel de la cité [1], parfois aussi il lui était possible d'élaborer des *ittifaqat* lorsque les *tolbas* lui en donnaient l'autorisation.

Ces *ittifaqat* [2] élaborées par les djemaâs pouvaient être modifiées suivant les besoins, elles n'avaient donc pas la fixité des *Kanoun* de Kabylie, par exemple. Les *iazzaban* étaient toujours juges en dernier appel du caractère dogmatique de ces décision, ils les appréciaient en les comparant à leurs ouvrages ou commentaires de jurisprudence religieuse [3].

La djemaâ des tolbas n'a plus maintenant de pouvoirs réels d'approbation ou d'improbation, puisque les *ittifaqat* sont soumises à notre autortié depuis l'annexion; elle a seu-

---

(1) L'ancienne organisation est décrite par M. Masqueray dans *Formation des cités* p. 43.

(2) « Ces décisions sont appelées *ittifaqat*, (pluriel du mot *ittifaq* اتّفاق, nom d'action « de la 8e forme *attifaqa* اتّفق dont le sens est : tomber d'accord, convenir de « quelque chose). Nous avons exactement traduit ce mot par celui de conventions. » Watin 3e Note p. 16.
Sur ces *ittifaqat* voir aussi l'art, précité de M. Morand p.p 425-26.
Voir la thèse de M. H. Basset pp 97-99.

(3) Voir la liste de ces ouvrages dans l'*Aqida populaire des Abadhites Algériens*, de M. de C. Motylinski pp. 42-43.
On appelle *aqaïd*, des symboles de foi résumant le dogme et qui sont la base de l'enseignement religieux
Voir aussi la *Bibliographie du Mzab* de M. Motylinski.
Voir Locat, *Recueils de décisions et d'épîtres des cheikhs vénérés du Mzab*.

lement conservé quelque importance par l'influence morale qu'elle exerce sur les esprits.

L'ancienne djemaâ des *Aouam* a supplanté complètement la halga des *tolbas*. Depuis notre occupation, c'est elle qui est maintenant l'organe essentiel de l'administration urbaine avec le caïd. Le caïd [1] est, en principe, l'exécuteur des décisions de la djemaâ, suivant l'organisation municipale des villes du Mzab; en fait, c'est l'agent de notre administration. L'organisation qui régissait les populations du Mzab a été peu modifiée, en droit, après l'annexion.

En ce qui concerne le mode d'élection des membres de la djemaâ, chaque fraction élit un ou deux représentants dans son sein [2]. Les élections ont lieu tous les trois ans et doivent être approuvées par le Gouverneur général.

Dans la djemaâ, les caïds sont présidents de droit; ils sont, de plus, les représentants de leurs fractions. L'obligation de la réélection triennale ne s'impose pas à eux. Leurs pouvoirs sont chaque fois prorogés, si l'autorité le juge utile. La djemaâ désigne un de ses membres pour remplir les fonctions de khalifat du caïd : le caïd étant pris dans un çoff, le khalifat doit nécessairement être pris dans l'autre çoff.

Les djemaâ sont chargées du recensement et de la perception de l'impôt; pour celle-ci, le caïd est le chef collecteur de la tribu. En outre, la djemaâ possède un pouvoir délibératif relativement à certaines dépenses ou participations laissées à sa charge. Elles ont trait surtout à l'entretien et au nettoiement de la ville (mur d'enceinte, travaux d'irrigation intéressant la collectivité, barrages), ou concernent le traitement des employés communaux (secrétaire de la djemaâ, chaouch, gardien de nuit, frais de bureau), ou encore sont relatives au bâtiment communal [3].

---

(1) Il est nommé par le G. G. qui s'inspire des désirs des membres de la djemaâ.

(2) Autrefois le nombre des membres de la djemaâ était variable, il a été fixé d'une façon définitive.

« Les fractions des arabes agrégés sont représentées à la djemaâ par des membres désignés par l'autorité. Ces membres ne prennent part aux délibérations que lorsqu'il s'agit de questions intéressant leur fraction » (Etude précitée de M. Watin). C'est à elle aussi que nous empruntons certains des détails qui suivent, touchant les attributions de la djemaâ.

(3) « En outre, les djemaâs sont appelées à délibérer sur toutes les questions prévues à l'art. 14 de l'arr. de M. le Gouv. général du 11 sep. 1895. Les compte de caisse et les délibérations prises à cet égard par les djemaâs sont soumis, chaque mois, à l'approbation du Commandant supérieur du Cercle. » Watin, m. Etude, p. 9 N.

La djemaâ est une institution nettement démocratique et représentative; elle est d'ailleurs tout à fait indigène, nous n'avons fait que la cristalliser lors de notre arrivée au Mzab. Les fractions désignent toujours leurs notables, ce sont les yeux du groupe : *el aâiane* العيان. Le caïd possède encore la plupart des attributions de l'ancien *hakem* [1].

La police des villes du Mzab présente une organisation propre. Autrefois, il existait une djemaâ spéciale, celle des *Mekaris*, qui était chargée du maintien de l'ordre. Elle était formée de tous les adultes en état de porter les armes. C'étaient des agents d'exécution, car la djemaâ ne possédait comme pouvoirs que ceux qui lui étaient délégués par la djemaâ des *tolbas* et celle des *aouam*. Cette institution si curieuse [2] ne se maintint d'ailleurs pas dans l'esprit primitif qui lui avait donné le jour. Les *Mekaris* formèrent une garde prétorienne qui jetait le trouble et le désordre dans les villes, au lieu de les faire cesser; ils étaient toujours à la solde du dernier surenchérisseur [3]. Néanmoins, cet embryon de classe militaire est digne d'être remarqué.

Les deux djemaâs des clercs et des laïcs précisaient dans leurs *ittifaqat* les peines à infliger en raison d'une infraction commise. La bastonnade était le principal mode de répression; pour certains délits, les tolbas prévoyaient seulement l'amende. Si le délinquant était dans l'impossibilité de la payer, il recevait dix coups de bâton pour chaque réal (2 fr. 50) [4]. D'autres délits étaient punis du bannissement pour une durée déterminée : le coupable ne pouvait rentrer dans son pays qu'après avoir vu la mer [5].

Nous savons déjà que les peines se divisaient en *adeb* (moins de 20 coups de bâton et de 20 jours de prison), *taazir* (moins de 40 coups et de 40 jours) et peines *Nekal* [6] qui étaient le plus souvent laissées dans leur application à la discrétion de la djemaâ laïque. Les conventions prévoyaient

(1) Sur les attributions de ce personnage, voir *Guerara*, Motylinski, p. 32 N.

(2) La djemaâ des Mekaris bénéficiait des amendes infligées lors des corvées générales dont elle avait la surveillance.
Guerara, de Motylinski, p. 35 N.

(3) Voir *Guerara*, p. 35 N.
M. Morand, op. cit., p. 423.

(4) M. Morand, Eod. loc., pp. 427 et 429.

(5) Eod. loc. p. 431.

(6) Sur ces peines voir *Guerara*, p. 35 N 1, Morand, p. 427 et N et p. 439.

d'une façon précise le traitement des prisonniers, la façon d'appliquer les coups [1], voire même le fouet à employer. Le *hakem,* c'est-à-dire le juge, celui chargé de la justice, avait donc en main tous les pouvoirs pour la répression des crimes et des délits. La peine de mort était très rarement appliquée; en cas d'homicide volontaire on bâtonnait indéfiniment le coupable ou bien on l'incarcérait pendant un laps de temps à la discrétion de la djemaâ. Les parents de la victime pouvaient seuls, par contre, tuer l'assassin ou accepter la *diâ* [2].

La police des rues qui, seule, en somme, doit nous préoccuper, était l'objet d'une attention vigilante. Le *hakem* devait éviter les attroupements [3]. Le soir, la circulation était interdite, les portes de la ville fermées. C'est d'ailleurs une habitude qui a été conservée dans la plupart des petites villes. A Beni-Sgen, on ferme soigneusement toutes les portes la nuit, et un gardien veille auprès de chacune d'elles [4]. Pendant le jour, on doit laisser ses bêtes à la porte de la ville; si on est monté, on ne doit pas rentrer à cheval dans la petite cité religieuse [5].

L'attitude des habitants dans les rues était soigneusement observée, le hakem possédait des *oumana,* véritables espions qui venaient lui rendre compte des faits et gestes de chacun [6]. Enfin, le mur de la vie privée n'arrêtait même pas le pouvoir de censure des tolbas. Les *ittifaqat* prévoient que le hakem doit empêcher les hommes de se mêler aux femmes dans les noces; en outre, ces conventions contiennent

---

(1) « L'exécuteur ne doit rien épargner de ses forces, il devra les employer toutes, sinon, il pourra être remplacé par un exécuteur frappant fort et bien ». Ittifaqat de Ghardaïa, citée par M. Watin.

(2) Sur tous ces points voir encore l'étude de M. Morand et particulièrement la p. 48.

(3) « Il (le Hakem) interdira, chassera et dispersera par tous les moyens dont il disposera, ainsi que la djemaâ des musulmans, soit par paroles, soit par coups, tous ceux qui chercheront à divertir le public, musiciens et pleureurs, et ceux qui feront cercle autour d'eux à ce moment, majeurs et mineurs ».
Cité par M. Watin 3ᵉ étude p. 35.
On comprend le pharisaïsme d'une pareille disposition qui devait permettre de tuer dans l'œuf tout mouvement insurrectionnel.

(4) Cfr. Loti. Vers Ispahan. Dans cette cité persane les portes de la ville sont fermées toutes les nuits, des gardiens veillent auprès d'elles. Bien plus les quartiers urbains sont séparés par des portes également verrouillées.

(5) *Formation des cités* p. 244.

(6) Adresser la parole à une femme dans la rue constituait un délit puni de 25 réaux d'amende et d'un exil de deux ans.
Voir M. Morand op. cité p. 428. Chobaut (bibl.) p. 63.

toute une réglementation somptuaire, à nos yeux bien anodine, mais qui était cependant observée à la lettre comme s'il devait résulter de leur inobservance, des manquements aux lois démocratiques de la cité [1]. Le luxe des réjouissances était prohibé et surtout il était défendu de faire usage de n'importe quel instrument de musique [2].

Depuis notre arrivée, ce puritanisme s'est atténué. La poursuite et la répression des délits, qui tombent sous le coup de la loi française, appartiennent dorénavant à nos autorités judiciaires. Pour le reste, les djemaâs ont adouci leurs exigences.

« La police des villes est assurée par le caïd, secondé par
« la djemaâ, chaque membre étant chargé de son quartier.
« Le personnel mis à sa disposition comprend un ou deux
« cavaliers rétribués par le budget communal et reçoit, dans
« certaines villes, un supplément de la caisse de la dje
« maâ. » [3].

En outre, un nègre est attaché à la djemaâ, c'est l'*oucif el djemaâ* وصيبت الجماعة, sorte d'huissier chargé de recouvrer les amendes et que l'on a comparé au *servus publicus* romain [4].

Autrefois, le caïd possédait certains pouvoirs en ce qui concerne la fixation du prix des denrées; il devait surveiller les marchands et constater les capacités professionnelles des artisans [5]. On sait qu'il a conservé le contrôle des marchés.

---

(1) Voir *Formation* pp. 59 et 62. Kanoun de Mélika, 1108 de l'Hégire : « En cas de noces, deux esclaves seulement dans la maison du mari, et deux seulement dans la maison de la mariée, peuvent être employés aux préparatifs. »

(2) Voir *Formation Kanoun* p. 102. M. Morand cod. loc. p. 449. Henri Basset *Thèse* p. 93.
On lit aussi dans l'*Ittifaq* cité par M. Watin. « Il (le Hakem) interdira l'usage des tambours et tous autres instruments de musique ».

(3) 3e étude de M. Watin p. 8 N.

(4) Cette comparaison est de M. Masqueray in *Formation* 35. Sur cet exécuteur qui autrefois était un affranchi. Voir aussi M. Morand cod. loc. p. 445.

(5) « Le Hakem n'a pas le droit de fixer le prix de ce qui appartient aux gens. d'après les paroles rapportées du prophète qui avait été interrogé sur la canonicité de cette question. Le prophète n'ayant pas voulu se prononcer avait répondu : « Les prix sont fixés par l'offre et la demande, mais adressez-vous à Dieu »
« Les commerçants des boutiques qui entourent un marché connu pour être bien organisé, doivent ramener leurs prix à ceux du marché ».
« Les habitants d'une ville dans laquelle sera arrivée une caravane importante.
« n'auront pas le droit, sous prétexte d'éviter une hausse, d'empêcher qu'on ne vende à ceux qui composent la caravane, mais ils seront libres de vendre leurs marchandises au prix qu'ils voudront ». Ittifaq de Ghardaïa.

. . . .

On pourra faire des rapprochements avec la police des anciens marchés et foires. Voir la Thèse précitée de Huvelin pp 383-392-393.

Autrefois, la fonction des *iazzaban* était aussi de maintenir l'ordre dans la ville. A Ghardaïa, ils ont encore conservé ces attrbiutions qu'ils assurent gratuitement. Concurremment avec les membres de la djemaâ, quarante tolbas choisis parmi les clercs mineurs remplissent l'office de gardiens de nuit. Ils ont un chef qui est le *kebir el aâssa* كبير العشـّـة Il y a un roulement : chacun doit travailler quatre nuits par mois et rendre compte au caïd après chaque exercice [1]. Ce sont ces gardiens qui s'occupent de tendre les chaînes qui ferment la place.

Il nous reste encore à signaler deux pratiques que l'on peut rattacher à ces notes touchant la police de la ville. La première a trait aux objets perdus. Tous ces objets sont rapportés très fidèlement, dans chaque ville, au même endroit, ordinairement à une porte urbaine [2] où ils sont accrochés. Ceux qui les ont égarés les retrouvent presque à coup sûr. La seconde observation concerne le problème de l'indigence. A Ghardaïa, il n'y a pas de miséreux parmi la population abadhite; tous les individus nécessiteux sont entretenus par les habitants de leurs quartiers respectifs. Le quartier nous apparaît ici comme un organe d'assistance.

---

(1) Pendant l'été quarante gardiens assurent de la même façon la police de l'oasis.

L'éclairage de la ville de Ghardaïa est très sommaire. Une lampe est placée sur la mçolla de la place, et une autre est suspendue devant la maison du caïd. Autrefois ce rudiment de luminaire n'existait même pas.

(2) A Beni Sgen ils sont accrochés à une porte, on y trouve des burnous, des haïks, des clés en bois, des cordes, des poulies. A Ghardaïa autrefois, c'est dans la mosquée elle-même qu'on les entreposait.

DEUXIÈME PARTIE

—

LA MAISON

—

CHAPITRE PREMIER
Etude d'ensemble de la maison urbaine

—

Caractères généraux ; types et formes

Différents genres de maisons trouvées au Mzab. — Le Mzab offre les principaux types de l'habitation saharienne; on y rencontre des tentes, des huttes en *djerid,* des maisons de *toub* et enfin une maison spéciale : la maison mzabite.

C'est surtout celle-là que nous envisagerons, parce que c'est elle qui est originale. Cependant, nous parlerons aussi accessoirement des autres, et même si des rapprochements peuvent être utiles, nous rappellerons la construction de Laghouat et de l'Oued-Rir', que nous avons pu observer nous-même ou encore celle de toute autre région sur laquelle une étude analogue a déjà été entreprise.

La *tente* est l'habitation du nomade [1]; aujourd'hui ici, demain là-bas. On la trouve parfois dans des cuvettes isolées de la chebka là où le cours souterrain d'un oued permet la présence d'une maigre végétation saharienne; mais le plus souvent elle est aux abords immédiats des villes. Son habitant s'occupe de transports ou bien loue ses services. Il n'y a qu'à Metlili que la tente soit dressée dans les jardins eux-mêmes, car là, le nomade est propriétaire du sol qu'il cultive.

---

(1) On appelle souvent les nomades *guillana* فيطانت parce que justement ils habitent la tente *guitouna* فيطونة la guittoun : c'est un mot qui est passé dans notre langage courant.

Comme type, c'est la grande tente de *felidj* [1], irrégulière,
à plusieurs supports, propre au Sud algérien [2]. Dans le
Mzab, elle est noire pour les Larba et noire rayée de bandes
rouges quand elle appartient à un Ouled Nayl ; chez les
Chaamba Berezga, de Metlili, sa teinte est indifféremment
brune. L'aspect général est misérable, l'existence devenant
de plus en plus rude pour celui qui ne sait pas se fixer.

La *hutte* en *djerid* ou *zeriba* (زريبــة pl. زرايـب) est une
demeure temporaire, le plus souvent cubique, faite des stipes de l'arbre du Sud assemblés par des liens. On la trouve
surtout à Metlili. Elle indique bien cette étape de transition
caractéristique des Chaamba Berezga : nomades semi-sé-
dentaires qui ne dédaignent pas de revenir temporairement
à la charrue. Le chaambi d'Hamich, près d'El-Oued, dans le
Souf, présente aussi cette particularité et l'auteur de la
« Géographie Humaine » l'a fort bien mise en lumière [3].

Quant à la *maison de toub*, on la retrouve à l'état sporadique à peu près dans toutes les agglomérations du Mzab,
plus cependant encore dans celle des Chaamba Berezga. Elle
est plus simple aussi, sa structure est moins compliquée que
pour la maison de pierre; sa résistance est moindre d'ailleurs. Le nomade qui a quitté la tente et qui veut avoir
mieux que ce mauvais abri constitué par la *zeriba*, devait
tout naturellement l'adopter. Nous reparlerons de ce type
de maison en pisé [4], dont l'aire d'expansion est si considérable à travers les pays chauds.

Le problème de l'habitation se présente sous les mêmes
aspects dans le Mzab tout entier. Il convient seulement de
faire une situation à part à Metlili.

Metlili, groupement ethnique, est constituée par trois fractions. Chacune d'elles a son caïd, son cimetière, ses traditions distinctes; Beni-Merzoug, Chorfa et Chaamba vivent
côte à côte, mais cependant sons se confondre, quoique leur
importance numérique totale ne soit pas bien considérable :
huit à neuf mille individus en tout. Au point de vue de
l'habitat, ces fractions sont assez nettement différenciées.
Metlili-Ksar est habité presque exclusivement par les Beni-

---

(1) Pièce d'étoffe de poil tissée en longueur, et cousue par les côtés.

(2) Voir la tente marocaine ronde et à piquet central, in E. F. Gautier, *Sahara* I.

(3) Brunhes, *Géo. Hum.*, p. 333.

(4) C'est plutôt torchis que nous devrions dire car le pisé se fait à la caisse.

Ghardaïa. — La rue du Marché des Crieurs publics
Zgag Souk Ed Dellaline.

Les portes sont précédées de marches qui forment bancs. A remarquer les tambours à encorbellement avec leurs si curieuses consoles, différentes pour chacun. La maison placée en travers de la rue est d'inspiration récente : c'est la mahakma du Cadi. Au fond et au-dessus une échappée sur la haute ville.

Merzoug et les Chorfa, les habitations y sont en pierre. Quant aux Chaamba, disséminés dans les jardins, ils occupent des tentes, des *zeraïb* et des maisons de terre.

Au Mzab, point de semblables contradictions : tous les Mzabites ont adopté le même type d'habitation. C'est celui que nous allons décrire en conservant pour base d'observation la ville de Ghardaïa.

Nombre des maisons et de leurs habitants; appellation de la maison. — Les documents statistiques du bureau arabe de Ghardaïa donnent, pour cette ville, un chiffre de 1.815 maisons. Comparé à sa population, le nombre d'habitants par maison ressort à peu près à six. C'est, en effet, ce qu'il faut compter, le Mzabite étant monogame, sauf de très rares exceptions [1]; le nombre de ses enfants est en moyenne de trois ou quatre. Ceux qui naissent sont bien plus nombreux, beaucoup de pères ayant huit à dix enfants au cours de leur existence, mais la mortalité infantile est très élevée. Autour des feux des pays d'Islam, il se groupe plus d'individus à l'ordinaire; les maisons de cinq ou six personnes sont rares, chaque toit abrite des familles entières et on entend par famille la *gens* ancienne, le groupement agnatique. Au Mzab, l'évolution urbaine a amené une contraction de la famille; celle-ci est réduite comme la nôtre à la cellule sociale élémentaire, au groupe formé par les époux et leurs enfants célibataires. Il n'en a pas été toujours ainsi. A l'origine, chaque demeure abritait la souche mère entourée de ses enfants et de leurs ménages. Puis on en vint à habiter des maisons distinctes, mais mitoyennes, et donnant sur un passage commun [2]. Et maintenant, chaque individu pubère qui s'établit, à l'âge de quinze ans environ, veut une maison qui lui soit propre. Il n'est fait exception à cette règle que lors du séjour dans l'oasis, temporairement et pour la villégiature d'été; alors seulement se reforme la famille patriarcale ancienne. Nous insistons plus loin sur ce véritable *rythme social* qui se traduit par une concentration et une dispersion alternées des cellules ou familles. C'est là un fait essentiel; peut-on en démêler les causes? Dans l'oasis, les

---

(1) Certains personnages riches et quelques clercs qui tiennent à faire honneur aux enseignements du prophète.

Au sujet de la polygamie des clercs, voir *Zakaria*, p. 79 N.

(2) Ce sont ces passages en cul de sac du plan.

familles se groupent parce que chacune ne peut pas avoir
son jardin. Mais il y a là aussi un souvenir de l'ancienne
organisation, souvenir qui apparaît également dans ce fait
que l'hiver, quoique les familles soient séparées, leurs chefs
respectifs continuent à obéir au père (ou à l'aîné des frères);
il reste malgré tout le chef, c'est à son conseil que l'on devra
toujours recourir.

La maison porte toujours le nom patronymique de son
habitant, précédé de l'appellation qui lui est propre pour la
distinguer des autres demeures de la même famille. On dira
par exemple *taddert* [1] *Ahmed Itbiren*, la maison d'Ahmed
Itbiren, ou *taddert Aïssa Maarad*, la maison d'Aïssa Maarad.

Aspect et orientation de la maison. — Sa hauteur. — L'aspect des maisons vues en groupe nous est déjà connu. Dans
les rues, elles se présentent sous l'apparence de murs uni-
formes percés de très rares ouvertures, en dehors des portes.
Ces murs sont blanchis et ils laissent apercevoir leurs sou-
dures, ce qui permet de délimiter la façade propre à chaque
maison. Par contre, il y a beaucoup de tambours à encorbellement et c'est à eux qu'il faut attribuer la note d'élégance et la physionomie extérieure propre des habitations.
Tous ces *moucharabieh* de maçonnerie varient leurs profils.
Les Mzabites aiment beaucoup les moucharabieh.

L'orientation des maisons est tout à fait curieuse et originale. Mais, dans la rue, rien ne décèle quoi que ce soit à
ce sujet, le tracé des voies urbaines paraît fixer seul leur
alignement. Au contraire, en étudiant l'étage et sa structure
intérieure, on observe nettement des particularités que nous
retrouverons tout à l'heure.

La hauteur de la maison dépasse 8 mètres (16 coudées)
dans l'oasis [2]; par contre, dans la ville, il est interdit d'aller
au delà de 7 mètres (14 coudées); dans le centre, au quartier d'*Ammas n Ar'rem*, ce chiffre est même réduit à 6. Cette
réglementation a été édictée pour qu'aucune maison ne
puisse gêner, par son ombre portée, les demeures voisines.
Dans le haut de la ville, comme les constructeurs bénéficient
déjà de la forte déclivité du sol qui étage naturellement les

---

(1) Il est à remarquer que *taddert* en berbère kabyle veut dire village (pl. tiddar).
Dans l'Atlas marocain cette expression désigne le gourbi du pauvre par opposition
à l'habitation du riche ou *tighremt*. V. Laoust, *Mots et choses Berbères*, p. 19.

(2) C'est le maximum pour ceux qui n'ont aucun voisin.

constructions, la hauteur est légèrement moindre. Ces règles ont été jusqu'à présent scrupuleusement observées. D'ailleurs, ce serait une triste situation morale que celle du Beni-Mzab qui verrait ses voisins plonger dans sa cour ! Un litige s'en suivrait aussitôt. Et puis, l'observance de ces coutumes est quelque peu renforcée par un sentiment superstitieux, « celui qui élèverait un bordj plus élevé, nous disait-on, ne tarderait pas à mourir ».

Dans un pays où le soleil est tellement ardent, il est remarquable de trouver une limitation de la hauteur des maisons qui rappelle exactement les règlements de voirie de nos villes modernes, mais qui repose sur de tout autres motifs.

Le plan

De tout temps, dans les pays chauds, on a opposé à l'ennemi, à savoir la chaleur, le rempart de murs peu percés et la disposition qui rejetait sur une cour l'aération et l'éclairage de la maison. Les plans orientaux s'inspirent le plus souvent de cette préoccupation [1]. Là où il n'y a pas de cour, il n'y a pas, à vrai dire, de tradition orientale. Ce pourrait être déjà l'embryon d'une classification des maisons de notre Afrique.

La maison ancienne. — Or, la maison du Mzab a une cour, elle n'a même qu'une cour si on veut la synthétiser; les chambres ne venant qu'à titre de phénomène secondaire s'adjoindre pour ainsi dire, par surcroît, à cette cour essentielle. Mais, à l'heure actuelle, ce cas reste cependant exceptionnel, il convenait au « temps de la simplicité » comme disent les Mzabites وفت النّيّة *Ouaqt Ennia;* on ne le retrouve que dans les maisons primitives.

Ghardaïa possède, en effet, ses vieilles maisons tout comme nos villes de France; elles sont groupées plutôt vers le haut, dans l'ancienne ville. On sent qu'elles ont été construites à la hâte, dans une période de lutte et de guerre. Il est difficile de parler pour elles d'une ordonnance interne des chambres, parce que la technique est encore très archaïque et pourtant on retrouve déjà les dispositions essentielles de la

---

[1] Voir Guadet, *Traité d'Architecture,* t. I, p. 237.

maison actuelle. D'abord est la salle hypèthre, qui sert à tout, autour de laquelle se groupent des chambres sans communication entre elles sauf par la cour. Une de ces chambres surélevée de plusieurs marches, forme un réduit obscur tenant lieu de chambre à coucher, les autres sont des pièces de service et de provisions. Une plus vaste sert de chambre de travail à l'usage des femmes, face à l'entrée. De ci de là, des niches, des réduits ont tous une affectation propre; certains, absolument minuscules, constituent le logement des chèvres et des chevreaux; d'autres doivent recevoir la laine, les dattes. Et tout cet ensemble répond dans la langue à deux mots seulement, d'une part la cour ou centre de la maison *(ammas n taddert)* et, d'autre part, les chambres *(tikhamim* pluriel de *takhamt)*.

Puis il y a l'étage, auquel on accède par un escalier donnant dans la cour. L'étage comprend une partie couverte et voûtée et une partie en terrasse, il possède une disposition très originale qui sera étudiée et qui existe toujours, même dans les plus anciennes maisons.

Les murs sont nus et gris, la cheminée, inconnue; c'est évidemment un type de la maison primitive, mais cependant toutes les dispositions générales de l'habitation actuelle y sont déjà. Nous allons nous en rendre compte par l'examen du plan d'une de ces maisons modernes.

La maison actuelle. — L'habitation que nous avons choisie pour notre étude, parce qu'elle représente bien la maison-type, est située dans une rue sans nom, adjacente à la zgag Zerga. Elle appartient à Si Yahia Boudjenah et a été construite il y a environ quinze ou vingt ans. Elle possède bien les caractéristiques essentielles [1] de la maison mzabite.

On pénètre par une porte à baïonnette qui fait se heurter le visiteur à un mur, comme c'est l'usage chez les gens imbus des principes de l'Islam. A droite, une petite pièce à l'usage d'esclaves ou de servantes. Cette pièce, accotée au

---

(1) Voir les croquis du rez-de-chaussée et de l'étage.

Dans les descriptions qui suivent, nous avons surtout pris pour objet d'étude la maison dont il est question ici et aussi celle de Fakkhar, située Zgag Zerga, que l'on construisait. Nous avons en outre visité la maison d'El Hadj Ahmed Boudjenah, type de maison ancienne, la maison de Hadboun sise près du marché aux légumes, etc.

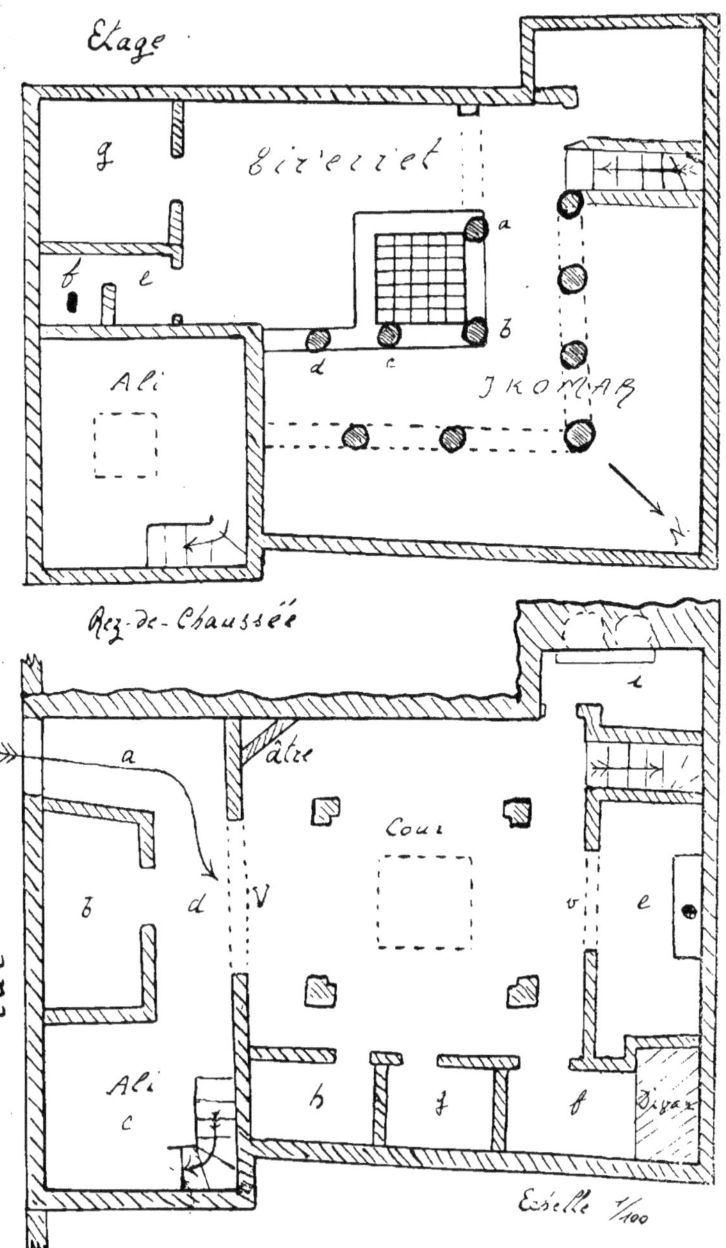

Fig. 4. — GHARDAÏA. — Plan de la maison de Yahya Boudjenah.

mur de façade, est flanquée, d'une part, du corridor d'entrée et, d'autre part, d'une pièce utilisée comme écurie par le propriétaire actuel, mais dont l'affectation première n'était pas celle-là, puisqu'il s'y trouve un escalier qui permet d'accéder à l'étage supérieur. Le corridor *a* et cette stalle *c* sont reliés par le passage *d* où donne la porte du logement des serviteurs.

L'escalier donne accès à une pièce élégante ou *Ali* surmontée d'une petite qoùbba à quatre pans et possédant une fenêtre minuscule sur la rue.

Toute cette partie de l'habitation est en marge de la demeure proprement dite : le maître de la maison n'y vit jamais avec sa famille. Une ouverture en voûte *v* [1], fermée ici par une portière, mais qui, la plupart du temps est verrouillée grâce à une solide porte, permet d'entrer dans la maison elle-même.

Nous reconnaissons immédiatement la cour. Le toit, tout à fait particulier, est soutenu par quatre piliers; face à nous se trouve la chambre de travail des femmes. A sa droite, la chambre à coucher du maître *(f)*; plus loin *(g* et *h)*, deux chambres à l'usage des enfants ou des parents très proches; à sa gauche, l'escalier de l'étage et à côté une chambre à provisions garnie de récipients spéciaux. Toutes ces pièces, fort petites en somme, semblent faire saillie autour de la cour, élément central [2].

Au-dessus règne un étage semi-couvert dont le toit est supporté par une colonnade irrégulière, qui délimite une partie légèrement en contre-bas de celle à ciel ouvert. Les fûts *a b c d* reposent sur l'encadrement maçonné d'une ouverture *o* aérant le rez-de-chaussée. Des réduits *e f g h* servent de latrines *(f)*, de chambre d'ablutions *(e)* et encore de chambres à provisions. Aucune ouverture ne permet de

---

(1) Voir le plan d'une maison sedratienne donné par M. Tarry (art. précité fig. 4 p. 11); Comme ici, une des chambres de la cour communique avec celle-ci par une voûte en plein cintre.

Dans le plan d'une autre maison (fig. 3 p. 9) le rapprochement fait avec notre croquis de la maison Boudjenah est encore plus symptomatique.

(2) Sur le plan on remarquera la petitesse de ces chambres. Leur longueur souvent exagérée par rapport à leur largeur les fait paraître très étroites.

Les chambres des maisons de Sedrata, d'Ouargla avaient aussi les mêmes dimensions. « Ces pièces étaient très petites ; elles n'avaient guère que un mètre et demi de large « sur trois mètres de long » (Tarry, art. cité p. 8).

communiquer de l'étage dans l'*ali*, que nous voyions tout à l'heure.

Telles sont les dispositions générales de la maison du Mzab. Certaines de ses parties peuvent même être plus typiques encore comme nous le verrons; cependant, celle-ci reste un exemple moyen d'habitation aisée. Dans les villes de la confédération, les habitations répondent aux deux types, ancien ou évolué, que nous venons d'esquisser. A Metlili, dans les ruines du kçar qui domine l'agglomération située en contre-bas, nous avons reconnu parmi les murs écroulés, le plan très net et la disposition originale de la maison mzabite. Observation qui vient justement corroborer une phase de l'histoire du bourg chaambi qui, jusqu'à présent, ne nous était connue que par la tradition ou les textes [1]. Remarque qui prouve aussi que c'est au contact des Mzabites constructeurs que les nomades de Metlili ont appris le peu qu'ils savent au point de vue architecture.

Comment pouvons-nous caractériser le plan général de cette habitation? Les maisons des oasis s'étalent sur un espace beaucoup plus grand. Que ce soit à Laghouat ou à Touggourt, des pièces en nombre variable formant autant de logements distincts, donnent sur une cour irrégulière complètement à ciel ouvert. La maison manque d'unité, elle est formée d'éléments juxtaposés. Celle du Mzab, au contraire, est plus ramassée sur elle-même, ses dimensions sont inférieures : si la cour a des proportions moyennes, les pièces qui y donnent sont étroites et étriquées. D'ailleurs, la surface du terrain bâti, pour chaque maison, excède rarement cent mètres carrés; on peut donc dire que c'est la maison urbaine en ordre serré, pour employer une expression assez usitée maintenant [2]. Elle ne peut convenir qu'à une vie

---

[1] « Il y a cinq cents ans environ au temps du Cheikh Ba Saïd, quinze ou vingt chefs de famille furent désignés à Melika pour se rendre à Metlili et s'y installer avec leurs familles. Autant de familles partirent de Metlili et vinrent s'installer à Melika. Cet échange avait été arrêté pour amener une trève durable entre les deux *qçour*. Depuis, dix familles ont réintégré Melika, le reste a été absorbé par le bloc nomade à Metlili et s'est fondu parmi les chaamba. A Metlili, au contraire, on compte encore plus de 80 familles de chaamba, agrégées mais non absorbées par les mzabites de la petite ville ». Récit de Si El Hadj, Cadi de Melika 1921.

Voir aussi une allusion à cet échange dans Masqueray, *Formation des Cités*, p. 205.

[2] Voir l'article précité de Demangeon.

Les dimensions des maisons de Sedrata sont du même ordre de grandeur. (Tarry, p. 12 et 13)

de famille très étroite, et, en effet, la famille est fortement constituée au Mzab. Enfin, elle ne peut convenir aussi qu'à une seule famille, puisque dans le plan de la demeure proprement dite, toutes les pièces se commandent, aucune ne pouvant servir de corps de logis indépendant de la cour [1].

(1) Au Mzab, la maison se loue en totalité à la même personne et partant pour une seule famille.

Dans le Tell, à Constantine, par exemple : il y a souvent cohabitation de plusieurs familles dans la même cour.

CHAPITRE II

Ses Ouvertures extérieures

I. — La Porte et l'Entrée

La porte. — L'entrée de la maison *(outouf n taddert)* est toujours du type connu sous le nom de porte à baïonnette. Un mur d'arrêt empêche les regards du passant de pénétrer à l'intérieur [1], même si la porte est ouverte. C'est la règle dans tout l'Orient, par exemple en Egypte.

Dans la construction saharienne, l'encadrement d'une ouverture est chose peu compliquée. Un linteau encastré au-dessus de l'entrée supporte la portée du mur directement au-dessus. Il en est ainsi à Laghouat, par exemple. A Ghardaïa, au-dessus de ce linteau, fait en bois de palmier, existe toujours un arc de décharge ménagé dans l'épaisseur du mur. Cette voûte, en plein cintre, soulage le linteau, permet aussi de réduire sa largeur et, avec ses retombées, constitue pour l'ouverture un encadrement naturel lui donnant moins de rigidité. Parfois sa courbure a une forme surbaissée et irrégulière tout à fait symptomatique, c'est l'armature interne de *djerid* qui veut cela, on l'a utilisée sans en modifier la forme. L'intrados est découpé en dents de scie pour plus d'élégance [2] ou bien sa partie centrale est unie et, seules, les extrémités sont découpées.

L'ouverture de la porte inscrite dans cet encadrement a l'aspect d'un rectangle; le linteau est crépi; le seuil *(imi)* [3] est un petit mur de 20 ou 25 cent. de haut barrant en bas l'entrée, et les deux grands côtés ou chambranles *(touourt)* sont simplement les deux parements intérieurs de la muraille. La porte, bâtarde, est toujours lourde et massive. C'est

---

(1) Voir le plan que nous donnons de la maison mzabite (rez-de-chaussée, a).

(2) Voir une maison Zgag Khedra, à gauche en partant du marché.

(3) Le seuil est généralement appelé du même mot servant à désigner l'entrée. On dit aussi *imi n taourt* ou *foum el bab*. Le mot *imi* signifie proprement bouche dans les divers dialectes berbères.

un simple vantail [1] fait en planches grossières de dattier, posées debout et réunies par une pièce de bois transversale, la plupart du temps incisée. On appelle la porte *taourt*, pl. *tiouira*. Une de ces planches verticales forme gond à ses extrémités : c'est sur ces gonds que tourne le battant. Celui supérieur s'engage dans un évidement circulaire pratiqué dans le linteau; celui inférieur s'engage dans un trou du seuil; du bois amortit aussi le frottement pour empêcher l'usure. Cette charnière à broche est un dispositif très ancien [2].

Le vantail porte, intérieurement, le système de fermeture qui n'apparaît pas du dehors, et extérieurement un anneau, servant à tirer la porte à soi, avant de la bloquer, et un frappoir qui parfois d'ailleurs peut ne pas exister.

Il y a deux traverses intérieures et seulement une seule du côté de la façade, comme nous le disions; celle-ci divise naturellement le battant en deux parties; ces deux zones, si elles sont décorées, portent des dessins identiques. Ceux-ci sont faits au minium, ce sont de grandes raies se coupant entre elles et délimitant des carrés occupés par des rosaces. Ces rosaces, maintenant, sont dessinées au compas; sur certaines vieilles portes, elles sont plus frustes, leurs pétales arrondis manquent de régularité, ils sont enfermés ou non dans un cercle. C'est là une vieille figure qui date de fort loin et qui est une représentation déformée de l'étoile ou de l'astre solaire. On la rencontre déjà en Assyrie, puis chez les Carthaginois [3]; c'est aussi un motif de décoration des lampes romaines [4]. Maintenant on la retrouve également sur les portes de Kabylie [5].

La traverse centrale porte une rangée de motifs incisés au couteau, entourée d'une bande méplate formant encadrement. Les incisions représentent des chapelets de losanges ou bien une ligne de losanges flanquée en haut et en bas d'une autre ligne de demi-losanges, ou bien encore un décor

---

(1) Ses dimensions sont en général de 1,40 sur 2.

(2) Saladin parle d'une origine occidentale, romaine. (*Manuel des Arts musulmans*, T. p. 41). Nous inclinons plutôt à lui attribuer une provenance orientale.

(3) Voir l'*Histoire Ancienne de l'A. N.* de M. Gsell, T. IV, page 360, voir aussi page 199. Voir aussi au Louvre, salle des Inscriptions puniques, stèle n° 230, trouvée à Constantine.

(4) Lampe trouvée dans un sacrum de Théveste. Art. d'Abel Farges, Rec. de Constantine. *Soc. Archéologique*, année 1884, p. 135.

(5) Lybian Notes, Plate VI. fig. 4.

linéaire composé de zones de lignes verticales alternant avec des X barrés dans le sens de la hauteur. Les premiers motifs sont plus fréquents; on les retrouve parmi les dessins des tapis où ils portent des noms spéciaux [1].

Le *khecheb* se laisse facilement tailler. Mais les portes sont de plus en plus confectionnées avec du pin d'Alep venant de Djelfa. Les ouvriers continuent cependant à ouvrager les portes récentes des mêmes dessins traditionnels.

La serrure. — Est-ce bien serrure que l'on doit dire? L'appareil de fermeture de la porte mzabite est, en effet, scellé dans le mur au lieu d'être fixé sur la porte. Celle-ci s'ouvre toujours à l'intérieur; en sortant, on la tire à soi avec l'anneau, et son vantail vient alors buter au seuil et au linteau; dès lors, pour l'immobiliser, il suffit de l'arrêter par un coin du côté de la maison, et c'est le rôle que joue notre verrou.

Ce verrou est entièrement en bois, et c'est là ce qui fait son originalité. Preuve de sa très grande ancienneté, puisque les artisans qui le fabriquent n'emploient aucune parcelle de métaux, et, indice de l'adaptation intelligente de l'homme qui sait se libérer, même pour la fabrication d'un objet compliqué, de l'emploi d'une matière qui lui fait défaut.

Les Mzabites l'appellent *ennas*; on l'appose à la *douira* que nous verrons tout à l'heure. Il se compose de trois parties, les deux premières constituent les pièces maîtresses : une boîte évidée et un pêne qui joue dedans, la troisième est la clef.

La boîte doit être taillée dans toute l'épaisseur du tronc de palmier. Elle a trois faces, celle supérieure est munie de chevilles à talon, en général sept, qui glissent librement dans des encoches. Pour protéger les petites chevilles de bois dur et les empêcher de sortir, une pièce de bois grossièrement équarrie, coiffe notre verrou fixe. Cette planche est assujettie au verrou par des chevilles dormantes. C'est d'ailleurs le mode d'assemblage courant, les menuisiers mzabites semblant ignorer les mortaises. La face inférieure forme un terrain de glissement pour le pêne; elle possède une butte d'arrêt qui, pénétrant dans un évidement du pêne,

---

(1) Suivant que le losange est plus ou moins aplati, c'est un œil *til* ou une fève *ibaouen*. Ces figures entrent dans la composition du dessin *tichermin* (dos). On trouve aussi sur les portes les éléments du dessin *djerid*.

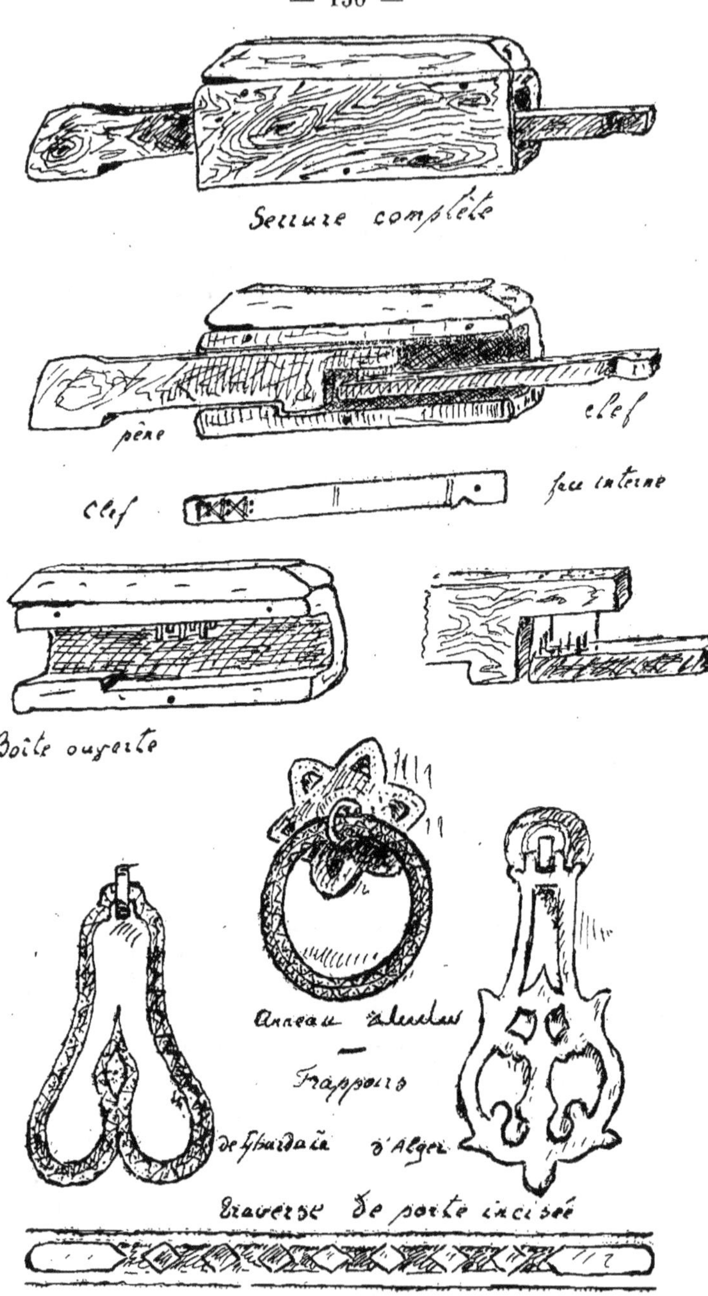

Fig. 5. — GHARDAÏA. — Serrure en bois, clef, anneau, frappoir et décoration
d'une porte d'habitation.

limite la course de celui-ci; lorsque le pêne est dans sa position de sortie, les chevilles tombent naturellement dans des encoches dont il est percé et qui correspondent à chacune d'elles; de ce fait, elles l'immobilisent.

Dès lors, pour le libérer, une clef de bois ornée d'autant de dents qu'il y a de chevilles est introduite dans le verrou, puis dans un redent ménagé dans le pêne, redent qui permet de la placer juste au-dessous des trous qui le percent de part en part. A ce moment, un mouvement ascensionnel lui étant imprimé, ses dents pénètrent dans les trous du pêne et en chassent les chevilles mobiles vers le haut. Il suffit de tirer la clef à soi pour entraîner alors le pêne jusque dans sa position de rentrée.

Une planche permet de compléter le verrou en lui rajoutant son quatrième côté [1].

La clef porte souvent un clou d'arrêt destiné à guider pour la recherche de sa bonne position. Pour la même raison, elle a aussi deux trous où s'engagent deux clous du pêne. C'est en somme un morceau de bois de section carrée et assez long pour le manœuvrer sans difficultés; certaines atteignent 40 centimètres. La face interne, c'est-à-dire celle qui porte les dents, est souvent ornementée d'un dessin linéaire simple.

Le verrou lui-même est en proportions : son empâtement, le pêne étant rentré, varie de 0.25 à 0.50. A Laghouat, dans les serrures que nous avons pu examiner, le talon du pêne qui reçoit la clef possède une variante : il a une cloison séparative; si bien que la clef a elle-même la forme d'un crochet qu'il faut d'abord pousser à fond dans un évidement du pêne, puis tirer à soi pour lui faire embrasser la cloison; alors seulement on peut l'élever pour chasser les chevilles. C'est en somme une garantie de plus. A Metlili, les serrures de bois sont identiques à celles du Mzab.

Comme nous le disions, le coffre du verrou est scellé au mur, dans le chambranle de la porte opposé à ses gonds.

---

(1) Voici quelles sont les dénominations techniques du verrou à chevilles : la boîte fixe s'appelle *r'erm* (غرم m.), les chevilles mobiles *djra* (جرّى) et en mzabite *ïchâbin* (تشعبين), la planche complétant la boîte *louh mïá elr'ela* (لوحة متاع الغطى ar. mot à mot planche de couverture). La clef se nomme *ennas* comme la serrure, ses dents *senin* (ar. سنين) en m *isinan*. Les clous du pêne servant à guider la clef : *mchar'el* (ar. مشاعل), celui de la clef *mechr'el ouahdou*, il est seul (ar. مشغل وحده). Le pêne lui-même s'appelle langue, *lesane* (ar. لسان).

La langue du pêne, dans sa position de rentrée, ne dépasse pas, et le vantail peut jouer librement. Pour mouvoir le pêne, une excavation courbe, pratiquée dans le mur, à 30 ou 40 centimètres du bord du chambranle, à l'extérieur, permet d'introduire du dehors le bras armé de la clef. Dès lors, en sortant, on poussera celle-ci et le pêne bloquera le battant de la porte; pour entrer, il faut faire le mouvement inverse. Pour fermer la porte de l'intérieur, il faut donc qu'une petite galerie, de direction divergente à celle de la première, soit pratiquée dans le mur, du côté de la paroi de la maison. Ce n'est qu'à cette condition que le verrou sera accessible après être entré.

Dans les serrures récentes que les Ghardaïens fabriquent, les dents de bois dur (noyer, citronnier) sont peu à peu remplacées par des clous de fer. D'autre part, le verrou de bois perd tous les jours du terrain devant l'importation des serrures étrangères. A Laghouat, nous avons retrouvé à grand'peine deux ou trois serrures à chevilles. Il n'y a plus que les jardiniers qui en possèdent, et encore les montrent-ils presque toujours déjà déplacées. Cependant, en 1852, lors de la prise du kçar, les portes ne fermaient exclusivement qu'avec cet appareil.

C'est d'ailleurs un procédé qu'on trouve encore assez répandu dans l'Afrique du Nord et dans les oasis du Sud. Pour Figuig, on en possède une description détaillée [1]; le principe est exactement le même, mais l'exécution présente des variantes; ainsi, la serrure est fixée au vantail, son assemblage est moins fruste, on sent que le Maroc, centre de civilisation, est proche. Mais, par contre, le verrou ne présente pas l'avantage de pouvoir être manié des deux côtés. Pour fermer la porte du dehors et du dedans, il faut deux serrures.

Il a été fait aussi un essai de classification des serrures à chevilles [2]; deux types généraux ont été discréminés : le type marocain auquel se rattache celui de Figuig et le type

(1) Pariel, La maison à Figuig, art. cité, in *Revue d'Ethnographie*.

(2) Voir l'étude si documentée de M. Van Gennep. Les systèmes de fermeture in *Revue d'Ethnographie et de Sociologie*, janvier, février 1914.
C'est d'elle que nous empruntons ces notes de classification et de répartition.
L'auteur cite en note un ouvrage anglais *Pitt Rivers, On the développment and distribution of primitive locks and Keys*, 1883. 10 planches.

arménien dans lequel la clef tourne pour soulever les chevilles.

On a aussi étudié la répartition de ces serrures qu'on retrouve non seulement au Maroc, mais dans la région de Nédroma, voisine de Tlemcen, dans le Sud algérien (Djebel Amour, Tiout, Aïn-Sefra, Touggourt, Ouargla, Tidikelt), dans l'Aurès, dans la Tunisie méridionale [1]. Il conviendra donc d'ajouter le Mzab à ces données. Ce type de serrure appartient même à l'Afrique occidentale, à l'Afrique du Sud; on le retrouve chez les Makonde de l'Afrique orientale, à Zanzibar, où les Persans du Chiraz l'auraient importé [2]. On peut dire que son aire de répartition est immense et s'étend sur une grande partie de l'Afrique.

Quelle est l'origine de ce mode de fermeture? Pour M. Van Gennep, il aurait été importé de l'Arabie [3] par les Arabes. L'Extrême-Orient ne l'ignore pas, puisque les ethnographes l'ont retrouvé jusque dans le *Khotan* (Turkestan oriental); ce serait même un des types les plus anciens connus.

Il est curieux de remarquer que les populations Zenètes aurasienne et mzabite l'aient justement adopté. Ne devrait-on pas alors lui attribuer une origine antérieure à l'Islam dans notre Afrique? Les Romains se servaient de serrures bien différentes [4], mais avant eux il y avait les Carthaginois. On ne peut malheureusement que se livrer à des conjectures, les éléments d'appréciation faisant défaut. La matière exclusivement employée à la fabrication du verrou plaide pour sa très grande ancienneté. Peut-on le faire remonter à une époque antérieure à l'âge de fer? Elle constituerait alors un remarquable exemple de conservation [5].

L'usage de cette serrure satisfait entièrement les Mzabites. Elle plaît à leurs sentiments particularistes et puis surtout c'est une garantie supplémentaire apportée à la réclusion de la femme dans le gynécée. Les Grecs, du temps de Péri-

---

[1] La serrure à chevilles-existe en effet dans les curieux *Ksour* des Troglodytes de la Tunisie. Voir *Ksour et Troglodytes de la Tunisie*, par M. le docteur Carton in *Magasin Pittoresque*, 1891, p. 123.

[2] Il est remarquable d'ajouter qu'une colonie abadhite se trouve établie à Zanzibar.

[3] Il existe en effet à *Djedda* et à peu près dans toute l'Arabie. Voir Huber *Arabie*.

[4] Voir Daremberg, *pessulus*.

[5] Il existe au Musée d'Alger des clefs de fer, à dents, d'une provenance inconnue, rappelant notre clef mzabite.

Elles appartiendraient alors à un type de serrure en métal de transition, qui empruntait encore son principe à notre modèle.

clès, n'omettaient jamais de cadenasser leurs portes; bien plus, les plus soupçonneux les défendaient même par des bandes de toile fixées par deux cachets. La maison était ainsi mise sous scellés [1]; l'idée n'est donc pas neuve. La clef énorme, pesante, est aussi une arme, une véritable matraque, qui peut être utile à l'occasion [2].

Dans les autres oasis sahariennes, la porte d'entrée ne se ferme le plus souvent que de l'intérieur. L'ouverture d'une porte est alors, chaque fois, l'occasion d'un dialogue interminable, entre celui qui veut entrer et ceux de l'intérieur. On se reconnait en termes convenus. Au Mzab, un seul peut ouvrir la porte : c'est le maître. Sa main experte, grâce à la clef, libère le battant; pour ce, il doit faire pénétrer son bras souvent jusqu'à l'aisselle, dans le mur; il passe le seuil et referme la porte inexorablement de la même manière.

Malgré ces avantages qui, à vrai dire, ne peuvent être goûtés qu'au Mzab, malgré la tradition, la serrure de fer tend à supplanter la serrure de bois. C'est une grosse serrure en harmonie avec les lourds battants. Sa clef est encore fort encombrante et compliquée. Elle est d'importation et de fabrication tunisiennes.

Les portes intérieures des habitations sont fermées par des loqueteaux de bois d'une fabrication beaucoup plus simple. On les nomme *douira* [3]. La douira est un verrou ordinaire glissant dans des embrasses clouées au vantail et s'insérant dans les montants. La partie mobile présente le plus souvent trois découpures en redents : deux qui se font face et qui servent de buttées, limitant sa course, une troisième utilisée comme un manche pour la mouvoir. Souvent l'embrasse possède un crayon introduit verticalement et pénétrant dans des trous ménagés dans le loquet; son effet est alors de l'immobiliser.

Anneaux et frappoirs. — Ils reçoivent indifféremment la dénomination arabe de *selsela* (سلسلة), en mzabite *tiselsel* ou encore l'appellation arabe de *halga* (حلقة). Les forgerons les fabriquent; c'est le seul objet en fer rencontré dans la maison. Les anneaux sont très souvent simples et

(1) Cité par Guadet. Traité de l'architecture T. II. p. 21.

(2) Voir l'usage qui en était fait à ce propos dans les villes Mzabites lors des rixes : Motylinski. *Guerara depuis sa fondation.* p. 57 N.

(3) A Laghouat *ferkhat.*

sans caractères; par contre, dans les vieilles maisons de la haute ville, on en rencontre parfois d'un genre caractéristique. Ils sont accrochés à une ganse de fer qui sort d'une cocarde ouvragée. Cette cocarde, aussi en fer, imite l'étoile, ou bien elle est constituée de triangles entrelacés et finement ciselés (sceau de Salomon) ou de carrés superposés et dont les angles forment autant de pointes. L'anneau est lui-même à section carrée (carré légèrement aplati), et sur ses quatre faces se trouvent des dessins de lignes brisées alternant avec des points. La forme ou le décor rappellent ces anneaux de bras, soudanais et touareg, de la collection ethnographique du Musée du Trocadéro [1].

Les frappoirs ont la forme schématisée et simplifiée du frappoir algérois. Quel est celui qui procède de l'autre? Le premier est-il une déformation mal imitée du second? Nous croyons plutôt que c'est le modèle simple qui est antérieur [2]. Les deux courbures de la base permettent de placer naturellement l'index et l'annulaire pour soulever le frappoir et ensuite le laisser retomber de son propre poids. Ce mouvement est au contraire impossible avec le frappoir algérois, où les ciselures du métal obstruent souvent complètement les courbures. Le décor des frappoirs ghardaïens est le même que celui des anneaux de porte; de plus, les deux branches se réunissent au centre pour former une pointe de lance d'un joli effet. Cette pointe de lance, souvent très effilée, est aussi revêtue d'un décor linéaire simple.

Les frappoirs indigènes sont toujours en fer; s'il s'en trouve en cuivre, ce sont des modèles importés.

Lignes et ornements des portes et frontons. — La porte est souvent encadrée d'une ornementation incisée dans le plâtre frais, puis blanchie; au-dessus du linteau, des amulettes et objets prophylactiques sont suspendus. Enfin, le tympan de l'arc de décharge situé au-dessus de la baie est quelquefois meublé de signes ornementaux et symboliques à la fois. Encadrements, amulettes, signes des frontons forment une classification naturelle dont nous allons passer en revue les objets. Cette revue sera forcément monotone, mais, d'autre

---

(1) Voir aussi les anneaux de bras touareg du musée d'Alger. A Ghardaïa, nous n'avons cependant trouvé sur aucun de caractères *tifinag*, comme c'est fréquent.

(2) Les frappoirs et anneaux relevés à Metlili, sont les mêmes que ceux du Mzab.

part, les sujets sont, pour la plupart, trop évocateurs pour les négliger. Commençons par les amulettes.

Les musulmans aiment beaucoup placer des objets à signification magique au-dessus de leur seuil. Les Mzabites semblent tout aussi enclins à adopter cette habitude : c'est une bonne précaution contre le mauvais œil, les maléfices ou les esprits méchants, à laquelle ils manquent rarement.

A un clou planté dans le linteau ou légèrement au-dessus, ils aiment beaucoup suspendre une étoffe de couleur sombre et découpée sans aucun soin. Sur ce pan est fixé une petite pierre blanche de 7 ou 8 cent. de diamètre, peu épaisse et ronde. Cette pierre porte la figuration d'une croix noire à branches égales [1]. « C'est une amulette », disent les Mzabites; lorsqu'on les interroge sur la signification de cet objet, ils ne savent pas mieux en expliquer le signe. A notre avis, il faut écarter toute influence chrétienne; on ne peut alors reconnaître à ce préservatif qu'une origine, à savoir : l'initiale de l'appellation de la déesse *Tanit*, le tau punique. On l'a aussi relevé à In-Salah sur des os de moutons rapprochés et encastrés dans la toub [2]. Cette lettre très ancienne n'est plus maintenant qu'un talisman aux vertus magiques.

Les Mdabih possèdent des amulettes encore plus complètes. C'est une vraie panoplie qu'ils suspendent au mur intérieur de leur maison, auquel se heurte le visiteur en entrant. Les objets les plus divers y sont rassemblés, mais, par contre, toujours disposés dans le même ordre. Cette diversité apparente n'exclut d'ailleurs point un choix judicieux des éléments prophylactiques.

Au centre est placée une paire de cornes de gazelle dont un morceau de peau n'a pas été détaché. Elles sont longues et doivent provenir probablement d'un mâle. Ou bien ce

---

(1) Sauf dans les tatouages, les peintures sur visage où la croix orne le plus souvent. le front, il ne nous paraît pas que ce signe doive être compté parmi les éléments de décoration usités par les mzabites. Ceux-ci ne lui donnent d'ailleurs pas de nom, en dehors de celui arabe *selib* (سليب) qui est même assez peu connu ; lorsqu'on les questionne, il répondent : *tir* (طير) par un mot arabe ou bien *tikhénfoussen*, par un autre mot arabe berbérisé ; c'est-à-dire : c'est un oiseau ou bien un petit cafard des sables *(khenfous)*. C'est tout ce que cette représentation leur suggère.

(2) Huguet. Art. sur les *Touareg, Bulletin de la Société d'Anthropologie de Paris* 1902, p. 616.

sont des cornes de bouc [1]. Au-dessus est suspendu un fer à cheval; le nombre de trous du fer semble n'avoir aucune influence. A droite, nous retrouvons le pan d'étoffe noire et la pierre blanche que les Mzabites semblent avoir adopté. Mais ici une variante est à remarquer : au-dessus de la pierre à croix se trouve un bouquet de coloquintes [2] desséchées. Que vient faire ce fruit amer du désert parmi ces signes cabalistiques? On nous dit qu'il peut être à volonté remplacé par des grenades. Si l'information est exacte, l'explication est trouvée : c'est encore un symbole punique tombé dans le domaine de la magie [3]. D'ailleurs, de toute façon la substitution est facile à comprendre : la coloquinte est beaucoup moins rare que la grenade. L'une est sauvage, l'autre est un fruit du travail qui a une valeur marchande et qui, pour être consommée, doit être brisée.

Enfin, pour terminer cet arsenal, une main flanque à gauche la paire de cornes : c'est l'empreinte de la main droite, préalablement trempée dans du goudron [4].

Pour en finir avec les amulettes, disons que dans les jardins on trouve des cornes de bélier, des crânes de chameau et de bourriquot suspendus aux palmiers pour protéger les récoltes [5]. On trouve aussi des fémurs de mouton blanchis et croisés, encastrés dans la toub des murs de clôture, comme à In-Salah, ou bien un os unique de chameau ou d'âne. Enfin, dernière observation, on rencontre très souvent des chiffons qui paraissent renfermer une poussière impalpable :

---

(1) Nous n'avons point vu de cornes de bélier, mais c'est toujours la même idée. C'est un emblème de fécondité qui remonte jusqu'au vieux dieu libyen *Ammon*.

Sur ce dieu voir Gsell, index. alphabétique de l'*Hist. Ancienne* et IV, p. 355.

Voir Henri Basset. Les influences puniques chez les Berbères. *Rev. Africaine* 1921, p. 363.

M. Doutté voit dans les cornes un organe de défense de magie imitative. *Magie et Rel.*, p. 324.

(2) La coloquinte est employée comme plante médicinale et aussi dans la fabrication des teintures. Les arabe l'appellent *handhae* et plus couramment encore *hajja* dans le Mzab. Les mzabites la nomment *tajellet*.

La grenade est aussi une plante tinctoriale.

(3) Voir pour la grenade symbole punique, Gsell, *Hist. Ancienne de l'Afrique*, IV, pp. 369, 370 et index.

(4) Il s'agit du goudron saharien employé aussi dans les soins à donner aux chameaux. Il provient de la distillation de certaines essences.

(5) Voir Doutté. *Magie et Religion de l'A. N.,* p. 323 et suivantes.

Voir aussi l'étude de MM. Pallary et Lefébure, « Le bucrâne, la main, les amulettes, le sceau de Salomon : études sur les croyances indigènes de l'A. N. ».

ce sont des sachets de sable pris à côté du tombeau d'un saint.

Les portes, disions-nous, sont ornées parfois d'encadrements de stuc, ou bien elles portent au-dessus du linteau toute une superposition de dessins incisés, comme cette baie d'une maison de *zgag Khedra* que nous allons décrire tout de suite.

Dans cet exemple, ce n'est pas une voûte en plein cintre qui surplombe le linteau, ce sont deux corniches obliques

Fig. 6. — GHARDAÏA. — Zgag Ouassà. Porte décorée.

formant le haut d'un fronton triangulaire et dont les bases sont reçues par deux piliers à peine amorcés dans l'encadrement du mur; l'intrados de ce fronton est orné de grosses cannelures à arêtes; quant à la face de ses pans obliques, elle est simplement décorée d'une ligne brisée continue qui s'appuie sur une autre ligne, parallèle au bord supérieur de la corniche [1].

Le tympan intérieur situé à l'abri des cannelures, entre le fronton, d'une part, et le linteau, comme base, épouse évi-

[1] V. fig. 5.

demment une forme triangulaire. Des dessins y ont été également incisés. D'abord, une marge supérieure comprise au-
dessus de la plate-bande et décorée elle aussi d'une ligne
brisée continue; puis, dans le triangle central restant, deux
lignes se rejoignant au milieu de la base et abaissées des
milieux des deux autres côtés obliques, ont permis au maître-maçon de délimiter trois nouvelles figures. Celle supérieure, un losange a été laissée unie; quant aux deux autres,
encore des triangles, il les a meublées de nouveaux triangles
internes, empruntant plus ou moins comme base celle du
tympan central. La porte étudiée a son seuil surélevé de
trois marches, car c'est l'ouverture d'une boutique.

Telle quelle, on peut la considérer comme possédant une
décoration mzabite type. Le décor est purement linéaire et
toutes les figures représentées peuvent se ramener à celle
extrêmement simple du triangle. Voilà, certes, une ornementation peu compliquée.

Et, pourtant, le fronton décoré que nous venons de décrire
représente un type évolué et complexe en comparaison des
autres. Ceux-ci ne possèdent, en général, qu'une simple ligne
brisée, encadrée d'une marge rectangulaire, dont la base
se confond avec le linteau. Ou bien ce sont de simples triangles en relief posés sur celui-ci, ou bien encore des séries de
triangles superposés.

Lorsqu'on interroge les indigènes sur la signification de
ces dessins, ils répondent indifféremment *tezouiq* (تزويڧ),
mot arabe générique qui désigne tout ce qui est peinture,
représentation figurée autre que les signes de l'écriture. C'est
une décoration traditionnelle qu'on retrouve d'autre part
sur les tapis, mais dont ils ne connaissent pas l'origine. Il
en existe une cependant, mais elle se perd dans la nuit des
temps et les Mzabites ne peuvent en avoir conservé le souvenir.

Cette profusion de figures triangulaires évoque le souvenir des stèles phéniciennes, de leurs formes et de leurs ornements. Le signe de Tanit lui-même n'emprunte-t-il pas au
triangle l'essentiel de sa configuration. Le signe de Tanit
est, en effet, formé d'un triangle complet, puis, au-dessus
de celui-ci, d'un disque et, entre le cercle et le triangle,
d'une barre horizontale qui se prolonge à droite et à gauche et forme ainsi deux appendices latéraux ou sortes de

bras [1]. Ces deux derniers attributs du symbole pnique sont les premiers destinés à disparaître dans une décoration simplifiée; on en retrouve cependant encore l'image complète dans certaines oasis sahariennes. M. E.-F. Gautier a rapporté de Tabelbalat des empreintes, prises au plâtre, qui reproduisent d'une façon surprenante le triangle et les lobes de l'insigne de la déesse et, non loin du Mzab, à Ouargla, près des ruines de l'ancienne Isedraten, on a relevé des ornements de fronton de porte qui ne sont pas moins significatifs [2]. Ce sont, au dire de l'auteur qui les a décrites, des figures très répandues non seulement dans cette oasis, mais encore dans tous les centres peuplés de l'oued Mya.

Notre enquête ne nous a pas laissé découvrir, à Ghardaïa, de symboles aussi complets. Mais l'esprit général de cette décoration archaïque, nous laisse pénétré de cette idée, qu'elle a puisé sa source dans une inspiration fortement punicisée. Nous en aurons une autre confirmation tout à l'heure par les signes qu'on relève encore sur les frontons.

Toujours dans la rue dite *zgag Khedra*, il existe un fronton digne d'être remarqué, au-dessus d'une porte encadrée de bandes méplates et flanquée à ses angles de croissants retournés entourant une étoile. Ce fronton représente des poissons alternant avec des croissants et des étoiles. Les poissons sont au nombre de trois, repoussés sur le plâtre et figurés nageant de gauche à droite. Les croissants sont par deux, se faisant face, ou isolés, ils embrassent tous une étoile. Cette figuration des poissons répond à un même rite et comme elle ne heurte pas de front les prescriptions de l'Islam [3], elle a pu être acceptée par un Mzabite. Le culte du poisson, animal totem, est, en effet, encore très vivant chez les populations noires voisines du Niger [4]. Dans l'antiquité déjà, le poisson consacré à la déesse de la fécondité, était l'objet d'une véritable vénération. Il est représenté sur des ex-voto carthaginois [5] et c'est là l'extériorisation d'une

---

(1) Gsell, *Hist. Anc.*, IV, 377-390 et index. Voir aussi Henri Basset, *Influences puniques chez les Berbères.* Rev. Africaine, 1921, p. 353.

(2) Voir les intéressantes figures de l'article de M. Pallary in *Revue Tunisienne* de 1911, p. 135. On trouvera aussi une photographie de fronton.

(3) Le Coran réprouve la représentation des sujets animés, mais celle des poissons est en général tolérée.

(4) Desplagnes, *Le Plateau Nigérien.* Voir p. 110-114.

(5) Gsell. IV 356.

croyance qui, si elle n'était pas déjà indigène chez les Berbères [1], avait été importée de Syrie et de Phénicie [2].

En somme la décoration architecturale des portes fait l'effet d'être très primitive. Les maîtres-maçons n'ont pas l'esprit inventif; en revanche, cet esprit de tradition, ce conservatisme berbère favorisent une pérennité qui est un élément bien précieux pour l'ethnographie.

L'examen des signes ou ornements décorant les tympans de voûte ou le dessus des linteaux n'est pas moins instructif.

Les Mzabites aiment souvent orner leurs frontons d'un objet de faïence qu'ils scellent dans le plâtre; tantôt c'est une assiette vernie et décorée, tantôt un carreau polychrome; mais ce sont là choses importées du Tell et, partant, sans grande originalité au point de vue qui nous occupe.

Il leur arrive, au contraire, de se livrer à une décoration de caractère plus local : les figures sont, soit faites en relief sur du plâtre frais, soit peintes à la main ou au pochoir. Pour ce, des couleurs bleues, rouges ou noires venues du Tell sont employées. Chaque signe a une signification, mais ils se ramènent encore à peu près tous à des symboles de magie. Dans l'esprit de ceux qui les disposent, ce ne sont que des ornements quelconques ou des porte-bonheur. Il n'y en a point qui participent de l'emblématisation, envisagée au point de vue des métiers par exemple, ou qui soient en quelque façon distinctifs du clan. Il y a cependant beaucoup de clans à Ghardaïa, mais pour chacun un quartier spécial existant, le groupement suffit pour ne pas les confondre.

Si parfois nous avons reconnu l'existence d'inscriptions, celles-ci, rarement correctes, exprimaient soit la date de la construction, soit un verset du Coran, simple et court ; celui-ci, par exemple, très souvent répété : نصر من الله وفتح قريب وبشر المؤمنين [3].

[1] René Basset, art. cité p. 369.

[2] Gsell IV 359.

[3] « L'assistance vient de Dieu et une victoire est proche ; annonce aux croyants la bonne nouvelle ». Coran LVI. 13.

Peut-être les Mzabites préfèrent-ils ce verset parce qu'il fait allusion à leur état. Il convient de dire cependant que dans le Tell c'est là une inscription très souvent retrouvée. On la trouve aussi sur les frontons des portes ; elle est brodée sur les drapeaux et gravée sur les armes.

Cf. *Corpus des inscriptions Arabes et Turques de l'Algérie.* II Département de Constantine, par G. Mercier, p. 17.

Les autres signes sont des croissants, mains et étoiles ou des disques solaires.

Nous citons ensemble les croissants, mains et étoiles, car ils sont très souvent associés. Par exemple, la main occupe le centre; à sa droite, à sa gauche, en bas et en haut sont figurés quatre croissants, dans des positions différentes : les

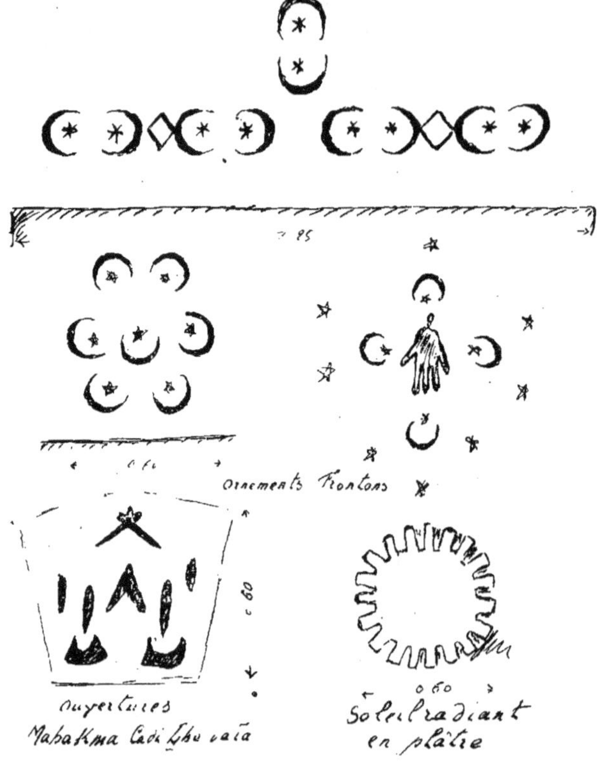

Fig. 7. — GHARDAÏA. — Motifs divers de décoration de portes ou de façades.

cornes sont toujours tournées vers elle. Chaque croissant a, vers son centre, une petite étoile faite de trois traits entre-croisés; d'ailleurs, en principe, les croissants entourent cha-que fois une étoile. Puis, comme encadrement, huit étoiles mieux formées et plus grandes, à six branches, entourent en ovale les sujets centraux.

Ou bien il n'y a pas de mains, et ce sont simplement des croissants et des étoiles qui forment l'objet de la décoration.

GHARDAÏA. — Rue Bleue. *Zgag Zerya.*

On aperçoit les portes des habitations précédées de leur arc de [dé-charge. A remarquer à droite cette ouverture dans le mur : elle permet d'introduire le bras pour mouvoir la serrure à l'intérieur. Tronc de palmier placé en entretoise à travers la rue. Au fond court passage couvert ou *kamour*.

La disposition de ceux-ci constitue par exemple un T renversé, la branche verticale étant très courte. Les croissants opposés alternent avec ceux qui se font face par groupes de deux. Entre deux croissants opposés, à droite et à gauche, un losange a été disposé symétriquement.

La main, *fous*, semble indifféremment être la droite ou la gauche. Point de distinction entre la droite, réservée aux fonctions nobles, pour les sacrifices, les égorgements d'animaux, et l'autre.

L'étoile, *itri*, paraît être le plus souvent à six pointes. Elle n'est pas figurée seule, mais toujours accompagnée du croissant. Parfois, on les a tellement multipliés que c'est un véritable pullulement au-dessus du linteau.

Parfois, au contraire, il n'y a qu'un croissant et qu'une étoile.

Le croissant, *tiziri* (lune) est, à la différence de l'étoile, souvent isolé. Il peut atteindre jusqu'à trente ou quarante centimètres de longueur (les figures courantes n'en ont que dix ou quinze), comme ce croissant en relief surmontant la porte de la maison du caïd des Ouled-Allouch, à Metlili. C'est une figure qui semble même préférée en dernière analyse ; cependant, les édifices religieux n'en portent jamais, ils ne portent d'ailleurs pas plus d'autres décorations.

Nous n'avons pas encore parlé des représentations du soleil. Celui-ci *(tfouit*, pl. *toufouïa)*, est représenté sous la forme de disques ou sous l'espèce d'une figure radiante symptomatique.

Dans le premier cas, on a des disques concentriques, tracés assez régulièrement, probablement au compas. Par exemple, il y en aura cinq, le plus grand d'un diamètre de trente centimètres, légèrement en relief sur la façade, les autres disposés concentriquement au premier et à deux ou trois centimètres l'un de l'autre, l'espace central restant uni et vide [1]. Le disque a, primitivement, été l'image du soleil, c'est ce qu'il représente ici à n'en pas douter [2].

D'autres fois, l'image est beaucoup moins simplifiée : c'est un véritable soleil radiant, en plâtre, qui a été figuré. Les rayons sont lourds, rectangulaires; leur longueur est égale,

---

(1) Fronton rue Badjri, Maison Hamoudi ben Ziani.

(2) Voir Doutté, *Magie et Religion,* p. 574.

par exemple au quart du diamètre central du disque plein [1].

Cette figuration de l'astre solaire est l'expression d'un culte qui remonte aux temps les plus anciens. Le soleil est le principe de toute vie : il représente la lumière. Les premières traditions venues de l'Orient en ont importé le culte en Afrique, et ce culte s'est développé sous la domination phénicienne et s'est conservé sous la domination romaine. Le Mithriacisme a laissé dans ce pays d'innombrables témoignages [2].

Tous ces signes, d'ailleurs, placés au seuil de l'habitation, sont des symboles protecteurs remontant à une très haute antiquité. Leur aire d'extension semble englober de nombreux points de l'Afrique du Nord ; ils ont aussi pénétré notre société berbère du Mzab. C'est un décor traditionnel et d'origine religieuse, bien antérieure à l'Islam ; la main symbolisait l'attitude de l'adoration [3]. Ce sont, d'autre part, des images retrouvées si fréquemment sur les stèles puniques, qu'il convient tout naturellement de leur attribuer cette paternité historique. Si des ressemblances risquent trop de n'être que des coïncidences, il nous semble plus logique, malgré cela, d'admettre plutôt une tradition, qu'une création toujours renouvelée. Or, tous ces signes sont multipliés à foison sur les ex-voto puniques, nulle part ailleurs on ne les retrouve si nets et si nombreux.

L'image de la main ouverte et levée, vue de face, est sans cesse répétée [4]. Celle du croissant aux cornes dressées ou

<hr>

(1) Soleil radiant de la maison de Hadboun à la Daya ben Dahoua.

(2) Voir entre autres un art. concernant une Stèle découverte à Tébessa. *dédicace romaine à Phosphorus dieu solaire*. Aug. Cherbonneau. Annales Sté Arch.. Constantine 1873-1874. p. 81. Voir aussi un compte-rendu sur l'*Ecriture Sacrée* de M. Soldi, Sté Anthropologie de Paris, 20 mai 1897, où il est question du disque employé comme représentation du soleil ainsi que de ces vieux signes qui sont parvenus jusqu'à nos jours.

Le dieu Râ, chez les Egyptiens, était figuré par un disque ; l'écriture tifinagh et l'écriture libyenne ont toutes deux pour figuration de la lettre R le disque.

Sur le culte solaire ancien au Maroc, voir la thèse complémentaire de M. H. Basset, *Le Culte des Grottes au Maroc*, 1920, ch. IV et particulièrement p. 44, 48 et 49. Le bélier égyptien était un dieu astral, celui phénicien aussi.

(3) Doutté, *Magie et Religion*, p. 325, admet une explication différente, la main est pour lui un symbole de puissance, de défense qui schématise le geste d'écarter quelque chose.

Voir aussi sur les figurations de la main, un art. de Paul Pallary, *La main dans les traditions juives et musulmanes de l'Afrique du Nord*. (Association française pour l'avancement des sciences, 1891, I p. 270, II p. 650, 4 figures).

(4) Gsell, IV, 352.

retournées n'est pas moins fréquente [1], il enserre souvent un disque et ce disque figure une étoile déformée, comme l'indiquent d'autres stèles où l'astre rayonnant est parfaitement sculpté [2]. Les étoiles, elles aussi, multipliées, forment des motifs très usités de décoration. Enfin, les représentations du soleil rayonnant ou du disque simple et isolé, ne sont pas moins nombreuses [3].

Cette remarquable identité entre les ornements des stèles carthaginoises, d'une part, et la décoration des frontons de portes de nos maisons berbères, d'autre part, ne laisse subsister aucun doute sur l'origine de la tradition. Ce fait est d'autant plus remarquable qu'aucun Mzabite, si instruit soit-il, n'en a conscience au plus faible degré.

Couloir d'entrée. — Le moulin. — Revenons maintenant à notre corridor d'entrée ; nous avons franchi le seuil, nous connaissons ses dispositions générales. Parfois, cependant, au lieu de rencontrer un mur comme nous y sommes habitués, il se prolonge en un boyau d'une longueur tout à fait inaccoutumée [4]. Dans ce cas, c'est que la porte que nous venons de passer donne accès à une maison qui n'a pas de mur de façade sur la rue; elle est située derrière une autre maison, qu'il faut d'abord longer; de là, les dimensions de son couloir d'entrée.

Ce couloir est, dans l'habitation, le théâtre d'une certaine activité : c'est ici qu'on moud le blé. En effet, dans l'angle que fait le mur de refend avec la paroi de la maison, un moulin est toujours disposé, et c'est un bruit habituel pour le passant que ce ronronnement laborieux qui se fait entendre devant chaque entrée. Parfois, cependant, le ronronnement du moulin n'arrive point jusqu'à la rue et cela tient à ce que le maître, soupçonneux, a fait placer son moulin derrière la seconde porte, celle de la maison intime.

Pourtant, s'il est vrai de dire que les hommes ne sont pas

(1) Gsell, IV, 70 et 361.

(2) Gsell, IV, 360 et 363.

(3) Gsell, IV, 359. Voir les stèles puniques du Louvre, salle Judaïque et salle des inscriptions puniques. Le visiteur reconnaîtra à profusion tous ces éléments. Voir aussi les stèles du musée d'Alger. Le soleil est aussi représenté sur des monnaies de *Magom Shemesh*, la ville du Soleil (Gsell, IV, 360), maintenant encore le soleil répond chez les **Arabes** à l'appellation de *Chems*, certains disent même *Semch*.

(4) Maison Brahim ou Yabba, Zgag El Haddad.

employés à ce travail, il convient vite d'ajouter qu'on n'y emploie que des femmes très âgées, les aïeules de la maison, ou des servantes noires, anciennes esclaves.

Le moulin est placé sur un socle de maçonnerie de 25 à 30 centimètres de haut, ou bien sur une sorte de console-étagère, à armature de bois, disposée en angle et sur laquelle on grimpe à l'aide d'une marche; l'espace inférieur sert alors au logement des chèvres [1].

Les moulins sont fabriqués, rue *Souq Dellala,* avec de la pierre meulière *(ar'aref)* importée de Tiaret. Ils rappellent identiquement le moulin romain, *mola manualis,* qui était relativement léger et au besoin transportable, puisque les légions l'emportaient dans leurs campagnes [2]. On l'appelle *tasirt* au Mzab et *Matahna* (طـحـنـة) en arabe, comme dans le Tell. Le *catillus* [3] a une base cylindrique de quelques centimètres, surmontée d'un cône tronqué et évidé vers son sommet. La *meta* [4] est constituée par une borne élevée de 30 ou 40 centimètres et pourvue, à sa base, d'une auge circulaire destinée à recueillir la mouture. C'est surtout ce modèle qui rappelle la *mola manualis,* mais il est pénible à tourner et exige la présence de deux femmes qui le manœuvrent grâce à la même poignée [5]. Il en existe un autre plus petit et plus léger, plus fruste aussi. Les deux pierres meulières sont plates et forment, superposées, une sorte de gâteau rond [6]. Celle du dessus, évidée au centre, s'engage dans un axe porté par la *meta*; au milieu et au-dessus, elle possède une protubérance formant entonnoir. Un trou pratiqué vers son bord permet de placer une poignée de bois. L'axe, par contre, est en fer et scellé au ciment.

Une seule personne suffit pour le mettre en activité; une quantité de grains équivalente à une poignée est versée au centre et il est mis en mouvement d'une seule main, alors

---

(1) Disposition générale relevée dans beaucoup de maisons et par exemple à Melika *Zgag Erraï.*

(2) Daremberg, *Mola.*

(3) Catillus, *Meule volante.*

(4) Meta. *Meule fixe.*

(5) Avec un moulin à deux femmes on moud une *haslia* (1/2 double) de grain en une heure et demie environ.

(6) M. Laoust dans *Mots et Choses berbères,* consacre deux pages accompagnées de dessins aux moulins marocains, p. 44 et 45. Le moulin mzabite, petit modèle, se rapprocherait plutôt de celui type Zemmour, de la fig. 18 ; la pierre volante est cependant moins grossière, elle affecte une forme pyramidale.

que les pieds de la personne accroupie enserrent la *meta* pour l'empêcher de remuer. Inutile de dire que la mouture est bien grossière, il faut la repasser bien souvent pour la rendre un peu fine. Et cependant, quel progrès et quelle rapidité, si l'on considère les mortiers en bois ou les meules dormantes encore employées au Sud du Sahara [1].

Les Mzabites sont restés très attachés au moulin; au contraire des Juifs et des Mdabih cependant, ils ne font plus le pain à domicile. Ils emploient encore le moulin, dans chaque maison, pour la fabrication du *couscous (ouchou),* base de leur alimentation.

Usages et rites concernent le seuil et l'entrée. — Le vestibule d'entrée est, dans certains contrées, le coin le plus habité et le plus recherché de la maison [2]. Au Mzab, il n'en est pas ainsi; sauf pour la servante affectée à la mouture du grain, ce n'est qu'un lieu de passage. Les pauvres du quartier viennent aussi y demander l'aumône; dans des niches affectées à cet usage, ils trouvent les aliments qui leur sont destinés.

On ne s'asseoit pas sur les seuils des portes, comme c'est l'usage chez certaines populations du Tell [3]. Bien plus, il est admis que pour les grandes personnes, cela ne porte pas bonheur; le fait est, par contre, sans importance pour les enfants.

Dans le quartier des Beni-Merzoug, les maisons ont leurs corridors étendus de sable fin : c'est pour sécher les sabots des animaux revenant des jardins.

Lorsqu'il y a un mort dans une maison, l'usage, chez tous, Mzabites et populations agrégées, est de disposer sur le seuil une ligne de sable blanc. On emploie le sable qui a été transporté et purifié par le vent; sa présence à l'orée de l'habitation prévient toute personne qu'un mort se trouve à l'intérieur.

Il n'est jamais relevé de traces de sang sur les seuils, preuve que l'on n'y sacrifie pas d'animaux.

---

(1) Desplagnes, *Plateau Nigérien,* pp. 37, 38.

(2) Pariel, *Figuig,* p. 275.

(3) Les femmes israélites à Constantine se tiennent souvent sur le seuil, particulièrement le samedi où elles s'y assoient parées comme des châsses.

Ouvertures autres que la porte

Archères. — Chez nous, les ouvertures reçoivent le nom générique de « baies » ; au Mzab, il est difficile de les désigner par cette appellation, car en dehors des portes, elles sont d'une étroitesse extraordinaire. Il est de style, dans les agglomérations sahariennes, de ne trouver sur les façades d'autre ouverture que la porte. C'est la même chose à Ghardaïa, à cette différence cependant que les murs sont souvent percés d'archères. Celles-ci sont soit isolées, soit groupées. Elles bénéficient parfois d'un encadrement tout à fait disproportionné avec leur taille, mais qui n'est pas dépourvu de cachet. Enfin, et c'est ce qui meuble les façades, nous le savons déjà, des avant-corps se détachent au devant des maisons, donnant à celles-ci une physionomie particulière.

Il n'y a, en tous cas, jamais d'ouvertures au rez-de-chaussée, par crainte des voleurs peut-être, mais surtout pour conserver à la maison son caractère claustral.

Ce que nous appelons des archères sont plutôt des trous d'aération que des fenêtres. Elles sont disposées en ligne, par exemple, et affectent chacune la forme d'un triangle. C'est une forme symptomatique que l'on retrouve dans les villages chaouïas de l'Aurès [1]. Parfois, il n'y a que deux triangles l'un sur l'autre, oposés par le sommet [2]. Les Mzabites appellent ces trous de ventilation *alloun,* ce qui signifie petite fenêtre [3].

Parfois, ces ouvertures son groupées dans un renforcement intérieur du mur. Ainsi rapprochées, elles rappellent les jours des maisons anciennes, romaines par exemple, constitués par des évidements tous pratiqués dans une des pierres d'assemblage. Elles ont, de plus, des formes et une disposition absolument curieuse. Ainsi dans un *alloun* de la mahakma de Ghardaïa [4], il y a huit ouvertures. Celle centrale a la forme d'une pointe de flèche, elle est surmontée

---

(1) Lybian Notes p. 27.
Ouvertures à Menaa et à Chir.

(2) Maison *ar'lad n'tir'est,* c'est-à-dire rue du puits.

(3) C'est le même mot à Ghadamès.
Motylinski : *Dialecte berbère de R'edamès,* p. 121.

(4) Mur de terrasse de la Mahakma du Cadi, rue *Souk dellaline.* C'est une sorte de fenêtre et aussi un motif de décoration.

d'une sorte de chapeau à trois glands, flanquée de chaque côté de deux ouvertures longues percées à des hauteurs inégals et possède du côté de sa base, deux autres ouvertures en forme de sébiles.

Parfois, disions-nous, on trouve un encadrement disproportionné avec l'ouverture elle-même. Celle-ci se réduit, par exemple, à une petite meurtrière de 25 centimètres de hauteur disposée dans l'angle d'une fausse fenêtre d'un mètre cinquante d'envergure. L'encadrement est en relief, sa base est en rectangle et sa partie supérieure reproduit la forme cannelée en fronton que nous avons déjà trouvée pour les portes [1]; ou bien c'est un rectangle complet et orné intérieurement d'une bande festonnée en dents de scie. Il arrive que l'on trouve, au centre, une fenêtre véritable fermée par un vantail de bois; elle doit alors éclairer une chambre de réception à l'usage des hôtes. Dans ce dernier cas, pour éviter l'emploi d'un linteau, le maçon a disposé au-dessus de la baie minuscule, une voûtelette de décharge qui lui permet de l'économiser.

Avant-corps en encorbellement. — Les avant-corps qui font saillie sur les façades semblent une superfétation qui ne faisait pas partie de la maison primitive. Ils n'ont d'ailleurs pas de noms qui leur soient propres; dans la zenatia du Mzab, les Mzabites les dénomment par des périphrases ou des mots arabes; ainsi, ils disent *kherja ´elr'erfa* (خرجة الغرفة) sortie, avant-corps de l'étage, ou *min el bit* (خرجة من البيت) avant-corps de la chambre, ou bien *maqsoura* مفصورة [2].

Ces *maqsoura* sont un article d'importation dans le Mzab; on en retrouve le principe dans les maisons d'Alger et de Constantine [3]; elles procèdent de la même idée que le moucharabieh égyptien. Peut-on les faire descendre du *maemianum* [4] italiote dont on a retrouvé des exemples à Pompeï. C'était une construction en saillie sur le devant de l'édifice, affectant souvent la forme d'un balcon à claire-voie.

Mais alors, la *maqsoura* aurait eu un aspect moins jaloux

---

(1) On sait qu'elle rappelle la forme des stèles phéniciennes.

(2) C'est le même mot en Orient.
Huber, *Arabie*, p. 114.
Dans les mosquées en général, une tribune est réservée aux femmes, on l'appelle aussi *maqsoura*.

(3) G. Marçais, *l'Art en Algérie*, p. 126.

(4) Voir Daremberg.

au début? Les deux remontent peut-être à la même origine, sans descendre l'une de l'autre, ou bien la mode en serait venue de l'Orient ou de l'Egypte. On peut difficilement conclure. Toujours est-il que c'est l'Islam qui a dû imprimer à ces avant-corps leur caractère exclusif et renfermé.

Ceux de Ghardaïa constituent le plus souvent un prolongement et un embellissement des chambres réservées à la réception des hôtes [1]. Certains sont percés, au centre, d'une petite fenêtre entourée d'oves, mais le plus souvent ils n'ont qu'une ou deux ouvertures minuscules, pratiquées même parfois sur les côtés, à l'exclusion de la façade.

Mais c'est surtout leur support et leurs ornements de faîte qui sont dignes d'attention. Le plancher de ces édicules est formé de *khecheb* qui pénètrent dans la demeure et de voûtelettes ; mais comme ce ne serait pas, dans tous les cas, une précaution suffisante pour racheter le porte à faux, les maîtres-maçons ont confectionné des consoles d'un goût particulier.

En plus du support à redents qui est commun ou de celui qui descend jusqu'au sol en se rapprochant de plus en plus du mur, on trouve des motifs à encorbellements très fouillés et du plus curieux effet. Coïncidant avec chaque *khecheba,* de minces corbeaux servent d'étais; leurs bords dessinent en profil une série de petits cercles ou de cannelures. En façade, la base de l'avant-corps est, elle aussi, très découpée; les voûtelettes sont accentuées ou bien un renforcement plus considérable à intrados cannelé et surélevé a été ménagé. Cette disposition a un aspect propre bien différent des moulures continues ou des béquilles de bois que l'on rencontre à la qaçba d'Alger.

Mais encore, ce qui ajoute une note spéciale à ces avant-corps, ce sont les ornements terminaux qui les surmontent. Couronnements à redents et surélevés, pédoncules dressés, sont multipliés aux angles, quelquefois au centre aussi. Ils élèvent tous vers le ciel leurs formes mal assurées [2] et c'est à eux surtout qu'il faut imputer ce caractère spécial et nouveau de beaucoup de rues ghardaïennes.

(1) En Arabie la *maqsoura* prolonge le *rouchen,* c'est-à-dire la chambre où l'on boit le café avec ses invités. Huber, d°, p. 124.

Sur la maison des hôtes voir ci-après.

(2) Voir surtout la rue *Badjri,* près du souk des brodeurs de burnous. Ce sont les mêmes ornements que nous avons déjà étudiés.

CHAPITRE III

Ses Divisions Intérieures

———

La cour centrale

Nom et description de la cour. — Le patio constitue la partie essentielle de l'habitation. On l'appelle *ammas n taddert,* absolument comme les arabes disent *ouest eddar* (وســـط الدّار) le centre de la maison. C'est une salle carrée ou rectangulaire, en général de 5 mètres sur 5 ou 6 [1], partant assez exigüe et dont le toit est soutenu par quatre piliers. Ces piliers *(arsat* عـرســــة*)* délimitent des bas côtés et un espace central dont le sol est souvent surbaissé. Dans les maisons anciennes, cet espace n'est parfois pas complètement couvert, alors que les bas côtés forment des pièces profondes et obscures [2]. Mais dans l'immense majorité des cas, et c'est là que réside la grande originalité de notre patio, le plafond couvre entièrement la cour et il est percé, dans son centre, d'une *ouverture rectangulaire* de 1 m. 50 sur 2, par exemple, par où pénètre l'air et la lumière [3].

Sur chaque côté sont ménagées les portes des pièces attenantes à la cour. Au fond, face à l'entrée, une porte plus large que les autres donne dans une pièce mieux aérée : c'est le *tizefri* ou salle de tissage; à gauche ou à droite du *tizefri,* un escalier permet d'accéder à l'étage supérieur. Les autres portes peuvent se clore. Dans un angle, et cela dans

---

(1) En général dans les maisons mzabites les chambres et les cours quadrangulaires ne possèdent pas leurs côtés opposés égaux en longueur ; par suite le plan des salles est irrégulier ; les constructeurs ne se donnent pas la peine de prendre des mesures quelconques. Harold Tarry faisait la même remarque en ce qui concerne les constructions de Sedrata, d'Ouargla (art. précité p. 12).

(2) On les appelle parfois *tiskift* ; ce mot signifie passage couvert et ici, par extension, chambre couverte.

(3) Il y a là une analogie à signaler avec la cour couverte des maisons kabyles dans les tribus les plus rapprochées du Djurdjura (sauf que la dite ouverture y est circulaire). Pourtant l'hiver est rigoureux sur les pentes de ce massif, mais l'extrême chaleur et l'extrême froid ont le même effet ici.

les maisons riches, un foyer est disposé; une cheminée maçonnée sert à l'expulsion des fumées et, tout autour, sur elle-même, sur les murs, sont aménagées des séries d'étagères ou des niches formant des nids de pigeons, creusées dans la maçonnerie et qui ont pour but de permettre le dépôt d'objets divers.

Le trait le plus saillant de cette salle reste l'ouverture centrale inférieure perçant le toit. C'est cet ensemble qui transforme la cour et la fait dès lors toute différente du patio propre à la maison arabe. Celui-ci est à l'air libre, la galerie rectangulaire qui précède les pièces délimite un espace complètement à ciel ouvert. Ici, l'aspect est tout différent; est-ce là l'effet d'un déterminisme climatique ou, au contraire, celui d'influences historiques. C'est ce que nous voudrions essayer d'éclaircir.

Cette colonne centrale de lumière qui attire à elle les mouches de l'intérieur, qui ne laisse pénétrer que ce qu'il faut des rayons torrides du soleil, paraît à première vue être le résultat d'une adaptation aux conditions locales d'existence; de même que l'on dit que la cour, dite cour mauresque, est le propre des pays chauds. Mais la disposition intérieure des maisons semble obéir à d'autres lois encore. Ainsi, la cour centrale n'est pas toujours concomitante de la chaleur du climat; à Ghadamès [1], pour ne citer qu'un exemple, il n'y a pas de cour intérieure dans les habitations, et la région de Ghadamès, cependant, est particulièrement chaude.

Notre ouverture nous rappelle, au contraire, l'antique *compluvium*, et la salle qu'il aère prend dès lors, à nos yeux, toute sa signification : c'est un *atrium*, pour être plus précis, un *atriolum* toscan [2].

Dans la maison de Yahia Boudjenah, le compluvium possède à l'extérieur un rebord maçonné formant saillant; il est muni, à l'intérieur, d'une *grille ou chebk* [3] (شـــبـك) dont l'utilité est d'empêcher l'intrusion nocturne des voleurs. Autrefois, à une époque de mœurs pures, cette grille n'exis-

---

(1) Mission de Ghadamès pp. 100-101.

(2) Voir Daremberg, *Atrium et Atriolum*.

(3) Même chose souvent au Maroc. A Alger les vestibules des maisons turques sont surmontés de grilles également; par ex. v. le Palais de Mustapha-Pacha, actuellement Bibliothèque Nationale.

tait pas; on voit, d'autre part, qu'elle est, par sa fabrication, d'importation récente [1].

Si nous ne connaissons pas la maison étrusque, on a retrouvé des urnes funéraires qui la figurent ; et le compluvium de l'urne de Poggio Gajella, près de Chiusi [2], rappelle à s'y méprendre celui que nous venons de décrire. Notre atrium n'a pas encore son impluvium ou plutôt il ne l'a plus, car il ne subsiste qu'un semblant de renfoncement au centre de la cour; et d'ailleurs, à quoi pourrait servir un bassin dans une contrée où les pluies sont si rares? C'est ici que les circonstances climatériques sont intervenues pour supprimer un attribut gênant.

Or, la maison étrusque a eu une ancêtre orientale, et il n'est pas impossible que celle-ci soit également un prototype de la maison libyenne, après les points communs que l'on retrouve, maintenant encore, sur la terre d'Afrique. C'est bien le *cavædium toscan* que nous offre la maison de Ghardaïa, le génie latin ne l'a pas fait évoluer, il est resté dans sa simplicité archaïque.

Chambres attenantes : le « tizefri ». — Les chambres attenantes à la cour, semblent, disions-nous, être accolées à celle-ci, faisant souvent saillie à l'extérieur. La plus grande, le « *tizefri* », possède un banc maçonné, face à l'entrée [3]. Ce banc, de 20 ou 25 centimètres de haut seulement, est creusé, en son centre, d'un trou plus profond. Au-dessus, à 2 mètres du sol, deux pièces de bois sont scellées dans le mur, à 1 m. 50 ou 2 m. d'écartement. Leur rôle est de soutenir le métier à tisser. Souvent, dans ce lieu, une *mçolla*, maçonnée elle aussi, a été aménagée pour faciliter les exercices spirituels.

A côté du *tizefri* se trouve la chambre nuptiale, obscure et profonde, dont la porte ouvre sur une autre face de la cour. Au fond, un divan de pierre, de 50 ou 60 centimètres de haut, a été construit pour être revêtu de tapis et servir de

---

(1) Elle est formée de barres de fer trouées, où s'engagent des tiges également de fer et placées transversalement. C'est un article de quincaillerie française , on n'a jamais su faire, dans le pays, les grilles nouées que l'on trouve dans les villas mauresques d'Alger ou dans la ville arabe de Constantine.

(2) Voir Daremberg, d° et Martha : *Archéologie Étrusque*, pp. 54 à 57, voir aussi une autre urne du Musée de Florence, fig. 26.

(3) Ce banc sert de siège aux tisseuses, voir ci-après et aussi le chapitre relatif au mobilier.

couche. Le lit a ainsi une place fixe [1]. Cette chambre, avec le tizefri, forme les deux pièces essentielles, après le patio. Les autres réduits sont, pour la plupart, des chambres à provisions où l'on met en réserve la laine, les dattes, celles-ci enfermées dans des récipients spéciaux ou *bagou*, que nous retrouverons.

Chez les riches, la pièce ménagée près de l'entrée sert d'écurie, mais, en général, des anneaux permettent d'attacher l'animal dans le patio même, entre un des piliers et le mur.

Cette stalle donne alors directement sur la cour; son ouverture se clôt simplement par une chaîne accrochée transversalement. A l'intérieur, une auge maçonnée sert à mettre les rations; des supports divers doivent recevoir les harnais de l'animal. Le plus souvent, celui-ci sera un âne ou un mulet; il n'y a que très peu de chevaux : trois ou quatre pour toute la ville. Si c'est un chameau *naouri*, c'est-à-dire un chameau employé à tirer de l'eau, le plafond sera légèrement surélevé. D'ailleurs, cet animal sait se contenter de logements souvent très exigus, pendant la période d'hiver où il est ramené à la ville.

Caves, citernes. — La cour est très souvent construite sur caves. Celles-ci, dénommées *matmoura* ou *dihliz* (دهليز ۞ مطمورة) sont creusées dans le roc du kef. Elles forment une salle ou au maximum deux, de quelques mètres de côté : deux ou trois. Leur aération se fait au moyen de prises d'air, tuyaux de poterie ou trous ménagés dans l'épaisseur des murs qui naissent au plafond de la cave, et débouchent sur les terrasses. Ces prises d'air sont appelées *mnafes* (منافس). L'éclairage est assuré grâce à une ouverture centrale ou *madouïat* (مضوينة) qui perce le sol de la cour [2]. A la porte qui donne accès à l'escalier de remontée, une branche, scellée transversalement, parallèlement au linteau, permet de suspendre une portière pour mieux isoler la pièce. Tout autour, dans les murs sont scellés des porte-manteaux de bois pour suspendre des effets.

(1) Les maisons de Pompeï contiennent aussi des divans de ce genre. Ce sont les *tori* (*torus, i, torum*) comme les appelaient les Romains.

(2) Ces ouvertures dans les maisons récentes sont fermées par un gros verre épais importé du Tell, dans les anciennes maisons, des barreaux de bois placés en travers ferment le trou.

Nous décrivons la cave de la maison d'Aïssa ben Salah Fakhar sise Zgag Zerga.

Ghardaïa. — Maison Bouddenah, la cour centrale.

Devant l'escalier de l'étage se profile un des piliers ; à sa droite se trouve le tizefri ; à sa gauche, cette porte de bois donne accès à la chambre aux provisions. La lumière descend du compluvium situé à droite et en haut. Au premier plan une aiguière et son support.

L'usage de caves de ce genre est très peu répandu chez les indigènes du Tell [1]. Ceux-ci ne conaissent, en général, en fait d'excavation du sol, que les *silos* à grains. Ainsi, dans la maison mzabite, on trouve une double division en surface : ce sont les chambres dont certaines ont un usage spécial, et, en hauteur, ce sont la cave et, dans tous les cas, l'étage et le rez-de-chaussée. Ces dernières parties sont l'objet d'une division des fonctions dans la vie de l'habitation, comme il sera dit ci-après.

La pratique de construire des citernes est tout à fait exceptionnelle; il en existe cependant dans certaines maisons de la vieille ville, mais ce doit être une précaution illusoire, venue d'ailleurs et tombée ici en désuétude à cause de la rareté des précipitations atmosphériques.

Vie de la cour. — Utilisation des pièces attenantes. — Rapprochement avec d'autres habitations. — Au Mzab, le patio constitue le centre de la vie familiale. Son exiguité est liée à la forme de la famille; elle marque bien que la maison renferme, non tout un groupe agnatique, mais un simple groupe d'époux et enfants. La mère de famille s'assied près du foyer et, là, en faisant toujours le moins de mouvements possible — et elle est aidée en cela par la multitude d'étagères disposées à sa portée — elle prépare le repas. Les enfants s'ébattent autour, on y cause et l'on y mange [2], lorsque le maître est revenu de ses travaux. Déjà, dans les temps anciens, la famille demeurait toujours dans l'atrium, chez les premiers Romains, ou dans le megaron, chez les

(1) L'usage de construire des caves ne paraît pas oriental. il est peut-être africain, libyen.

A Djerba l'habitude de construire des citernes est très usitée. Il n'y a pas d'eau courante et l'eau des puits étant saumâtre les habitants de l'île tirent leur eau de boisson uniquement des citernes, Voir l'art. précité de M. de Motylinski, *Dialogue en Berbère de Djerba* p. 7

(2) Les Mzabites prennent en général trois repas : à 7 h., à 11 h. et au coucher du soleil. Nous savons déjà que leur alimentation carnée est constituée par de la chèvre et du chameau, mais c'est là une nourriture coûteuse et exceptionnelle. Les dattes *(tini)*, le lait aigre *(ar'i)* et le couscouss *(ouchou)* constituent l'essentiel des repas. On appelle *Kaabouche* des boulettes de dattes pilées, de farine et de beurre. Le couscous fait avec de la farine d'orge se nomme *Karnecha*.

Les noyaux de dattes, comme dans les autres oasis sahariennes sont soigneusement recueillis. Trempés, on les donne aux chèvres et aux chameaux. Parfois même les malheureux les mangent après les avoir pilés et mélangés avec des résidus de farine.

On ne relève pas de cynophagie, comme on l'a prétendu, sauf exceptionnellement au point de vue thérapeutique.

Contrairement à ce que dit Soleillet, les Mzabites gardent eux-mêmes leurs volailles : ils ne les donnent plus aux Juifs à garder.

Grecs. La mère s'y tenait au milieu de ses filles et de ses servantes; on y préparait le repas commun et le père y sacrifiait aux dieux [1], à une époque où l'autel et le foyer étaient encore réunis. Plus tard, chez les Latins, la maison devait se dédoubler; l'atrium etrusco-romain changea d'affectation à cause des exigences de la vie sociale et le peristylium devait rester réservé à la vie intime. C'est là un stade plus évolué que notre type et pourtant nous verrons que la même nécessité, renforcée encore par les sentiments de l'Islam, a fait adopter par les Mzabites une maison des hôtes qui répond à la même évolution.

Mais, ce que l'animation de la cour réserve de plus curieux, c'est cette coutume, sûrement très ancienne, de conserver la bête de somme auprès de soi, dans la vie de tous les instants. Le Mzabite a toujours un âne pour se rendre à l'oasis, ou un mulet pour l'irrigation de ses palmiers. Ces animaux sont constamment sous son regard et à sa portée; ils bénéficient de soins, auxquels les bêtes arabes ne sont pas habituées. En retour, ce degré de familiarité fait que l'animal est d'une grande douceur avec l'homme. Les enfants peuvent jouer sans crainte tout près de lui; il est habitué à être entouré d'amis.

Cette pratique doit découler d'une idée de prix; tout animal possède une valeur relativement grande et, pour mieux le conserver, on l'admet dans l'intimité de la vie. Les nomades déjà, dans les grands campements, ont l'habitude d'attacher les chevaux devant la tente du chef, à l'intérieur du merah (مراح), espace entouré par toutes les autres tentes. Les moutons aussi sont réunis pour la nuit à cet endroit; quant aux poulains, choses très précieuses, on ne fait pas de difficultés pour les admettre jusque sous la tente [2].

Dans les maisons du Tell, par contre, les animaux ne sont jamais admis dans le patio. En Orient, les maisons comprennent plusieurs cours; l'une d'elle, dite *El Houch el 'barâni*, cour extérieure, est exclusivement affectée aux animaux [3].

---

(1) Voir Daremberg : *domus*.

(2) Cité par Daumas « Les chevaux du Sahara ». Dans l'oasis marocaine de Figuig, un coin spécial est réservé au mulet sous une des vérandahs du rez-de-chaussée.
Pariel, La maison à Figuig, p. 280, *Revue d'eth. et de Sociologie*, n° 9 et 10, sept. et oct. 1912.
Nous avons déjà eu l'occasion de parler du logement des chèvres.

(3) Voir l'*Arabie* de Huber, p. 121.

Cette habitude pourrait donc être relativement localisée [1]. Et, pourtant, elle existe aussi en Europe. Des enquêtes conduites sur l'habitation en France [2] nous apprennent que le paysan de Haute-Savoie vit littéralement avec ses animaux pendant toute la longueur de l'hiver [3], couchant à ses côtés. M. Demangeon, dans une étude semblable, retrouvait la même co-habitation dans les chaumières bretonnes [4]. Les Latins, au contraire, paraissent avoir peu affectionné le contact permanent avec les animaux; le stabulum était toujours très distinct de la maison d'habitation [5]. Encore ces derniers faits sont-ils empruntés à l'habitation de la campagne; la vie urbaine n'offre pas, à notre connaissance, d'exemples de ce genre aussi symptomatiques qu'au Mzab.

Nous avons dit que le *tizefri* était la salle de tissage. Le banc placé près du mur face à l'ouverture, sert de siège aux femmes; son augette centrale permet d'y placer le peigne et les ciseaux. Le métier est monté devant les tisseuses, si bien que celles-ci peuvent voir à travers les fils de trame tendus devant elles, le *compluvium* supérieur qui déverse sur leur ouvrage toute la lumière désirable. Comme celle-ci sera bien souvent par trop intense, un *velum* jeté par dessus la grille servira à fermer partiellement l'ouverture. Le *tizefri* est ainsi dans le grand axe de la cour, et le banc des tisseuses occupe exactement la même place que le *lectus adversus,* lit nuptial dressé face à l'entrée, dans la maison etrusco-romaine. Cette chambre de travail occupe donc l'emplacement que le *tablinum* devait prendre dans la maison romaine évoluée [6]. Comme dans le tablinum, son ouverture n'est jamais close par une porte.

Dans la chambre à coucher (بيت الرفاد) [7] sont rassemblés la plupart des tapis de la maison ; des couvertures sont empilées dans un coin. Chez les riches seulement, il y a un matelas sur le divan [8]. Rarement, une glace est

---

(1) On la retrouve aussi en Kabylie et dans certaines parties du Maroc.

(2) De Foville, Enquête sur l'habit. en France. Voir les enquêtes sur la Haute-Savoie par ex.

(3) Il est vrai de dire qu'il y a à cela une raison climatérique : l'animal entretenant une certaine chaleur pendant le dur hiver.

(4) Demangeon. L'habitation rurale en France, *Annales de Géo.* 1920, pp. 352 à 375.

(5) V. Daremberg, *Stabulum.*

(6) Voir Daremberg, lectus, tablinum. Martha, opus. cité, p. 180.

(7) C'est le mot arabe. En mzabite on l'appelle comme les autres chambres : *takhamt.*

(8) Celui-ci s'appelle *anchan.*

suspendue au mur; cependant, on trouve parfois sur le marché des glaces à encadrement de paille qui, à une époque indéterminée, ont dû être importées peut-être d'Espagne. Un coffre, même plusieurs coffres, contiennent les objets précieux et les vêtements soigneusement enfermés à l'abri des insectes. Le Mzabite aime beaucoup serrer ses affaires dans un lieu sûr qui joue le rôle pour lui de l'*arca* antique. Ces coffres sont très grossiers s'ils ont été fabriqués sur place; aussi, le plus souvent sont-ils importés de Tunisie [1].

Au-dessus du lit, de grosses boules de verre coloré, des courges décorées, des œufs d'autruches [2], des fruits (oranges, citrons) piqués de clous de girofle, sont suspendus à profusion. Ce sont là des ornements très recherchés et réservés pour la partie la plus intime de la demeure.

Les murs sont garnis d'une quantité de rondins de bois, (*khelkhal* خلخال ou bien *chedda* شدّة) et qui, scellés perpendiculairement à leur surface, ont été disposés pour permettre de suspendre des vêtements [3]. Souvent on y accroche des régimes entiers de dattes choisies, des *deglet ennour* par exemple. On les place là, en ornements à admirer, et aussi pour les conserver et y goûter à l'occasion [4].

Les caves sont aménagées pour y vivre et y dormir. C'est l'été qu'elles sont utilisées. Le Mzabite riche rappelé à la ville pour ses affaires, y fait la sieste; le pauvre, qui n'a pas de villa de plaisance à l'oasis, y passe une grande partie du jour et tout la nuit pendant les mois de canicule. Elles peuvent, à l'occasion, servir à l'emmagasinement des denrées. Mais, en général, les salles réservées à cet usage sont au-dessus, au rez-de-chaussée. On les appelle *tazaka* et en arabe *Biout El Khezina* (بيوت الخزينة), car les provisions sont considérées comme de véritables trésors dans cette contrée où la nature est si avare et les co-partageants si nombreux.

---

(1) Pour plus de détails sur l'ameublement, voir ci-après ce que nous disons du mobilier.

(2) Le goût des œufs d'autruche remonte fort loin ; il était déjà très développé à Carthage (Gsell. IV. 102. 103).

Au Sahara soudanais, les nègres ornent encore le sommet de leurs paillotes à toit conique, d'œufs d'autruches. (Voir *Sahara* de Chudeau. p. 68).

(3) C'est là un fait relevé dans toute l'Afrique du Nord.

(4) « La datte Kasseba porte en mzabite le nom de *laïssibi*, qui signifie femme « galante. Ce nom lui vient. dit-on. de ce que ses régimes sont généralement suspendus « dans les intérieurs mzabites. de façon qu'en entrant. visiteurs et visiteuses. puissent « facilement s'offrir quelques fruits ». N. 2. p. 32. Charlet. *Les Palmiers du Mzab*.

L'Étage et les Terrasses

L'étage de la maison. — Lorsque la ville est très resserrée, la maison tend naturellement à s'élever. Nous avons vu que des règlements d'urbanisme prescrivaient la hauteur maxima que les maisons pouvaient atteindre. En fait, toute maison, au Mzab, a un étage et elle n'a qu'un étage fût-elle située à l'oasis [1].

L'étage est dénommé *sekifat, sekef, r'arf* (غرب * سكّبت * سكيفة) On y accède, nous l'avons vu, par un escalier, et cet escalier [2] a son issue supérieure fermée par une porte qui se clôt du dedans. Cette particularité indique que l'on peut isoler la cour et ses dépendances, du premier. Ce premier possède une disposition bien spéciale qui est une des originalités de la maison de la chebka.

Lorsque de loin, considérant la ville, nous apercevons cette profusion de portiques et d'arcades, c'est, en réalité, les étages des maisons que nous voyons. Chaque étage comprend un portique, soutenu par un nombre de colonnes variable, et une partie hypèthre qui lui fait face.

Le portique est, en général, en angle; s'il est simple, il n'a que trois ou quatre fûts ou piliers; s'il est double, comme dans la maison de Yahya Boudjenah, il en aura huit ou dix. Or, il est certain que ces arcatures sont d'un effet très agréable à l'œil; elles embellissent considérablement l'habitation mzabite, et nos abadhites paraissent y tenir beaucoup, car c'est là un élément essentiel de leurs demeures. Ce n'est pas seulement par souci d'élégance qu'ils les affectionnent, c'est aussi par utilité. En effet, il importe de protéger, d'une part, la cour du soleil d'été et, au contraire, d'y laisser pénétrer les rayons du soleil d'hiver, et c'est là la meilleure solution qu'ils ont adoptée pour atteindre ce double but.

La partie voûtée s'appelle l'*ikomar* [3], de *kamour* qui, en mzabite, veut dire toit, et son opposé, la partie non proté-

---

(1) Touggourt, Biskra, Laghouat, les villes sahariennes n'ont pas en principe de maisons à étages. La terrasse en tient lieu.

(2) L'étage varie comme hauteur, au dessus du rez-de-chaussée, autour de 2ᵐ50. Dans la maison considérée, le plafond du rez-de-chaussée était à 2ᵐ30 du sol.

(3) Justement parce qu'elle est couverte, *kamour* en effet signifie toit dans la Zenatia du Mzab.

gée qui recouvre la cour intérieure, se nomme *tir'err'et* (تغرشت m.) [1].

L'*ikomar* est toujours situé au Nord du *tir'err'et,* et c'est là une règle constamment suivie où se synthétise l'orientation de la maison tout entière. L'ouverture pratiquée dans le plafond de la cour, ou le compluvium, se trouve à l'angle formé par le portique et à l'extérieur de celui-ci; souvent même, la base de deux ou trois fûts ou piliers, repose sur l'encadrement, légèrement surélevé, de l'ouverture. L'encadrement empêche les eaux pluviales qui peuvent ruisseler, de tomber à l'intérieur de l'habitat, et, d'autre part, il maintient la grille solidement en place. Cette grille reste un instrument de défiance à l'égard des habitants du dehors et aussi de ceux du dedans.

Cette disposition respective du portique, du compluvium et du toit de la cour inférieure offre, en effet, un avantage évident et témoigne d'une adaptation savante au climat ghardaïen. L'hiver, les rayons obliques du soleil, bas sur l'écliptique, pénétreront par le Sud de la demeure. Ils assainiront celle-ci, inonderont de clarté l'intérieur du portique voûté *(ikomar)* et tiédiront les chambres en s'introduisant par l'ouverture de la cour. On sacrifiera même à cette chaleur désirée *(timsi),* les sentiments jaloux qui feraient monter très haut les murs autour de la maison: du côté du midi, les murs seront toujours peu élevés [2].

Pendant l'été, au contraire, alors qu'un soleil implacable écrase et mortifie tout sur son passage, l'*ikomar,* fermé au Nord, jouera le rôle d'amortisseur. Les rayons solaires ne pénétreront d'ailleurs que fort peu dans ses voûtes, au lever seulement, et, par son ombre portée, il protégera la cour que le velum garantirait insuffisamment. On pourra de la sorte jouir d'une température relativement supportable dans les chambres inférieures et a fortiori dans les caves.

Le sol de l'*ikomar* est en renforcement de dix ou quinze centimètres, par rapport au restant du plancher. Cette dénivellation délimite une ou deux cuvettes plates, plus longues

---

(1) Voir le plan de la maison de Yahya Boudjenah.

(2) Les maisons exposées au soleil, et surtout au soleil d'hiver sont beaucoup plus recherchées, leur prix de location est plus élevé. Les mzabites, quoique cela puisse paraître contradictoire dans le Sud, recherchent le soleil: *Itbâou echems* (ينبعوا الشمس). « elles suivent le soleil » disent-il en parlant des maisons.

que larges, où l'on met à sécher des fruits, des dattes le plus souvent. Le premier sert surtout de dégagement pour tous les menus travaux domestiques; on y étend le linge, on y met les viandes à boucaner, l'eau à chauffer au soleil.

Certaines pièces y donnent aussi : des chambres à provisions que l'on peut solidement verrouiller, des latrines, des chambres d'ablution. Pendant les nuits d'été on peut y dormir, mais d'ailleurs nous retrouverons ces traits de mœurs à propos des terrasses proprement dites. A Ghadamès, l'étage avec jour rectangulaire dans la couverture joue le rôle de cour. On y vit, c'est aussi le logement du chef de la famille, de sa femme et de ses enfants [1].

Au Mzab, on ne peut pas dire qu'il fasse à tous ces points de vue double emploi avec le patio. La vie habituelle de l'habitation reste de préférence circonscrite à la cour et à ses chambres attenantes; il existe une certaine division des fonctions selon les étages.

Et maintenant, redisons que l'*ikomar* est bien une originalité de la maison mzabite. En dehors des habitations du Mzab et de quelques rares maisons de Metlili, nous ne croyons pas qu'on puisse le retrouver ailleurs, dans les constructions de l'Afrique du Nord. Dans l'antiquité, les *pergulae* étaient souvent construites sur le faîte des maisons [2]. A Rome, encore à l'heure actuelle, on trouve beaucoup de belvédères; nombreuses sont les villes où l'on rencontre des terrasses couvertes sur les habitations [3]. Mais nulle part, semble-t-il, on ne trouve cette disposition typique d'un portique en angle. Elle doit être l'œuvre originale de l'esprit inventif des Abadhites de la Chebka, aux prises, dans leurs villes sans végétation et sans ombre, avec des difficultés climatiques particulièrement redoutables.

Les terrasses. — Ce sont toutes les toitures découvertes qui ne bénéficient pas de la protection d'un portique ou encore les toitures de ces portiques eux-mêmes, souvent accessibles elles aussi, grâce à un escalier. Elles contribuent à donner à l'ensemble des constructions une physionomie étagée et régulière qui, certes, est bien différente de celle

---

[1] *Mission de Ghadamès.* pp. 100-101.
[2] « Une partie du toit était plate : cette surface découverte, formant une terrasse exposée aux rayons du soleil, s'appelait *solarium.* » Voir Daremberg, *suburbanum.*
[3] Dans le Midi de la France par exemple.

des villages kabyles et des villes barbaresques de l'Afrique du Nord. Nous verrons comment le problème du toît est résolu au Mzab, quelle est la technique de construction de cette partie de l'habitat humain. Bornons-nous maintenant à l'utilisation de la terrasse proprement dite.

La terrasse est un lieu d'habitation, préféré pendant les nuits d'été, dans presque toutes les oasis sahariennes. On y prépare souvent les repas pendant l'hiver, le souper pendant l'été, alors que le soleil décline. Les fruits y sont mis à sécher, le linge aussi. Et, d'ailleurs, pour faciliter tous ces travaux, la terrasse possède un aménagement particulier, elle a même un mobilier spécial.

Pour la femme, la terrasse revêt une importance primordiale; elle y passe tous les moments que la température lui permet de vivre hors de sa chambre obscure. Pour qu'elle puisse y évoluer à l'abri des regards des passants ou des voisins, de hautes murettes continuent les murs extérieurs de la maison et enclavent complètement sa toiture.

A Touggourt et à Temacine, la terrasse est aussi le logement normal des petits animaux, surtout des chèvres. Elles sont habituées à y vivre tout le temps, ne sortant qu'exceptionnellement au moment où l'herbe pousse dans l'oasis. Pendant le jour, elles s'abritent à l'ombre courte des murs ou sous de médiocres auvents en palmes de dattier, et on leur apporte leur nourriture.

Pendant la saison chaude, tous les habitants dorment sur la terrasse. Comme il convient de s'isoler du contact du sol brûlant, on emploie pour s'étendre de grandes cages de *djerid* hautes de 40 ou 50 centimètres et couvertes d'arceaux sur lesquels on peut tendre des couvertures. Ces lits spéciaux qui permettent à l'air de circuler sous ceux qui reposent, se nomment *aqfas* (فقس pl. أفقاس), m. à m. : cages. Les terrasses sont aussi très spacieuses : on y entrepose les objets et les provisions encombrantes; c'est l'emplacement rêvé pour le bois à brûler, pour tous les déchets du dattier précieusement recueillis et conservés [1].

___

(1) C'est aussi la coutume en Egypte de charger les terrasses de combustible (V. Brunhes, *Géo. Humaine,* fig. 36 et 40).

A Nezla près de Touggourt les ouled Nayl qui viennent séjourner dans le village, ont chacune au-dessus de leur abri rudimentaire l'armature du *bassour* qui doit les aider pour le retour à chameau vers leur région. Ce sont des bois légers sur lesquels on tendra des pièces de laine et qui serviront à dissimuler les voyageuses accroupies sur leurs montures.

Enfin, dernière utilisation de la terrasse dans certaines agglomérations sahariennes : elles servent de passage aux femmes qui se rendent visite. Et, en cela, les rues couvertes complètent admirablement ce réseau de voies aérinnes [1].

Au Mzab, la terrasse qui se nomme *ennej* dans le dialecte local [2], offre à l'observation la plupart de ces remarques. Néanmoins, on y dort peu pendant les nuits d'été, les Mzabites étant à l'oasis et préférant, dans leurs villas rustiques, le séjour des cours à celui des terrasses. Partant, les cages ou *aqfas* sont peu utilisées; nous en avons cependant rencontré à Ghardaïa. Comme voie de passage, la terrasse n'est jamais empruntée. Ce serait le comble de la mauvaise éducation, que de circuler sur les terrasses de plusieurs habitations. Nous savons, d'autre part, que les rues couvertes sont peu nombreuses. Les chèvres sont plutôt enfermées dans le bas des maisons. Mais alors ces restrictions semblent réduire beaucoup l'utilité des terrasses ! Elles conservent cependant leur importance, surtout l'hiver où elles sont utilisées comme *solarium*. Le Mzabite aime beaucoup, nous l'avons appris, le soleil d'hiver. Pendant toute cette saison, les femmes peuvent en toute tranquillité vaquer à leurs occupations sur leurs toits. Pour ne pas les déranger, on s'abstiendra d'y faire des réparations, que l'on accomplira pendant l'été; et si, par impossible, un homme veut monter sur sa terrasse pendant le jour, il devra, pour ne pas troubler la quiétude de ses voisins, faire connaître son intention en criant d'une façon intelligible et en répétant trois fois sa volonté [3]. Alors seulement il pourra accéder sur le faîte de sa maison. L'inobservation de cette règle, sanctionnée d'ailleurs par une amende, suffirait pour accuser le coupable de curiosité malsaine et grossière.

Les dépendances de la maison

Au Mzab, les dépendances de la maison sont étroitement incorporées à celle-ci, sauf cependant la partie réservée aux hôtes. Nous commencerons par elle.

(1) Voir : Pariel, p. 279 ; Mission à Ghadamès, p. 163.

(2) Dans le dialecte de Ghadamès la terrasse s'appelle *innîdji*. Voir Motylinski, « Le dialecte berbère de R'edamès », p. 163.

(3) Il crie très fort, en liant les mots, ces paroles : *ajled abrid* ou bien *ajted abrid adalir ennej* (laissez le chemin libre, je monte sur la terrasse).

En Orient, c'est par des frappements de main que l'on prévient les femmes de l'entrée d'un visiteur dans la maison.

Maison des hôtes. — C'est une vieille habitude de l'Orient et des peuples méditerranéens, que de consacrer aux étrangers un logement à part dans l'habitation. L'Islam ne pouvait que la favoriser. Avant que l'Islam n'ait apparu, les Grecs d'abord, les Romains ensuite, faisaient de même.

Au Maroc, cette partie de l'habitation s'appelle la *maçria* (مصرية de مصر Egypte) ; ce mot trahit son origine orientale. C'est probablement de l'Egypte et de la Syrie que cette habitude est venue. Toute demeure, en effet, comprend dans ces pays des dépendances publiques qui reçoivent les noms les plus divers [1].

Dans les habitations turques d'Alger, à côté de la maison elle-même, on trouve souvent une petite cour élégante, presque indépendante de la grande cour centrale et utilisée pour un usage analogue : c'est la *douira* [2] (diminutif de *dar* دار * دويرة petite maison). Au Mzab, la maison des hôtes porte justement le même nom, on l'appelle *douira*.

Suivant la fortune du propriétaire, c'est une chambre indépendante, ou un corps de logis spécial ou même une maison à part. Dans les deux premiers cas, la douira est nettement séparée de la maison intime. La porte de l'extérieur franchie, on accède à un vestibule étroit où donnent encore deux autres portes. Au fond, face à l'entrée, se trouve celle de la demeure proprement dite ; à droite ou à gauche est ménagée celle de la *douira*.

On pénètre ordinairement dans une grande salle obscure où prend un escalier. Celui-ci donne accès à une chambre plus éclairée, dotée parfois de petites fenêtres et munie d'un âtre pour allumer du feu [3]. Le plafond est percé d'une koubba.

Si c'est une maison entière, la douira reproduit le plan traditionnel [4], mais la cour est plafonnée et son ouverture

---

(1) *Qahoua, Medhif, Maquaâd, diwan, Menzoul* (مقعد ـ مضيف ـ فهوة ـ منزول ـ ديوان) *qahoua* est un nom générique, le second est employé à Maan, les 2 derniers à Damas. Le *maquaâd* est l'expression qui convient pour la tente. .

Voir Huber, *Arabie*, p. 121.

Au Caire c'est le *Salemlik* opposé au *Haremlik* dans les maisons turques.

(2) Voir G. Marçais, l'*Art en Algérie*, 1906, p. 130.

(3) Parfois une porte dérobée permet au maître de passer directement chez lui, mais le plus souvent il doit pour y pénétrer redescendre dans le vestibule.

(4) Voir par exemple la *douira* du Caïd de Beni Sgen.

A Mélika un propriétaire Si Bakir, possède près de la place, deux maisons accotées qui communiquent par leurs cours. Cette succession de deux cours rappelle étrangement la maison romaine évoluée.

Les dimensions de la *douira* sont celle de la maison-type.

centrale est bordée d'une galerie et de colonnettes supportant quatre voûtes et une coupole. Cette sorte de lanternon est d'un effet fort aimable; la lumière pénètre, en petite quantité, par des jours ménagés dans la base circulaire de la coupolette. La grande salle du bas sert pour les festins; elle est garnie de tapis. Les chambres du haut, disposées autour de la galerie, sont réservées pour le coucher des invités.

La construction ne diffère pas non plus de la technique des maisons courantes, sauf par quelques détails; les murs sont, par exemple, mieux stuqués [1]. Ils sont recouverts d'un enduit de plâtre fin, ou chaulés avec un lait légèrement coloré d'ocre.

L'ameublement est moins sobre que dans les maisons : matelas, coussins, nattes, tapis sont répandus à profusion. Des étagères et des coffres serrent les livres de comptabilité du maître; il use aussi de ce lieu comme d'un bureau, y traite ses affaires, y reçoit ses amis Beni-Mzab venus du Tell. Mais c'est surtout la partie de la maison réservée aux fêtes et aux cérémonies. Celles-ci se passent toujours entre hommes, c'est ce qui fait la raison d'être de la douira : permettre de recevoir des étrangers, des amis, sans leur donner accès dans sa propre demeure. Dans cette dernière, il n'entre que le père ou le mari, les hommes qui leur sont apparentés en ligne directe et les frères à la rigueur.

Une fête se célèbre à l'occasion d'un mariage, de la naissance d'un enfant mâle, d'une circoncision. Il y a aussi les fêtes de l'Islam; au Mzab, on tient compte strictement de celles prévues par le Coran et, en outre, on en célèbre d'autres qui puisent leur origine dans des traditions préislamiques.

Une réjouissance est toujours accompagnée d'un repas. Certains Mzabites se procurent à cette occasion des chanteuses *R'annaïat;* des négresses accompagnent leurs « youyou » sur des *derboukas* [2]; il y a aussi des joueurs de flûte... Mais ce sont là des mœurs réprouvées par les vrais croyants [3]. Bien plus, la *douira* est l'objet, à cause de cela,

---

(1) Pariel. *la maison à Figuig,* même remarque concernant les chambres d'hôtes.

(2) Tube de résonance en argile, muni d'une peau à l'une de ses extrémités. Les *r'annaïat* sont rarement mzabites.

(3) A Beni-Sgen, des manifestations semblables sont interdites ; à Melika, un *kanoun* interdisait aussi de jouer de la flûte (Masqueray, *Formation,* p. 69). Ghardaïa,

d'un certain mépris dans leur pensée. Elle reste un lieu étranger n'ayant rien de commun avec l'habitation proprement dite. Celle-ci, et particulièrement la maison primitive, construite selon la mode ancienne, est seule digne de l'attachement des *Tolba* [1]. Lorsqu'une maison de *taleb* est en fête, ses habitants se vêtent exclusivement de laine et, au lieu d'être bruyants, les hommes lisent à haute voix des vers *(abiât* ابيات *)*.

La douira est, en quelque sorte, une concession faite aux choses de ce monde, une nécessité de l'existence que l'homme du Coran doit tolérer; au Mzab, elle est une création locale, assez originale, qui correspond justement à une évolution relevée dans d'autres contrées.

Cabinets d'ablutions, latrines. — Les cabinets d'ablutions sont de petits réduits ou *mr'asel,* que nous avons déjà mentionnés. Ils ont moins d'un mètre sur un en général; leur ouverture peut se clore d'une portière *(aïdoul)*. Une barre de bois scellée dans l'un des angles, permet de suspendre une aiguière de terre au-dessus de la tête de celui qui veut s'ablutionner. L'aiguière y reçoit l'inclinaison voulue pour laisser échapper par son goulot, spécialement façonné, un très mince filet d'eau. C'est avec ce mince filet d'eau que l'on se nettoie, en se frottant le corps avec de la terre en guise de savon.

Les latrines sont l'objet d'un soin particulier. Les Beni-Mzab ont d'abord un sens assez développé de la propreté et surtout ils ont un besoin intense d'engrais pour leurs jardins. Aussi les latrines sont-elles surtout multipliées dans l'oasis; il y en a également dans les rues des villes et dans

plus commerçante, partant moins stricte, tolère des manifestations de ce genre ; de là, sa réputation, chez les Mzabites, de ville profane.

Certains jours on doit s'abstenir de toute manifestation de joie, par exemple les jours néfastes (nehar el mounker نهار المنكر) où l'on commémore le meutre d'un saint ou ouali.

(1) Au Maroc, la *Maçria* est aussi considérée comme en dehors de la maison. A Fez, les notables permettent à leurs fils de s'y livrer à des excès qu'ils ne toléreraient pas sous leur toit.

A Ghardaïa, un homme pieux, Si El Hadj Ahmed Boudjenah, ne voulant pas avoir sa maison de réception dans sa demeure, et d'autre part, étant dans la nécessité de recevoir souvent, a trouvé le moyen terme suivant : sa douïra est en face de sa maison, de l'autre côté de la rue, et un passage souterrain fait communiquer les deux édifices.

GHARDAÏA. — Maison Boudjenah, l'étage.

C'est une vue de l'angle du portique supérieur : les colonnes et les arcades laissent saisir leur profil si caractéristique. Le mur du fond est percé de niches disposées en séric. Au premier plan l'ouverture barraudée du *compluvium* incomplétement recouverte par le *velum*.

les maisons on en trouve généralement à chaque étage [1]. On les nomme *gouma*. Dans la maison, elles se superposent et communiquent à un tuyau de décharge en poterie, qui leur est commun. Ce conduit aboutit à une fosse à laquelle donne accès une ouverture fermée de pierres brutes. Les interstices des pierres sont lutés avec de l'argile. C'est là que s'écoulent les eaux ménagères de la maison; l'eau est tellement rare et l'atmosphère si sèche que celles-ci sont bien vite évaporées.

La vidange des fosses s'effectue périodiquement; des nègres en font le métier et transportent l'engrais au jardin du propriétaire.

Chambres à provisions. — L'homme est naturellement amené à emmagasiner dans l'habitation les denrées nécessaires à sa maisonnée. Les anciens pratiquaient cette coutume; certaines habitations de Timgad possèdent leurs réservoirs à blé. Les maisons actuelles de Kabylie ont presque toutes leurs *akoufi,* très grandes et très curieuses jarres à grains [2].

Au Mzab, la denrée primordiale, celle qui est la base de l'alimentation et des transactions, c'est la datte. Il lui est consacré aussi un réservoir spécial dans chaque demeure : on l'appelle *bagou* [3].

Il y a deux types de *bagou*. Ils sont tous deux construits en maçonnerie et ne diffèrent que par leur forme et leur contenance ; le premier pourrait être appelé *bagou* commercial et le second *bagou* domestique. On les place toujours au plus profond des maisons pour mieux les garder.

---

[1] On remarque dans les latrines des boules d'argile ou toubettes qui servent à se purifier de l'urine, souillure majeure.

A Berrian, les égouts sont souvent extérieurs. Les cinq villes de l'oued Mzab, quoique plus anciennes, possèdent donc des latrines plus perfectionnées. Quels progrès à ce point de vue, sur les autres oasis sahariennes !

[2] Van Gennep, *Les Poteries Kabyles,* p. 37. Certaines maisons turques d'Alger possèdent de grandes jarres à provisions scellées dans les murs comme les *akoufi.* On en a retrouvé de semblables dans les ruines de la Kalaa des Beni-Hammad, ville berbère du Xe siècle, située près de Sétif. Dans les Zibans, près de Biskra, on emploie des amphores de terre pour la conservation des dattes.

[3] Voir Charlet, *Les palmiers du Mzab.* L'auteur de cette intéressante étude sur la culture et les variétés de palmiers du Mzab, décrit un *bagou* de grandes dimensions (voir p. 81). Il l'appelle bajou, les mzabites prononcent plutôt *bayou.*

Sur les récipients fixes employés en Egypte en guise de greniers et d'armoires, voir Brunhes, *Géo. Hum.* 1910, p. 144.

Le premier est une haute et profonde cuve [1] ménagée dans la cave et se remplissant par une ouverture pratiquée dans le plancher de la cour, comme les réservoirs à grains de Timgad. Les parois sont crépies avec soin de plâtre blanc ou, plus couramment encore, de *timchemt*.

Le second type a des dimensions beaucoup moindres. Dans l'épaisseur d'un large mur, le maçon a ménagé une excavation de section à peu près carrée (0,50 de côté) et de 2 m. 50 de haut [2]. Une ouverture aux deux tiers de cette hauteur permet à un homme d'y pénétrer; un mur à hauteur d'appui donne un accès plus pratique.

Les dattes aussitôt cueillies sont séchées et nettoyées sur la terrasse; cette opération, pratiquée par les femmes, dure cinq jours. Pour les aérer et aussi ne pas trop les faire griller par le soleil, on les épand sous les arcades, dans le retrait du plancher de l'*ikomar*, pratiqué à cet effet. Ensuite, c'est ordinairement vers la fin octobre, ces dattes sont placées dans le *bagou* où un homme les écrase en se servant des pieds. Si le bagou est du petit modèle, c'est un adolescent que l'on charge de ce soin. Sous l'effet des chaleurs et du temps, les dattes se transforment dans leurs réservoirs; celles du dessus, moins recherchées, servent à la consommation familiale courante, celles du dessous, plus mielleuses, sont conservées pour les grandes occasions [3]. Parfois, le maître, pour mieux exercer son contrôle, a fait ménager des portes en bois fermant les ouvertures de ses *bagou*.

Les Mzabites, comme les Kabyles, comme les Aurasiens, aiment beaucoup avoir des provisions à leur portée. Pour les Mzabites, c'est d'abord une nécessité de l'existence dans la chebka aride, et puis cela leur donne un sentiment de

---

(1) 1,50 à 2 m. de long. sur 1 de large, 3 m. environ de haut.
On peut y mettre aussi du blé.

(2) Les maisons de Sedrata d'Ouargla possédaient des magasins à dattes se rapprochant plutôt de ce type. « Ce sont deux grandes jarres encastrées dans un massif de maçonnerie qui avance au milieu de la pièce ; la plus grande jarre a quatre-vingts centimètres d'ouverture, la plus petite soixante ».
Tarry, art. cité, p. 12. v. aussi p. 13.

(3) Le miel recueilli dans le fond du bagou peut fermenter, il devient alors du vin de datte ou *nebid*. Les *tolba* n'en boivent pas ; autrefois la peine du *taazir* était appliquée à celui qui en buvait.
Avant de mettre les dattes dans le bagou on enduit souvent les parois de ce dernier « d'une sorte de confiture nommée *robb* faite de dattes cuites, qui paraît-il assure la bonne conservation » (p. 86. Charlet).
Les dattes peuvent se conserver plusieurs années dans le bagou sans se gâter.

sécurité qui les enchante [1]. C'est aussi une vieille habitude berbère, du berbère prudent et économe, le même qui construit les *guelaâ*, ces énormes magasins à provisions de l'Aurès. Malheureusement, les Beni-Mzab n'ont pas coutume de décorer leurs *bagou* et chez eux on ne peut pas faire, à ce propos, les remarques intéressantes que suggèrent l'examen des *akoufi* kabyles.

D'autres dépôts, moins importants, de provisions variées, sont effectués dans de petits réduits qui existent aux divers étages de la maison [2].

---

(1) Voir leur réponse, aux menaces d'Ab-el-Kader, où ils se sentent forts de leurs provisions de dattes et de blé (Coyne, *Le Mzab*, p. 33).

Dans la *Chronique d'Abou Zakaria*, il est souvent question de silos remplis de grain, à cette époque reculée les abadhites habitaient le Tell et n'usaient pas de réservoirs à dattes.

(2) Les petits réduits paraissent aussi avoir été multipliés dans les maisons de Sédrata.

Voir les plans de maisons donnés par Tarry, pp. 9, 11 et 15.

CHAPITRE IV

La villa et l'oasis

L'étude de l'oasis semble mal se rattacher à la civilisation urbaine du Mzab; cependant, nous verrons que si elle n'en fait pas partie intégrante, elle en constitue toutefois une dépendance en tant qu'établissement humain; elle mérite à ce titre quelques notes spéciales.

Si le Sahara possède un climat sain, l'oasis, en général, est un lieu empesté de fièvre et impropre à l'établissement d'une habitation permanente. Les vents la balayent insuffisamment, les miasmes pullulent dans ses canaux à l'ombre de la végétation, l'homme doit la fuir : il n'y va que par nécessité pour le soin de ses cultures. En temps ordinaire, il demeure loin sur la lisière des plantations, dans un village nu mais sec; ainsi, Tozeur égrène ses sept agglomérations à la marge de son oasis [1], Touggourt est formée d'îles de verdure séparées par de grands espaces, où les maisons se sont groupées en îlots distincts [2]. L'oasis est alors complètement inhabitée, le *fellah* rentre à la tombée de la nuit, ramenant sa bête de travail et les outils légers.

A Ghardaïa, le Mzabite aurait pu, au contraire, s'établir complètement dans ses jardins, comme font certains habitants de Metlili. L'oasis y est très saine et cela tient à ce qu'elle est uniquement irriguée par l'eau de puisage que le sol absorbe très rapidement. Il n'y a pas de puits artésiens ou de sources continues.

Cependant, des nécessités de défense, de cohésion religieuse, d'urbanisme aussi, ont déterminé les Abadhites à

---

(1) Schirmer. Thèse Lettres, 252.

(2) Nous avons déjà dit un mot de cette disposition des agglomérations sahariennes On compte plus de six points de concentration des habitations à Touggourt : Nezla. Sidi Mohammed. Sidi ben Djenan, Beni Essoued, Tebesbest, Zaouïa.

Cf. Féraud, le Sahara de la province de Constantine, *Ann. Soc. Arch. de Constantine* année 1868, p. 192.

construire des *ksour* distincts. Les villes se sont constituées à part, comme pour mieux satisfaire à leurs fonctions. Les jardins ne pouvant être créés que dans les bas-fonds, là où se trouvent des atterrissements et près de la couche aqueuse il en est résulté la dualité actuelle entre la ville, d'une part, et l'oasis de l'autre.

Mais alors que le kçar est gris et monotone, que ses abords sont froids et vides, l'oasis donne l'impression d'un jardin luxuriant et frais; elle possède une végétation d'un effet incomparable au milieu du cadre désolé, c'est un lieu de délices que cette *r'aba* [1], comme l'appellent les Abadhites.

Anciennement les Mzabites ne possédaient aucune habitation fixe dans l'oasis. On n'y rencontrait que quelques tours de guet où des veilleurs armés montaient la garde pour prévenir la population en cas de danger et la faire refluer vers les kçour. Puis on en vint à construire de simples *zraïb* [2] en djerid recouverts de branchages, puis on fit des maisons de torchis [3] et, depuis une cinquantaine d'années, disent les Mzabites, on y construit des habitations semblables à celles de la ville.

C'est qu'en effet, pendant l'été, les *kçour* sont presque inhabitables, le soleil surchauffe ces pitons pierreux. Les bêtes et les mouches pullulent, les maladies augmentent et les hommes sont obligés de rester au plus profond de leurs demeures. Ces raisons expliquent suffisamment l'exode annuel des populations vers l'oasis. La famille abadhite a, en effet, un double séjour : six mois, elle reste à la ville, puis, de mai à novembre, elle habite la *r'aba*.

Il faut ajouter que l'époque qui s'écoule de mai à novembre est justement celle de la fructification [4], particulièrement vers la fin de l'été; alors, plus que jamais, il importe

(1) R'aba : *forêt* غابة
Voir ce que M. Brunhes dit des oasis du Mzab, p. 549 et suivantes de son étude précitée.

(2) Pl. de *zeriba* زرايب

(3) Dans l'oasis de Ghardaïa on montre la maison du Cheikh Baba qui fut la première construite de la sorte, il y a environ un siècle. Les fondations seules sont en pierre. les murs sont en briques d'argile crue, et revêtus d'une couche de boue et de paille qui permet de les blanchir à la chaux. « Mais le Cheikh Baba ne veut pas mourir » disaient les Mzabites pour marquer l'étonnement que provoquait chez eux cette innovation. Les Mzabites dénomment *sacho* ces habitations primitives de l'oasis.
Nous avons vu que les Abadhites de Tiaret possédaient déjà des villas de plaisance près de la ville.

(4) En septembre-octobre a lieu la récolte des dattes, c'est l'événement capital de la campagne agricole.

de séjourner dans les jardins pour mieux conserver une récolte chèrement acquise et se trouver plus près du travail
de tous les jours [1].

Les Abadhites possèdent ainsi résidence d'été et résidence d'hiver. Dans le Sud tunisien, les *douiri* bâtissent
des maisons de campagne, mais ce sont des maisons rudimentaires et qui n'ont que quatre murs sans même un
toit [2]. Au Mzab, au contraire, ce sont des maisons complètes et finies, peut-être plus évoluées que la maison urbaine;
elles ne remontent pas bien haut comme ancienneté, mais
elles n'en sont pas moins significatives.

L'habitation construite au milieu des jardins, la *villa*,
comme nous l'appellerons, peut affecter, par rapport aux
jardins eux-mêmes, des dispositions variées. A Djerba, c'est
une sorte de ferme fortifiée, flanquée de tours carrées, et
que l'on construit n'importe où, au milieu des plantations
d'oliviers [3]. Au Maroc, c'est, au contraire, un type plus dis-
cipliné qui prévaut. Tantôt le jardin ne forme qu'un ornement central du plan de la maison, la cour est plus spacieuse
et contient des plates-bandes en contre-bas des allées disposées en croix : c'est ce qu'on appelle le *Riad*. Tantôt, un
long et vaste jardin, relie deux corps de logis et se trouve
clos de murs sur ses deux grands côtés, comme dans le *ârsat*.
Mais le Maroc est déjà un pays d'Islam très évolué vers le
progrès, au point de vue architecture et jardins.

A Ghardaïa, les maisons et les plantations sont beaucoup
plus enchevêtrées. On ne trouve d'abord aucun de ces jardins d'agrément, produits du luxe et de la civilisation, qui
seraient venus de la Perse à travers la Syrie, l'Egypte et
l'Afrique du Nord, jusqu'aux pays occidentaux de la Méditerranée [4]. Les jardins de Ghardaïa sont conçus pour l'ex-

(1) C'est la même raison qui fait que les campagnes du Midi de la France sont peuplées de *mas* et de *bastides*. Lire par exemple A. Dumazet *Voyage en France* (1909) XIII,
pp. 134-135. (Roquevaire) : « Cette culture (du caprier) et celle de l'abricot nécessitent
« des soins de tous les instants ; pour l'entretien des plantations et la cueillette, les
« cultivateurs ont construit leurs demeures dans les jardins et les champs. De petites
« maisons claires, des *bastidons*, remplissent la plaine, couvrent les pentes, coiffent
« des roches isolées ».

(2) Blanchet, *Le Djebel Demmeur*, Ann. de Géo., 1897, p. 245. Cité aussi par Brunhes,
p. 559.

(3) Bertholon, *Djerba*, art. cité 581.

(4) J. C. N. Forestier, *Les Jardins arabes,* France-Maroc, nº 3, 15 mars 1918, pp. 69 à 77.
C'est un art. à caractère plutôt littéraire mais il contient des plans et des photographies qui peuvent être utiles à l'ethnographie.

ploitation d'abord, subsidiairement pour l'agrément. Cependant, ils sont tous clos de hautes murailles, et ce type de *hortus conclusus* leur donne une physionomie propre.

L'oasis de Ghardaïa se trouve à 1 kilom. 500 au Nord-Ouest de la ville; elle s'étend sur plus de 3 kilomètres de long dans la gouttière de l'oued Mzab. Elle est percée d'une multitude de voies [1], presque toutes tracées dans le sens de la rivière. Les chemins bordés par les murs de clôture doivent, en effet, les jours de crue, servir de canaux où les eaux circulent. Celles-ci sont stockées, en amont de l'oasis, au barrage de *Bouchen*, puis s'écoulent par des vannes dans des canaux souterrains ou *foggara* et sont ensuite distribuées par les chemins. A la base des murs des jardins, et dans ces chemins, s'ouvrent d'autres conduits [2] dont la largeur et la hauteur sont méticuleusement délimitées par des dalles de pierre à section tranchante. Ces conduits se nomment *tissenbot*. Dans l'oasis, il y a un homme qui sait les dimensions à leur attribuer, c'est le *cheikh tissenbot*. Il n'y a que lui qui connaisse les règles précises qui font varier la grandeur de l'ouverture avec la situation du jardin et sa superficie. Toutes ces règles sont édictées depuis fort longtemps. Lorsqu'on construit une de ces prises d'eau, on fait toujours appel à l'autorité de ce cheikh. Les vannes de Bouchen, par contre, sont ouvertes par des *oumana*. Il y a un *amine* pour chaque séguia importante; ils sont tous l'objet d'une protec-

---

(1) Ces voies se nomment aussi *zekak* زقاق ou *sekka* سكّة. L'oasis est coupée dans sa longueur par une artère plus longue et qui parfois se dédouble. on la nomme alors *charaa* شارع (avenue). A Laghouat, l'avenue percée par les Français à travers l'oasis Nord-Ouest est appelée *gataa* قاطع (coupant) par les indigènes.

(2) On trouvera tous renseignements concernant ces canalisations ainsi que leurs noms dans l'ouvrage de M. Féliu, *Etude sur la législation des eaux dans la Chebka du Mzab*. Cette étude contient de nombreux renseignements d'ethnographie ainsi qu'un schéma du puits mzabite appelé en ar. *hassi* حاسي ou *khelara* خَّارة et en m. *tir'est*.

Les travaux faits au Mzab pour tirer partie de l'eau des pluies sont véritablement surprenants. L'oasis de Ghardaïa et le Kçar bénéficient de plus de six barrages de retenue. Ce qui frappe le plus, ce sont tous les petits barrages disposés sur les versants de la Chebka pour retenir les eaux de ruissellement et que l'on aperçoit en arrivant.

Les grands barrages (sur les barrages V. Ville, p. 53 et suivantes), établis en travers de l'oued ne sont pas moins intéressants. Ils sont constitués principalement par des tas d'immondices reliés par des ponts à arcades, construits en maçonnerie. Les habitants viennent déposer sur le barrage tous leurs détritus pour le consolider ; quant aux ponts à arcades, ils constituent des solutions de continuité par où doit s'échapper la crue. A Ghardaïa, pour rompre le flot, lui enlever sa force et retenir les troncs de palmiers entraînés, des lignes de pierres levées, scellées dans des murettes, précèdent les piles des arcades.

tion spéciale et jouissent d'une grande considération [1]; ce sont eux aussi qui savent de quelle façon on est en droit d'exiger de chacun un concours effectif pour une réparation à un barrage ou à un canal.

Cette étroite dépendance, qui lie tous les exploitants à une crue toujours espérée [2], crée entre eux une solidarité profonde; tous, grands et petits propriétaires, sont unis par cette espérance et prévoient à l'avance une répartition équitable du bienfait. La division en çoffs et en classes semble un instant affaiblie par cette commune sujétion [3]; souvent on sacrifie au barrage de Bouchen; il y a des *marouf* généraux qui réunissent tout le monde pour demander la pluie.

Nous avons déjà dit que l'oasis avait une tendance à fuir de plus en plus vers l'amont et à s'éloigner de la ville. Les Abadhites comprenant qu'il y avait là une situation préjudiciable aux propriétaires anciens installés à l'aval, s'étaient volontairement limités. La djemaâ de Ghardaïa, prenant en main les intérêts de cette communauté hydraulique de fait, avait racheté tous les terrains vagues situés au Nord de l'oasis. Puis, dans un *ittifaq* daté de 1073 de l'hégire (1662-1663), il fut arrêté que dorénavant il y aurait interdiction de créer une palmeraie, d'édifier une maison ou de creuser un puits dans les dits terrains « jusqu'à la fin des siècles » [4]. Curieuse limitation imposée en vue du bien commun et qui prouve combien ces petites cités savaient gérer sagement leurs intérêts.

Les Mzabites observaient d'ailleurs strictement cette défense depuis le XVIIe siècle, lorsqu'une intervention administrative vint bouleverser leur équilibre. Pour des raisons politiques, on voulut créer une oasis à quelques kilomètres

---

(1) Celui qui les invective est assimilé à un voleur de part d'eau.
Féliu, op. cité, p. 124.

(2) Il y a de petites crues tous les trois ou quatre ans et une grande crue tous les treize ans. Grande Géographie Bong illustrée publiée sous la direction d'O. Reclus. *Les pays et les peuples,* IV, 62.

(3) A Calcutta aussi, la nécessité de construire des canalisations d'eau communes aux diverses castes, y a affaibli le sentiment de caste si développé par ailleurs.
V. la thèse de M. Maunier p. 9.

(4) Voir cette pièce intéressante que M. Féliu a publiée dans son étude p. 130. Voir aussi p. 45 et 135.

en amont de celle existante [1]. Cette oasis prospéra sans difficultés vu sa situation privilégiée, mais l'ordre naturel que
les indigènes avaient su rencontrer était dorénavant foncièrement troublé. Ce sont les palmiers de la *daya ben Dahoua* — c'est le nom du nouveau centre — qui ont déterminé
et activent tous les jours par leur croissance, la ruine des
oasis inférieures [2]. C'est du moins ce qu'affirment les Ghardaïens.

Les murs de clôture des jardins mzabites ont toujours leur
infrastructure construite en pierre, afin que leur base puisse
résister à la poussée et au séjour de l'eau en cas de crue.
Certains sont entièrement en pierre par dessus ou bien en
briques d'argile mêlées de paille. Il y a aussi des murs de
pierre dont le sommet dessine de larges créneaux eux-mêmes remplis par des briques de terre.

A Metlili, les murs sont percés de larges trous qui permettent de rejeter le sable par pelletées lorsque l'eau de l'oued
est venue colmater les jardins. Car cette crue tant désirée
amène avec elle de gros inconvénients; lorsqu'elle est forte,
elle couvre les jardins de plus d'un demi-mètre de gravats et
d'éboulis et ensuite il faut se livrer à des travaux formida-
bles de terrassement pour tout déblayer. A Metlili, chacun
rejette sur le chemin toutes ces terres stériles. A Ghardaïa,
c'est absolument interdit, on doit les transporter à des tas
spéciaux que l'on constitue à la naissance de la grande et
large artère qui coupe l'oasis. D'ailleurs, la crue suivante les

(1) En 1868 un ordre du général de Sonis prescrivit aux Mdabih de Ghardaïa de s'établir à la Daya ben Dahoua. L'idée était bonne si les mdabih s'étaient réellement trans-
portés et avaient quitté la ville de Ghardaïa qu'ils troublaient sans cesse de leurs
intrigues et de leurs menaces. Mais ils défrichèrent la daya et se refusèrent à quitter
le Kçar. Les troubles continuèrent jusqu'en 82 date de notre entrée au Mzab. V. Féliu
p. 135).

(2) Les Mzabites ont obtenu récemment encore, qu'il soit interdit de creuser de
nouveaux puits dans la daya ben Dahoua.
Concernant le problème de l'irrigation et le puisage de l'eau dans les oasis du Mzab
nous n'insisterons pas plus.
Le puits des Beni Mzab, si curieux, a été décrit déjà dans maints ouvrages. Les
canaux d'irrigation ont fait aussi l'objet d'observations suffisantes.
Voir l'ouvrage précité de M. Féliu. L'étude de M. Brunhes et sa thèse sur l'irrigation.
Voir aussi Laoust *Mots et Choses berbères* pp. 436-437 et fig. 100 (*tirest* ou puits de
Ghardaïa), dessin accompagné des noms Mzabites du puits.
Au Mzab un palmier ne se vend jamais sans la part d'eau correspondante.
Les parts d'eau se nomment *Kharouba*. La *Kharouba* est égale au 16e du débit d'un
puits qui ne tarit pas. Ces derniers puits sont appelés *ouarouara*. On trouvera d'autres
détails in Charlet, *Les Palmiers du Mzab*. Voir bibl. Voir aussi C' Cauvet, *La Culture du
Palmier* in *Bulletin de l'Afrique Française*, novembre 1902.

démolira et tout sera à refaire à nouveau, dans cette contrée du perpétuel recommencement.

Au-dessus des murs et à travers la forêt des arbres fruitiers, que dominent les groupes plus élevés des palmiers, apparaissent, de temps à autre, les villas : murs unis, le plus souvent blanchis, qui ne décèlent toujours rien de la vie intérieure. Ou bien, comme à Beni-Sgen [1] par exemple, on n'aperçoit que les arcs des portiques intérieurs qui dépassent les hautes murailles. Il semble que l'on soit transporté dans ces banlieues des villes antiques, dans ces jardins, pour nous quasi-légendaires, de Mégara, où les demeures de l'aristocratie, probablement tout aussi jalouses, s'élevaient au milieu des vergers de Carthage.

Si l'on pénètre dans ces jardins, après les lourdes portes de bois qui rappellent celles des villes, on accède à des parcelles spacieuses qui, par leur aspect, ne révèlent rien de l'état de division dans lequel se trouve la propriété. Chaque palmier, en effet, constitue le plus souvent l'objet d'un droit spécial de propriété, alors que les dépendances du jardin : puits et canaux d'irrigation, enceintes et bassins, restent dans l'indivision entre tous les co-propriétaires. Les arbres sont entourés de cuvettes maçonnées, dont le but est de retenir les engrais et l'eau d'irrigation au-dessus de leurs racines [2]. Ils sont l'objet d'un soin religieux et ne doivent jamais être coupés, même si l'on construit là où ils ont poussé; en pareil cas, on doit, en effet, les laisser se développer entre les murs et bâtir tout autour en leur permettant au besoin d'encombrer les chambres des humains [3].

Les lianes des vignes courent de l'un à l'autre de ces troncs élevées et, lors de la vendange, on les descend doucement à terre, car elles sont suspendues par des cordes. Tout est peigné et ratissé, on sent qu'un travail énorme entretient sans cesse ces minuscules exploitations.

La villa elle-même aligne souvent ses portiques superpo-

---

(1) Villas situées au Sud de la ville, à l'entrée de l'oasis.

(2) Ces petits bassins entourant la base des palmiers se nomment *houd* (bassin) en arabe et *ajedlou* pl. *ijedlaouïne* en m. Il sont parfois surélevés de plus d'un mètre.

(3) Le palmier est considéré comme un arbre sacré surtout en raison de ses productions multiples qui sont si appréciées dans ce pays désolé. Un Européen coupant un palmier s'attirerait une inimitié farouche. D'ailleurs la taille elle-même des arbres fruitiers n'est jamais pratiquée. « Il ne nous appartient pas de modifier l'œuvre de Dieu » disent les Mzabites.

Sur le culte du palmier voir Gognalons, in *Bull. Soc. Géo. Oran*, XXXII, 1912.

sés, et ils sont d'un très joli effet à travers la verdure. Son plan est moins étriqué comme proportions que celui de la maison urbaine, elles s'étale avec moins de parcimonie. Dans les maisons riches, en plus de la maison privée, du *thalamos* comme disaient les Grecs, on trouve une autre cour plus spacieuse qui la précède. Ces proportions plus vastes s'expliquent par la raison que la *villa* groupe la plupart du temps toute la famille agnatique à la différence de la maison urbaine.

On a ainsi une première cour assez mal définie d'ailleurs, dont un ou deux côtés se confondent avec le jardin lui-même; c'est là que donnent les appartements de réception ou, plus simplement, un portique *(sabat)* destiné à réunir quelques hôtes [1]; c'est là aussi que se trouve le box du mulet ou du cheval précédé de l'aire garnie de sable où se couchent et s'ébattent les montures que l'on vient de desseller [2]. Puis, après cela, vient la maison particulière avec la cour des femmes qui groupe autour d'elle les chambres intimes et dont le ciel de la cour est le pous souvent grillagé comme celui de la ville [3].

Cette succession de deux cours, les portiques des étages rappellent la *villa suburbana* de l'*hortus* des Romains [4]. Ce n'est pas le faste des habitations de plaisance orientales, avec leurs logements multiples, leur asymétrie insouciante; on sent un eprit plus précis, plus démocratique aussi. Et pourtant c'est le luxe le plus dispendieux des Beni-Mzab, que ces jardins qui, maintenant, arrivent à coûter plus cher qu'ils ne rapportent.

La construction de ces demeures ne motive pas d'observations spéciales [5]. Seule, l'infrastructure des maisons diffère des fondations urbaines [6]. Comme le sol est mouvant, puisqu'il est formé d'une très épaisse couche de sable, on

---

[1] Villa de Si Yahya Boudjenah à *Tagdil*, pointe Nord de l'oasis.

[2] Jardin de Si Bakir à la daya.

[3] Maison de Hadboun à la daya.

[4] Cf. Daremberg, Villa.
Voir la villa rustica de Boscoréale à Pompeï avec sa première cour et sa cour secondaire toutes deux entourées de bâtiments. Voir aussi le plan de la maison de Salluste de la même ville, fig. 3809.
Le rapprochement ne vaut que pour les plans, car la couverture des *villae rusticae* comportait la plupart du temps des toitures à pignons.

[5] Voir ci-après, la construction.

[6] Voir les fondations.

creuse d'abord des tranchées dans lesquelles on coulera un lit de mortier qui supportera lui-même les matériaux du mur [1]. Souvent, le plancher du rez-de-chaussée, pour ne pas être humide et ne pas gêner l'irrigation des palmiers proches des bâtisses, est légèrement surélevé sur voûtelettes; celles-ci sont construites suivant une formule que nous étudierons.

En plus des villas, l'oasis de Ghardaïa possède des chapelles. Ces chapelles, au nombre de quatre, sont construites de la même façon que les oratoires des cimetières [2].

Les quartiers sont individualisés, ils ont des noms tout comme les *séguias*. De même que l'on trouve la séguia *Bousemdjane* et la séguia *Naalif*, il y a le quartier de *Touzouz* et celui de *Tagdit* [3].

La vie de tous ces quartiers est assez saisonnière. Pendant l'hiver, ce sont des allées et venues perpétuelles que s'imposent les exploitants qui séjournent à la ville. Ils circulent sur de petits ânes gris-roux, marqués d'une croix sur le dos et les épaules. Les Mzabites disent que ces petits animaux, très vifs, viennent du Soudan; on les trouve, en effet, à l'état sauvage dans le Tidikelt et au Kordofan (Soudan égyptien). Ils viennent de ces contrées par caravanes jusqu'aux marchés des villes mzabites [4].

Pendant l'été, au contraire, les familles séjournent dans l'oasis et c'est l'inverse qui se produit; on ne va au kçar que pour ses affaires et les jours de marché. L'exode des habitants se fait en une seule nuit. Pour ce déménagement général, les *tolbas* et la djemaâ doivent choisir une époque sans lune, et en une seule fois, les Abadhites transportent leurs gynécées en s'aidant de leurs montures. C'est tout le

(1) A Laghouat, dans l'oasis il existe à un mètre environ du sol une couche d'argile noire qui facilite beaucoup la pose des fondations.

(2) Notamment Djamaâ ras el r'aba, la mosquée de la tête de la forêt.

(3) Le quartier emprunte d'ailleurs son nom à la *séguia* qui le traverse ou inversement.
Les propriétaires construisent souvent au bord des ruelles de l'oasis des latrines qu'ils offrent à l'usage de tous pour avoir de l'engrais humain. Celles-ci rappellent les *gouma* de la ville ou bien elles sont drôlement construites avec une barre d'appui placée en travers.

(4) Sur ces ânes sauvages, voir *Le Sahara* de M. E. F. Gautier, pp. 317, 318.
A Ghardaïa il existe, au Nord de la ville, un ravin adjacent à l'oued Mzab où les habitants traînent les cadavres de leurs ânes. On y amène aussi les autres bêtes mortes *djifa*, c'est-à-dire celles que l'on n'a pas pu égorger suivant le rite, et qui partant, sont impropres à la consommation. Ce charnier rempli d'ossements et de carcasses desséchées par le soleil, est dominé par les bords pierreux de la Chebka.

groupe qui se déplace en vertu d'une décision réglée et publique : acte rempli de conséquences touchant l'économie domestique et familiale et qui, au point de vue plus abstrait du rythme social, constitue véritablement un phénomène capital.

A l'oasis, les femmes retrouvent la même existence claustrale; cependant, il leur est permis de circuler dans les jardins clos de murs. Mais comme les voisins pourraient les apercevoir en grimpant sur leurs palmiers, ne serait-ce que pour couper les régimes lors de la récolte, on doit, avant de monter sur les arbres, observer le même cérémonial que lorsque l'on veut accéder à une terrasse, c'est-à-dire qu'il faut crier trois fois la formule consacrée : « *Ajted abrid* ».

Toute l'année, c'est à l'oasis un travail sans relâche. Celui de la terre, se double de celui beaucoup plus pénible du puisage de l'eau; et c'est une chose sur laquelle on a déjà insisté, que ce crissement perpétuel de poulies [1] qui, ne cessant même pas avec la nuit, rappelle constamment le dur labeur des humains.

(1) V. Brunhes, *Géo. Hum.*, p. 542 et seq. Voir aussi les ouvrages déjà cités touchant les puits mzabites. Ce type de puits à plan incliné où courent la bête et son conducteur pour élever de l'intérieur, l'outre gonflée d'eau. paraît se retrouver aux Indes. On emploie des buffles accouplés pour la traction (V. *The National Géographic Magazine Washington*, nov. 21, plate VII).

Dans les villes des Abadhites, on emploie des ânes, des mulets et des chameaux. A Metlili, l'usage des chameaux est beaucoup plus généralisé, mais les hommes et les enfants sont souvent seuls aussi, pour ce pénible travail ! Ils s'attellent à la place des animaux et, sans se lasser accomplissent leur dure besogne.

Il serait intéressant de savoir d'où provient le modèle du puits mzabite. Il existe disions-nous aux Indes ; peut-être est-il originaire d'Asie ! Toujours est-il qu'on le retrouve en Tripolitaine, au Fezzan et jusqu'à Ghedamès (Cf. Missions de Ghedamès 1862 et la thèse de Schirmer, p. 292 ; puis il existe à Djerba (Brunhes, *L'Irrigation*, p. 298) au Mzab et à Laghouat. Les laghouati l'ont emprunté aux mzabites.

Il est curieux de remarquer que les établissements abadhites actuels de l'Afrique, possèdent tous ce système élévatoire, alors que les conditions d'irrigation ne sont pas les mêmes pour les contrées qu'ils exploitent. M. Brunhes écrit « mais il serait absurde d'expliquer uniquement par ces raisons ethniques ou religieuses, l'analogie des procédés de culture entre les Djerbiens et les Mozabites » (*L'Irrigation*, p. 298 et note).

Nous croyons au contraire que les relations réciproques qui ont toujours existé entre les divers établissements peuplés d'Abadhites kharedjites sont de nature à avoir favorisé une interpénétration de traditions non pas seulement religieuses, mais aussi à caractère plus pratique : voire de méthodes culturales et d'irrigation.

CHAPITRE V

Les Matériaux et la Construction

———

C'est le choix des matériaux qui donne aux habitations
leur physionomie originale. Selon les lieux, la pierre sèche,
la maçonncrie, le pisé impriment leurs caractères propres
aux constructions. Souvent, il est facile de localiser tel ou
tel emploi dans chaque région, parfois même les caractères
géologiques du pays semblent tyranniques. En Egypte, par
exemple, la maison de pierre est limitée aux parties rocheuses de l'Egypte pétrée, voisinant avec le roc dont elle
est issue. La maison de boue, au contraire, édifiée grâce à
l'argile même, charriée par le Nil, s'étend sur l'immense
zone limoneuse du delta [1]. Dans la basse Egypte, l'habitant
n'a exclusivement que l'argile pure et simple pour édifier
son abri.

Dans les villes modernes, les transports [2] nous libèrent
de cette tyrannic, inéluctable pour les populations arrié-
rées. La brique, la pierre sont amenées de fort loin s'il le
faut et les édifices urbains arrivent à ne plus se différencier,
prenant partout le même aspect. D'ailleurs, les contrées où
le constructeur n'a pas le choix sont, en somme, assez rares.
Le plus souvent, beaucoup de matières s'offrent à lui, et,
comme l'usage a consacré l'une d'elles, il continue à en user
de préférence aux autres. C'est ici que la tradition intervient.

En Algérie et dans le Sud particulièrement, l'uniformité
est loin d'être réalisée; chaque région a ses matériaux spéciaux et si ce choix est parfois dicté, il est beaucoup plus
souvent l'effet de coutumes historiques et ancestrales.

Le pisé, employé jadis par les Carthaginois sur les côtes
tunisienne et algérienne, dans leurs comptoirs d'Espagne,
a encore une aire d'extension énorme en Afrique du Nord [3]

———

(1) Brunhes, *La maison de lerre et la maison de pierre.* Géo. Humaine, p. 129 à 144.
(2) Demangeon, art. cité p. 354.
(3) Saladin, *Manuel d'art musulman,* t. 1, p. 40.

et au Sahara. Dans le Sud du département d'Oran, au Touat, il supplante même à notre époque la pierre sèche; c'est là l'effet d'une « substitution étrange par sa généralité » [1] qui frappe vivement le voyageur.

Les matériaux dans le Mzab. — Le Mzab, au contraire de ce que l'on pourrait croire, est riche en éléments architectoniques. Sa stérilité proverbiale n'est pas de mise pour une fois. On y trouve naturellement de la pierre en quantité, la chebka n'étant qu'un vaste plateau pierreux. Puis, comme les agglomérations sont toutes voisines d'atterrissements, il y a possibilité pour l'habitant de fabriquer des briques de terre. Mais c'est surtout dans les agglutinants, pour les matières de liaison, que la contrée offre le plus de variété : le plâtre, la chaux et un ciment spécial, le *timchemt,* sont abondants, à l'état pierreux bien entendu, et facilement exploitables.

Rapidement, nous allons passer en revue ces matériaux et leur préparation, s'il y a lieu. Nous ajouterons un mot sur le bois employé dans la construction. Nous connaîtrons ainsi toutes les matières premières employées à l'édification de la maison.

Pierre à bâtir. — La pierre *(adr'ar)* est chose commune, on la trouve partout. On ne prend pas cependant n'importe laquelle : la pierre à bâtir est choisie parmi les strates régulières de calcaire. Les grandes plaques *(ablat)* sont employées pour les carrelages et les seuils, celles plus petites constituent l'élément de base de la construction de pierre, on les appelle *madoun* [2].

Brique. — C'est la brique crue de terre, la *toub* [3], ce que nous sommes aussi convenu d'appeler pisé. La brique cuite n'est pas employée au Mzab, alors qu'à Laghouat les gens du pays savent la préparer. C'est surtout à Metlili que la brique crue est usitée; chacun la prépare autour de sa maison ou dans son jardin avec de la terre argileuse *(tin).* La pâte, une fois pétrie, on lui donne la forme de gâteaux semi-

---

(1) Gauthier, *Le Sahara,* t. I, p. 258.

(2) Elles ont 20 ou 25 cent. d'empâtement et 7 à 8 cent. d'épaisseur. Ces pierres reviennent à 10 fr. le mille rendues sur place.

(3) Toub طوب ar. boule, sphère.

sphériques et pleins *(quelba* ou *qaleb* فالب * فلبة) et on les fait sécher au soleil en les alignant sur une aire plane. A Ghadaïa et dans les villes mzabites les briques de *toub* ont aussi la forme carrée ou polygonale. On met parfois de la paille ou du fumier dans la pâte pour lui donner plus de cohésion.

Matières de liaison. — C'est surtout du *timchemt* dont nous allons parler. Le *timchemt* est une spécialité des villes du Mzab. Ouargla, El-Goléa, même pour une faible mesure Laghouat, possèdent aussi ce plâtre précieux; mais, ce qui caractérise surtout celui de la chebka, c'est sa coloration rouge violacée tout à fait *sui generis*, coloration qu'il communique aux constructions lorsque celles-ci ne sont pas crépies [1].

Il existe des gisements de timchemt tout autour de Ghardaïa, beaucoup ont été anciennement exploités et sont à l'heure actuelle épuisés. Les indigènes appellent *kaddan* la pierre qu'on en extrait et, mieux encore, tout simplement *Hadjar min el Kef*, la pierre du Kef حجار من الكف C'est un gypse hydraté particulier. Il est en taches isolées au milieu des calcaires [2], ou bien il constitue des amas à forme lenticulaire, s'étendant en couches horizontales à un mètre de profondeur environ. Dans ce dernier cas, on doit être en présence d'un dépôt de *chotts* minuscules qui seraient formé, anciennement, dans les dépressions, et qui, depuis leur formation, aurait été recouverts par du calcaire venu se redéposer par dessus [3].

Un échantillon examiné de près est blanc, quelquefois

---

(1) Cette coloration est caractéristique des pointements triasiques dans l'Afrique du du Nord.

(2) Voir Ville, *Exploration du Beni-Mzab et du Sahara*, 1872. L'auteur en donne la composition chimique, p. 6.

Nous avons fait analyser à la Faculté des Sciences, par M. Maurice Laborde, un échantillon de *timchemt* cuit, rapporté de Ghardaïa. L'analyse a donné les résultats suivants :

Carbonate de chaux, CO_3 Ca. 88 %.

Argile : silicate d'aluminium, 11 %.

Impuretés (fluorure de calcium), 1 %.

L'intérêt de l'échantillon réside en ce que le silicate d'aluminium et le carbonate de chaux se trouvent, dans le produit, avec les proportions du *ciment usuel*. Le timchemt mériterait donc plus spécialement l'appellation de ciment.

(3) C'est l'avis de M. Ficheur, doyen de la Faculté des Sciences d'Alger. On peut aussi supposer, comme nous le disions, que les amas de timchemt proviennent de pointements triasiques sous-jacents remaniés par les eaux.

brun; la pierre a une structure vacuolaire, fruit de l'érosion des eaux d'infiltration, ses interstices sont remplis de sable et de débris calcaires. Cuit, il forme un magma pigmenté blanc et rouge, peu pondéreux et qui se pulvérise au toucher.

La cuisson s'opère industriellement dans des fours nommés *achebour*. Ceux-ci sont enterrés dans le sol et possèdent à leur base une ouverture pour aérer le foyer. Des touffes de plantes sahariennes, mauvais fagots de *retem* [1], sont amoncelés dans le fond; puis, les pierres, épaulées à une galerie circulaire, sont disposées en voûte, par dessus, sur une hauteur d'un mètre cinquante. Le four reste plus d'un jour allumé; au bout de 24 heures, le bois s'est entièrement consumé et les pierres, amoncelées avec soin avant la cuisson, se sont écroulées en mottes friables dans le culot du four. Il n'y a plus, dès lors, qu'à séparer l'ingrédient des résidus de fabrication : pierres, charbon, mélangés avec lui.

Il y a encore du plâtre ordinaire *(djibs)* semblable au nôtre; la chaux *(djir)* est chose aussi très commune. La calcination du plâtre et de la chaux se fait dans des conditions analogues à celles du *timchemt*. Les carbonates sont extrêmement abondants, on les extrait un peu de tous les côtés. Leur exploitation est marquée par la présence de trous, sortes de creutes horizontales que l'on rencontre sur le rebord du plateau.

Les fours à chaux ont deux mètres de haut [2]; ils sont plus élevés que ceux à *timchemt,* on les appelle *forn* (de l'italien forno). Ils sont presque tous rassemblées en contrebas de la ville de Melika. On les allume ensemble lors de la fabrication. Le gros effort reste toujours l'achat du bois à brûler; il n'y a pas contrée plus pauvre à ce point de vue. On brûle du *chih,* du *metnen* et de l'*arfedj* [3].

---

(1) Genêt épineux.

(2) Il sont comme les autres en pierre maçonnée. L'ouverture de la base est lutée avec de l'argile. On les recouvre de branchages.

Parfois ils sont revêtus à l'intérieur de briques cuites. La brique cuite n'est même employée au Mzab, exclusivement que pour cet objet.

(3) *Chih,* Thym.

Il faut cent charges de fagots pesant 70 kilogs. à 7 ou 8 francs la charge, pour avoir 60 quintaux de chaux à 15 francs (1921).

Le stockage de ces quantités de bois nécessite plusieurs mois, avant d'allumer les 7 ou 8 fours de Melika. Le bois est amené sur des bourriquots de plus de 20 kilomètres.

Pour le timchent l'opération est beaucoup plus simple, il faut cinq ou six fois moins de bois. Le ravitaillement en bois s'opère toujours la nuit.

— 210 —

Bois de construction. — Comme dans toutes les villes sahariennes, c'est le palmier qui est mis à contribution; exceptionnellement, on emploie le bois d'arbres fruitiers (pêchers,
citronniers) [1]. C'est toujours du bois mort; il importe, en
effet, de ne pas modifier l'œuvre d'Allaï, aussi jamais un
arbre n'est-il coupé.

On sait jusqu'à quel point les indigènes du Sud savent
tirer parti du palmier. Ils utilisent absolument toutes les
parties de l'arbre; au point de vue de la construction, celui-
ci est encore un élément essentiel. Pourtant, c'est un bien
mauvais élément; on sait que, placé en travers d'une rue,
d'un mur à l'autre, il ne tarde pas à fléchir sous son propre
poids [2].

. Dans le tronc du dattier *(akerchouch)*, on découpe des
poutres *(ar'rour)*, appelées encore plus volontiers du mot
arabe *khecheb* (خشب). C'est là une expression qui revient
perpétuellement dans la conversation. Le khecheb a des
faces planes de 10 ou 15 cent. de côté, il ne dépasse jamais
deux ou trois mètres. Son prix est élevé [3].

Les Mzabites, mieux que les autres ksouriens, ont su en
tirer tout le parti désirable grâce à une utilisation ration-
nelle. C'est sa longueur maxima qui limite à deux mètres
la largeur des chambres couvertes. On le dispose le cœur
en dessous, ses autres faces étant ordinairement noyées dans
de la maçonnerie. Les parties restées nues sont fibreuses et
sonnent creux. Mais, malgré cela, les Beni-Mzab ne cessent
de vanter ses qualités. Ils disent souvent « *El khechba ou
Ellefaâ elf am* (الخشبة واللفعة الف عام) « le *khecheb* et la
vipère atteignent mille ans ». Et c'est là un adage qui se
vérifie, puisqu'à la mosquée de Ghardaïa et dans celle de
Melika, des *khecheb* de Sedrata d'Ouargla, incorporés dans
la construction de la salle de prières, sont, à chaque visite,
considérés pieusement par les *tolbas* abadhites, instruits des
grandeurs passées de leurs cités.

---

(1) Les Mzabites de plus en plus, avec les progrès des moyens de tranport font venir
des madriers du Tell, ou du pin de Djelfa. C'est encore une originalité de leurs méthodes
qui disparait.

(2) Voir Gautier, *Sahara*, T. I. Pl. XLI, fig. 77.

(3) Khecheb de 3 m : 6 francs.
Dans l'épaisseur du palmier on en taille trois ou quatre suivant le diamètre du tronc.

Transport et élaboration des matériaux. — Lorsqu'un propriétaire fait construire, il n'y a pas l'analogue d'une *touiza*, c'est-à-dire la coopération momentanée de tout un groupe pour l'accomplissement d'un gros travail. Il reçoit cependant l'aide de ses proches et de ses parents. Les enfants sont surtout mis à contribution, ce sont eux qui transportent l'eau et les matériaux (lorsque ceux-ci ne sont pas achetés sur place), à l'aide des ânes et des mulets de la famille.

On réunit à pied d'œuvre tous les matériaux nécessaires. Ils sont entassés dans la rue devant la future maison. Les pierres plates sont apportées sur les bourriquots harnachés de *mhamel* (محمل) : assemblage de bois permettant d'entasser celles-ci sur le *berdâa*.

La préparation du timchemt mérite seule une rapide mention. Après avoir pratiqué un trou dans la terre, à même la chaussée, on place dessus un linge humecté pour isoler le *timchemt* pulvérisé que l'on place dedans. Avec de l'eau, on fait une pâte de laquelle on retire soigneusement toutes les impuretés ; cette pâte est ensuite malaxée et épaissie; pour ce, un homme y plonge les mains et l'écrase entre les paumes. Le mortier est alors prêt pour l'emploi.

Fêtes et rites sacrificiels. — Au moment où les fondations vont être commencées, un mouton, d'autre fois un bouc, est égorgé par le propriétaire. La victime est tout entière donnée aux pauvres, c'est comme un sacrifice propitiatoire que le maître accomplit pour commencer [1] l'édification de sa maison sous d'heureux auspices. De même que lorsque la maison sera terminée, au moment de l'aménagement du chef de famille, une fête aussi brillante que possible réunira les amis du mari, d'une part, et les connaissances et parents de la femme de l'autre. Si c'est un homme riche, il y aura des *méchouis* [2] de mouton et tout l'appareil ordinaire des réceptions. Les pauvres seront alors conviés à partager seulement les restes des invités. Ce sont là d'ailleurs des pratiques très anciennes que l'on relève encore dans toute l'Afrique du Nord. Dans le Tell, lorsque la victime est égorgée, au début de la construction, il est d'usage de la manger avec les ouvriers [3]. Au Mzab, les ouvriers en

---

[1] C'est là une tradition préislamique.
[2] Le méchoui suppose l'égorgement sacrificiel préalable.
[3] Doutté, *Magie et Religion de l'Afrique du Nord*, p. 488.

ont aussi leur part, mais le rite lui-même ne semble pas obliger le maître à la leur donner : les pauvres paraissent devoir être satisfaits d'abord.

Outils employés. — Le timchemt est pulvérisé sur une aire durcie, grâce à un pilon ou *âmoud* (عمود), grosse pièce de bois armée de fer à son extrémité. Le maçon a à sa disposition une truelle *(tilmeskelt; ar. djerma* جرمة), un niveau d'eau *(mizan el ma* ميزان الماء ; mesure, balance à eau), un cordeau *(khit* خيط), un fil à plomb *(mizan el hadjer* ميزان الحجر , mesure à pierre, simple corde portant un caillou lié à son extrémité).

Les ouvriers ont des pioches *(fas, pl. fisan* فيسان * فاس), une pelle *(fala* فالة) pour creuser les fondations, un crible *(r'erbel* غربال) pour purifier la chaux vive et le *timchemt*.

C'est à peu près tout le matériel spécial nécessaire. Les outres, delou servant à transporter l'eau, etc., font partie des objets courants du mobilier.

Personnel employé à la construction. — Son rôle. — L'édification d'une maison exige la présence de sept ou huit individus : un maître-maçon et six ou sept ouvriers communs. Le maître-maçon est le personnage essentiel, les ouvriers ne sont que des manœuvres, des comparses tout à fait secondaires.

Le maître-maçon est appelé *mâallem* (معلّم , le maître instruit). Il n'y a que quatre ou cinq *mâallmine* pour tout Ghardaïa; ils doivent être longtemps retenus à l'avance pour chaque construction. Leur petit nombre fait probablement qu'ils ne forment pas une corporation comme les puisatiers. Ils sont tous mzabites [1], jouissent de la considération et gagnent un salaire très élevé pour l'endroit [2].

C'est certainement un métier noble que d'être maître-maçon. Autrefois, chacun devait être son propre constructeur. Les textes nous font connaître qu'au temps glorieux de la Tiaret Rostémide, l'Imam, la plus haute autorité, ne dédai-

---

[1] Un ou deux Arabes du Tell se sont glissés cependant parmi eux. C'est à ces étrangers qu'il faut attribuer les innovations malheureuses et de mauvais goût, qui de plus en plus s'introduisent dans la construction.

[2] Six francs par jour (1921). On traite quelquefois à forfait mais c'est exceptionnel, le travail étant mal fait.

gnait pas de réparer sa maison et de la blanchir [1]. Il est resté de ces traditions un certain respect pour tout ce qui touche les fonctions architectoniques.

D'ailleurs, si le maître-maçon en bénéficie, ce n'est que justice, car c'est lui la véritable cheville ouvrière. Le propriétaire confère d'abord longuement avec lui, lui donne toutes explications utiles, lui détaille ses désirs. Il s'ensuit des perfectionnements nouveaux qui viendront compliquer l'édification courante, mais qui faciliteront la vie de tous les jours, la rendront plus confortable. Le Mzabite a un certain sens du confort. Il lui dira l'importance qu'il veut donner à son habitation, le nombre de pièces qu'il faudra disposer autour de la cour, les caves qu'il sera nécessaire d'aménager. De tout cela, le maître-maçon concevra un plan suffisant sinon très précis, et ce plan il le portera désormais « dans son cœur » *(fi quelbou* فـي قلبـه*)* pendant tout le temps nécessaire à son ouvrage.

Les exigences du propriétaire seront parfois bien difficiles à satisfaire; le plan logique ancestral en recevra bien quelques atteintes, il en résultera des inélégances et des porte-à-faux. Mais tout cela disparaît devant l'idée d'une commidité nouvelle dont bénéficie l'habitation. C'est l'esprit du siècle, l'esprit nouveau, venant troubler et modifier les vieilles habitudes traditionnelles.

Les manœuvres [2] ont dans la construction un rôle secondaire, mais il n'en est pas pour cela moins bien défini. Un d'entre eux est affecté au ravitaillement de l'eau qu'il régularise; il veille à ce que les enfants s'échelonnent entre les différents puits voisins [3] et le chantier. Cette nécessité d'avoir de l'eau est fort épineuse dans les années sèches. Le même individu s'occupe aussi du transport du sable.

Trois autres manœuvres sont affectés uniquement au *timchemt*. Un le pilonne et le crible, un autre l'apprête et constitue la pâte prenante avec de l'eau, le troisième l'apporte sur des plateaux de bois au maître-maçon. Cette préparation a lieu, en effet, dans la rue. Enfin, deux derniers indivi-

---

(1) M. Masqueray y fait une allusion dans sa thèse *Formation des Cités*. p. 189. Voir aussi supra à propos des constructions de Tiaret.

(2) Ce sont des gens pauvres, leur salaire est bien peu élevé, il varie entre 1 franc et 1 franc cinquante (1921). A la fin de la construction ils bénéficient d'une gratification variable qu'ils se partagent. Les arabes agrégés *(mdabih)*, parfois des nègres anciens esclaves, s'emploient comme manœuvres.

(3) Ce sont en général les puits du barrage situé près de la ville (le barrage d'Ahbas). Pour user de l'eau des puits urbains, il faudrait une autorisation du Caïd.

dus sont consacrés aux pierres, arrivées il est vrai à pied d'œuvre toutes débitées, mais qu'il faut cependant fignoler et passer au fur et à mesure au maître-maçon.

Les femmes n'ont aucun rôle dans la construction. Les voisins et les parents prêtent leurs bêtes pour le transport, leur aide effective se borne à cela. Par contre, ils ne cessent de venir voir les murs s'élever. C'est un spectacle pour les yeux et un sujet de conversation toujours renouvelés.

Il n'y a pas d'ouvriers spéciaux non plus. Le maître-maçon en tient lieu, il fait absolument tout, sauf les objets de menuiscrie. Encore est-ce lui qui les met en place lorsqu'ils lui sont apportés.

Durée et époque de la construction. — La nécessité d'avoir de l'eau pour la préparation du mortier et pour humecter les matériaux fait que l'on ne choisira jamais, à moins de nécessité absolue, la période des grandes sécheresses de l'été pour construire. Mais, d'autre part, il importe d'avoir des jours longs pour en finir plus vite. L'époque de la construction se trouve, pour ces raisons, tomber aux environs du printemps. La durée d'une construction n'excède jamais quatre ou cinq mois pour les plus grandes maisons; elle est même, en général, bien inférieure : un ou deux mois, parfois moins encore. Les petites demeures très simples peuvent être élevées en une quinzaine de jours [1].

Terrains à bâtir. — Dans les villes mzabites, on ne trouve pas à acheter de terrains à bâtir. Celui qui veut se loger répare une vieille maison devenue inhabitable ou bien démolit pour reconstruire [2]. Chaque ville est, en effet, étroi-

---

[1] Certains Mzabites prétendent que des maisons ont été élevées en un jour !

[2] La location aussi est de plus en plus pratiquée, les maisons se louent à l'année, en totalité, et pour des sommes dérisoires bien inférieures à l'intérêt des capitaux consacrés à leur construction. Une maison de huit mille francs se louera, par exemple, soixante francs par an (1921) à peine, de quoi acquitter l'impôt et les charges.

« Les habitants d'une ville peuvent renvoyer les locataires de leurs immeubles si ces « derniers leur causent du tort ou des dommages ». *Kanoun de Ghardaïa,* cité par Watin, 3e Note, page 32.

A Figuig, tout le monde est propriétaire. « les matériaux ne coûtent rien que la peine de les préparer et de les porter à pied-d'œuvre, l'emplacement ne se paie pas et la main-d'œuvre est à peu près gratuite ». Pariel, art. cité p. 259. On voit et on verra surtout, combien les conditions sont différentes au Mzab. Nos agglomérations mzabites ont des caractères d'urbanisme beaucoup plus accentués.

« Dans la ville abadhite, le droit d'être propriétaire n'est reconnu qu'aux Abadhites.

tement enfermée dans sa ceinture de murs; celle-ci est intangible, comme nous l'a démontré cette lamentable affaire qu'avait voulu traiter un spéculateur mzabite [1]. On assiste alors à ce paradoxe de villes construites au milieu de l'infini et qui sont renfermées dans un étroit espace, où la vie est comprimée à son paroxysme. C'est là un urbanisme bien sectaire avouera-t-on ! Il n'en est pas ainsi dans toutes les villes de la chebka, et il nous faut parler encore de Metlili. Les nomades de Metlili, citadins par influence, par imitation des Beni-Mzab, ne se soucient pas de leurs remparts; il n'en ont d'ailleurs pas! Aussi, une de leurs maisons menace-t-elle ruine, au lieu de la réparer et de continuer à y demeurer, ils l'abandonnent et construisent à côté. Leur ville est ainsi jonchée de malheureuses maisons mortes, à jamais abandonnées; quant aux anciens quartiers mzabites qui la dominent, quoique d'une architecture supérieure, ils sont depuis longtemps et pour toujours délaissés. Le nomade, seigneur de l'espace, ne compte pas avec le terrain ou les ruines!

Dans les villes de l'ancienne confédération mzabite, la question est toute différente. Ici règne le travail patient, c'est aussi le pays du souvenir : il convient d'habiter à l'endroit précis où les ancêtres ont vécu. Point de terrains sans maisons, ceux-là valent toujours ce que valent celles-ci. La superficie d'un terrain est assez restreinte. Comme le plan de l'habitation est plus long que large, il affecte ordinairement la forme d'un rectangle. Il aura, pour fixer par un exemple les idées, quinze mètres sur sept, soit dans les environs d'une centaine de mètres carrés [2]. A moins que la maison ne soit en angle, le côté en façade sur la rue sera ordinairement le

« Eux seuls peuvent y posséder une maison, un magasin un palmier, un arbre quelconque ou une terre. »

Autrefois, lorsqu'un étranger héritait d'un immeuble, la valeur de cet immeuble lui était remboursée.

Ces dispositions très curieuses qui prouvent l'exclusivisme des Mzabites étaient d'ailleurs précisées dans les conventions.

Lire, par exemple, *Les Iltifaqat de Beni-Sgen* publiées par M. Morand, étude précitée sur *Les Kanouns du Mzab*, p. 442.

(1) Voir ci-dessus : Les remparts.

(2) Une maison attenante à celle de Boudjenah que nous avons étudiée, est bâtie sur un terrain de 88 m2 de surface. Sa construction est en mauvais état du type ancien, elle a été cédée pour le prix de 12.000 francs en août 21. L'acheteur l'a acquise pour avoir le terrain seulement, il a donc payé celui-ci aux environs de 136 francs le

plus petit. Quelle complexité que l'existence dans ces petites cités! Voici un terrain nu, mais il a déjà demandé l'effort de démolir un édifice préexistant. Voyons maintenant quels sont les divers actes du drame de la construction prochaine.

Fondations et construction des murs. — Choix des matériaux. — Pour les constructions urbaines, les fondations (*sissan*, سيسان) sont d'une profondeur très variable. On peut poser le principe qu'elles vont toujours jusqu'au roc, aussi sont-elles beaucoup moins profondes sur la butte, puisque celle-ci a été déjà désagrégée par l'érosion qui a laissé son ossature à nu. Dans le kçar de Laghouat, comme des pitons se trouvent englobés dans le plan de l'agglomération, on a aussi ce spectacle de maisons aggripées aux flancs d'un rocher [1]. Mais là, les *ksouriens* constructeurs se sont simplement contentés de creuser superficiellement la roche de deux ou trois centimètres, puis ils ont littéralement posé les murs dans la faible entaille ainsi pratiquée. Tranquille innocence des *Laghouati!* Et leurs maisons témoignent, malgré cela, d'une vétusté respectable. Les Ghardaïens sont moins imprudents, ce sont aussi des architectes plus avisés. Ils s'attaquent au calcaire corps à corps, y ménagent souvent des sous-sol à la mine [2] et, en toute occasion, enterrent la base de leurs murs de trente ou quarante centimètres au moins [3] : sage précaution pour les asseoir suffisamment.

Dans le Mzab, l'infrastructure des murs est en pierre. On choisit les plus gros blocs que l'on agglomère avec du *timchemt*. C'est ici l'application d'un principe général et élémentaire de construction. Les intempéries et l'eau de ruissellement auraient vite fait, sans cela, de déliter les murs

mètre ! Il est vrai que c'est un quartier riche. Il est vrai de dire aussi que le Mzabite n'hésite jamais.

Soleillet, en 1877, prétend que le terrain à bâtir se payait 600 francs le mètre à Beni-Sgen, (*l'Afrique Occidentale*, p. 160).

Si l'on ajoute à ces prix les dépenses de construction, on arrive à des sommes considérables. Il faut ajouter cependant que des exemples sortent de la normale. A *Zgag Zerga*, le terrain d'une maison vaut de trois à quatre mille francs, c'est là un prix moyen pour le quartier.

Etant donné le prix de location de 10 francs par mois en géneral, construire au Mzab est une très mauvaise opération de toutes façons !

(1) Voir notamment rue Costa, près des bureaux du Commandant militaire du Territoire.

(2) Les Mzabites ont de tout temps su fabriquer de la poudre. Voir Masqueray *Formation* p. 208. Voir le *Mzab de Coyne* p. 33.

(3) Dans la partie basse de la ville, de 60 ou 70 cent.

par la base. Aussi, dans toutes les oasis, les fondations sont-elles toujours de pierre [1].

La construction des murs eux-mêmes pose la question du choix des matériaux qui seront le plus généralement adoptés. Sans qu'il soit question ici de la matière de liaison, on a reconnu, pour ce choix, que les caractères géologiques sont absolument secondaires. Les caractères physiques de dureté, de résistance et de forme influent seuls [2]. Et, en fait, au Sahara, le choix se pose entre deux catégories seulement : la *toub* et la pierre. Quelle est celle de ces deux alternatives que les Mzabites vont choisir? A Laghouat, le centre le moins lointain, les constructions sont en *toub*. Les habitants du Mzab ont adopté la pierre parce que, de vieille date, ils étaient un peuple constructeur et que rien de durable et de solide ne se fait sans elle.

La *toub* reste employée exceptionnellement, mais elle est de plus en plus délaissée. Elle demande beaucoup d'eau pour sa fabrication et, de plus, sa résistance est très faible. Au point de vue de l'habitabilité, d'autre part, les murailles de *toub*, très épaisses, emmagasinent la chaleur du jour pour la restituer pendant la nuit. C'est là un gros inconvénient pour les pays chauds. Malgré cela, la toub est encore très en honneur dans les bourgades du désert parce qu'elle est d'un emploi et d'une fabrication peu compliqués. Et c'est la loi du moindre effort qui fait que les nomades de Metlili lui conservent leur attachement dans beaucoup de cas. Les Mzabites ont de meilleures traditions.

Les murs des habitations *(marou*, pl. *imouran)* [3] ont une largeur différente suivant qu'ils sont extérieurs ou intérieurs. Les premiers ont 45 à 50 centimètres, les autres sont appelés demi-murs et ne possèdent que la moitié de cette largeur. Les murs mitoyens sont toujours composés de deux murs accotés, chacun ayant la force d'un demi-mur.

La construction d'un mur se fait avec une grande rapi-

---

(1) Laghouat, Touggourt, Figuig. Pour cette dernière voir Pariel op. cité p. 183. Même si le mur est en toub, les fondations sont faites en pierre, mais malgré cette précaution une pluie persistante suffit pour les faire fondre. Voir un article récent sur les maisons du Djerid tunisien et particulièrement de Tozeur (*Maisons qui fondent au pays sec* par L. V., l'*Illustration*, 24 décembre 1921 p. 619, photographies).

(2) Brunhes *Géog. Humaine*. Edition 1910 p. 126.

(3) A Ouargla *mourou* pl. *imouran*, peut-être du latin *murus* acc. *murum*, mur.

dité. Le maître-maçon, avec une dextérité remarquable, dispose les pierres et le *timchemt;* son équipe s'agite autour de lui et ne le laisse jamais les mains vides. Pour les murettes sans importance, il place même les *madoun* en hauteur et il est surprenant de voir la cloison s'élever et le *timchemt* prendre aussi vivement.

Dans certains cas, et c'est à Metlili que nous en avons vu le plus d'exemples, on dispose les pierres d'une façon spéciale pour arriver à une stricte économie du liant. Le maître-maçon place toutes les pierres plates face contre face et en travers, puis il penche légèrement tout cet alignement. Ensuite il place le mortier, mais sur les crêtes des pierres seulement et, sur le lit ainsi formé, il aligne de nouveau une seconde rangée de pierres inclinées cette fois dans l'autre sens. Comme le mur ainsi constitué offrirait de nombreuses solutions de continuité dans son épaisseur et que le froid et le chaud le transperceraient, on l'enduit ensuite, intérieurement seulement, d'une couche de plâtre.

Lorsque le maître-maçon travaille à l'élévation des murs, son équipe consomme, en effet, beaucoup de matériaux [1]. Le blocage demande surtout du *timchemt* et on cherche à l'économiser le plus possible·

Le crépissage des murs s'opère avec un mélange de sable et de chaux. Le lit de l'oued Mzab est tout entier revêtu d'un bon sable, fort pur, employé à cet effet. La proportion du mélange est de un kilog de chaux pour dix kilogs de sable. On crépit le mur devenu sec. A Laghouat, au contraire, cette opération est l'objet d'une attention toute spéciale. Le maçon craint que la construction ne travaille et par suite ne fendille le revêtement. Aussi s'abstient-il d'enduire les murs au moment des gelées et des grandes chaleurs. A·Ghardaïa, les murs sont crépis d'une épaisse couche, intérieurement et

(1) L'équipe absorbe par jour : 100 couffins de timchemt à 13 k. chacun et du coût total de 35 francs ; 6 mètres de pierre à 7 francs le mètre cube, et pour enduire les murs ainsi élevés : 130 kgs de chaux à 20 francs le quintal. Ces prix sont de 1921. Avant la guerre ils étaient beaucoup moins élevés : le timchemt coûtait 13 frs les 100 couffins, la pierre 2.25 le mètre cube et la chaux 5 francs le quintal. La crise du prix de la construction atteint, comme on le voit, même le Mzab.

Le prix de vente des maisons est très variable, dans le vieux quartier elles sont moins chères (1.500 à 3.000); en contre-bas de la butte *Zgag Haouech, Zgag Balellou, Zgag Zerga* elles atteignent des prix beaucoup plus élevés mais rarement en rapport avec celui qu'elles ont coûté. Leur prix de construction est toujours supérieur.

extérieurement. Ensuite ils sont blanchis à la chaux pour être toujours propres [1].

Sur la face interne des murs, les Mzabites aiment beaucoup ménager des étagères et des niches de toutes sortes. Celles-ci sont appelées *taqa* (طافة pl. طوافى), *mrafâ* (ar. مربع pl. مرابع étagères) ou *tizelri* dans la Zenatia du Mzab. Toutes ces niches servent à déposer les menus objets nécessaires à l'existence. Il y en a de toutes les formes, isolées ou en série; certaines sont profondes et ont leur partie supérieure hémisphérique, d'autres sont étroites, mais hautes, et semblent préparées pour recevoir des ollules funéraires [2]. Ces renfoncements dans les parois des chambres et des cours rappellent à s'y méprendre les *columbaria* antiques, ainsi que toutes ces niches si fréquentes dans les maisons étrusques et romaines [3].

Procédant de la même idée, on trouve aussi l'équivalent des anciens *podia* [4], petties murettes élevées jusqu'à hauteur d'appui à la base des murs et qui servent également à déposer des objets ou tiennent lieu de sièges à l'occasion [5]. Le maître-maçon ménage aussi très souvent des vides dans les murs intérieurs· Ces ouvertures, à un mètre un quart du sol, servent à aérer les chambres, on y tendra des stores ou des draperies *(aïdoul)* lorsque la maison sera habitée. Mais, par contre, les gros murs extérieurs seront toujours pleins; sauf la porte du logis, ils n'offriront aucune solution de continuité.

Escaliers. — On les nomme *tasent*, pl. *tisounan*. Ils sont toujours intérieurs pour accéder au premier étage [6]. Le mode

---

(1) Les maisons des gens aisés sont blanchies une fois par an, celles des pauvres beaucoup moins souvent. Chaque année, sans jour fixe, le nettoyage de l'habitation, quelle qu'elle soit, se fait en grand, c'est là une précaution souvent insuffisante.

(2) Les maisons de Sedrata, d'Ouargla possèdent anssi des niches rondes ou carrées dans leurs parois. (Tarry art. cité p. 12).

(3) C'est là une habitude très ancienne, les niches étaient multipliées dans les maisons et les constructions funéraires de l'antiquité.

Les tombeaux de Phénicie par exemple étaient abondamment munis de niches intérieures. Voir des croquis dans les *Missions* de Renan (Planches XVIII, XXX, LXIII etc....). On trouve aussi des niches dans les chambres funéraires du tombeau de la Chrétienne près de Tipaza.

(4) Daremberg : *Colombarium, podium.*

(5) Leur largeur n'est cependant pas considérable : 15 ou 20 cent.

(6) A Touggourt, Temacine et dans les oasis de l'oued R'ir en général, l'escalier de l'étage est situé dans la cour et extérieur aux chambres. Au Mzab l'escalier est ordinairement placé entre deux chambres, c'est à dire entre deux murs de refend.

d'existence de la famille mozabite ne saurait s'accommoder d'escaliers extérieurs qui obligeraient les femmes à se montrer. Ceux-ci pourraient être cependant nécessaires si les étages étaient loués indépendamment des cours, mais il n'en est rien. Quant à ceux qui donnent accès aux terrasses, ils sont le plus souvent protégés par les voûtes des portiques.

Leur technique de construction est assez grossière. Ils sont toujours droits, dans les maisons; il en résulte déjà une grande simplification tenant à l'inexistence d'une colonne centrale. Ce noyau aurait été difficile à constituer avec les matériaux légers toujours employés. Le même escalier ne dessert jamais en même temps l'étage et les terrasses. Si la maison a des terrasses accessibles au-dessus du premier, celles-ci sont munies d'un escalier distinct.

Trois types ont été reconnus: l'escalier plein, le plus lourd; c'est une masse de blocage où les marches ont été ménagées. Le second est plus pratique à construire : entre deux murettes espacées d'un mètre environ, on a scellé de larges pierres plates, formant les gradins successifs, qui portent comme des linteaux. Le troisième type est le plus élégant, c'est un escalier sur berceau construit aussi entre deux murs. Le berceau supporte des gradins légers, la voûte qu'il forme est construite suivant un procédé que nous allons étudier.

Les escaliers se replient en général sur eux-mêmes au milieu de leur hauteur. Au coude, quelques marches forment grossièrement la vis, il n'y a pas de paliers d'angle. La ligne de foulée est toujours très élevée et irrégulière, elle dépasse parfois quarante centimètres [1].

Planchers et plafonds. — Dans les vieilles maisons, le sol du rez-dechaussée est tout simplement en terre battue : mélange d'argile et de sable que l'on doit quand même apporter de l'oasis et de l'oued. Dans les demeures plus confortables, on trouve surtout dans les cours des parties carrelées; c'est-à-dire qu'un sol factice a été constitué avec du gravier et que par dessus on a placé des strates de pierres irrégulières. Ce pavage des cours donne un air plus propre à l'habitation. Quant aux chambres, un mortier léger étendu de beaucoup de sable, puis blanchi à la chaux, leur constitue un plancher solide et suffisant.

---

[1] A Sédrata d'Ouargla les escaliers des terrasses avaient des marches très hautes (Tarry, art. cité, p. 13).

Les plafonds sont d'une construction assez laborieuse, puisque l'architecte est limité par la force de résistance du *khecheb,* seul bois qu'il ait à sa disposition. Cette seule raison nous explique la longueur exagérée des chambres par rapport à leur largeur, qui ne peut obligatoirement être supérieure à deux mètres.

Les cours, plus vastes, possèdent toujours quatre piliers qui reçoivent les retombées des voûtes ou servent de points d'appui à la charpente s'il n'y a pas d'arcades. C'est la même nécessité qui fait que dans les oasis lorsqu'une salle plus large que celles habituelles est élevée, on la munit dans son axe de piliers centraux. Cette particularité est même souvent la base d'une appellation spéciale donnée à la pièce. Ainsi, à Figuig, les chambres se distinguent en « *maghzen* » et en « *ksar* » selon qu'elles ont ou n'ont pas une rangée de piliers au milieu pour doubler leur largeur.[1]. A Ghardaïa, les chambres avec piliers centraux sont fort rares, elles ne font pas partie de l'habitat courant. A Metlili, il existe dans certaines maisons des entrepôts à dattes ou des chambres d'hôtes plus grandes que de coutume. La charpente possède alors une disposition un peu différente: deux murs de refend d'un mètre environ forment saillie sur les grands côtés. Ils supportent deux demi-troncs de palmier adossés par leurs faces convexes et liés ensemble par du mortier. Ces solides traverses de trois mètres de long servent de point d'appui aux *khecheb* que l'on dispose perpendiculairement à eux et qui, d'autre part, reposent déjà sur les deux murs opposés de la largeur. Le plan de la chambre peut de cette façon développer 5 m. 25 sur cinq. Le toit des caves mzabites est agencé de la même façon. Les plafonds non voûtés *(seqef* سقف) sont toujours construits suivant le même mode. Les *khecheb* transversaux sont en général espacés de 60 à 70 centimètres. Tels quels, ils jouent le rôle des solives de nos planchers de bois. Il importe de combler les vides par des matériaux suffisants. Pour cela, les Mzabites disposent le long de la fente et formant une surface convexe, des planches de pin d'Alep qu'ils étayent par en dessous. Sur ce support, ils construisent des voûtelettes, formées de rangées successives de *madoun* placées face contre face et noyées dans un mortier vigoureux de *timchemt.* Lorsque l'ensemble est

(1) Pariel, art. cité, p. 277.

bien sec, les planches sont retirées et l'on a un plafond solide, analogue aux voûtelettes de briques sur fers à T que nos maçons construisent. Sur l'extrados, afin d'avoir une surface plane à l'étage, on formera un sol factice, grâce à un mélange de *timchemt* et de sable.

Dans les anciennes habitations, les plafonds en voûtelettes sont moins fréquents. On retrouve alors la méthode plus fruste propre aux constructions sahariennes des oasis. Les *khecheb* sont plus rapprochés et par dessus transversalement des stipes de palmes de dattier *(djerid* جريد*)* ont été alignés en rangs serrés. On les aperçoit du dessous entre les solives, car ils ont un ton jaune beaucoup plus clair que celles-ci. Comme des interstices pourraient encore subsister, le maçon étale par dessus une bonne épaisseur de feuilles de palmier *(saâf* سعيف*).* Et, dès lors, le tout constitue une assiette suffisante pour supporter un sol factice de terre ou de sable. C'est là le prototype du plafond du Sud: le palmier en fait encore uniquement les frais.

Piliers, voûtes et arcades. — Les supports verticaux s'appellent indifféremment *arsa, amoud* ou *saria* (عرسة — عمود ou صارية) sans distinguer si ce sont des colonnes ou des piliers ordinaires.

Les piliers, construits à chaque coin des cours, ont une coupe carrée à leur base. Ce carré a 30 ou 40 centimètres de côté et il présente un rentrant régulier, au lieu d'une arête, à son angle situé vers l'intérieur de la cour; si bien que chaque support construit cependant d'une seule pièce, paraît être formé de deux piliers soudés à angle droit. Ils s'évasent vers le haut, formant console, et c'est sur cette espèce de tailloir que s'asseoient les poutres transversales. Leurs matériaux sont ceux des murs; on choisit des pierres plus petites cependant.

Dans les portiques d'*ikomar,* on trouve des fûts; leur régularité apprend tout de suite si le maçon s'est servi de moules. Dans ce dernier cas, il coule dans un cylindre de bois [1], souvent orné de cannelures, une pâte épaisse de *timchemt* et de pierrailles et, après dessiccation, il découvre un fût généralement très court (de un mètre à un mètre

---

(1) Ce cylindre reçoit l'appellation de *qaleb,* moule. Parfois, le maçon n'emploie que du *timchemt* malaxé avec de l'eau, sans y mélanger des pierres.

cinquante), mais présentant, par contre, toute garantie de solidité.

Les piliers et les colonnes sont souvent percés de logettes [1] dont on ne comprend pas à première vue l'utilité; elles servent tout simplement à placer des objets domestiques.

Les voûtes (*qous, aqouas*, au pl. اقواس * فوس) constituent un des caractères à part de la maison mzabite. On les trouve, nous le savons, surtout dans les portiques supérieurs. Si l'on veut leur appliquer les dénominations architecturales, elles sont presque toutes à employer : plein cintre, arc outrepassé, arc surbaissé. Un type domine cependant, c'est l'arc lobé; il existe aussi, dans la salle de prière de la mosquée et c'est le même qu'on retrouve dans les ruines des villes berbères du Xᵉ siècle (qal'a des Beni-Hammad).

Les arceaux naissent en général directement sur le fût [2] sans aucune transition ni chapiteau. Nous avons déjà eu l'occasion de faire cette remarque à propos des portiques de la place du marché. Cette disposition est l'indice sûr d'un style très archaïque. Souvent aussi les retombées des voûtes forment des cannelures horizontales à l'emplacement normal des sommiers. Ces découpures leur donnent un air d'élégance que les Mzabites affectionnent beaucoup [3]. Si ces dentelures sont nombreuses, comme elles sont disposées en retrait les unes par rapport aux autres, elles tendent à rapprocher les bases de l'intrados de la voûte et à accentuer le lobe qu'elles surélèvent. L'arc outrepassé semble ne pas avoir d'autre origine, à Ghardaïa.

L'arc en fer à cheval brisé, si fréquent dans les édifices algérois de la domination turque, ne se rencontre pas. En somme, toutes les formes d'arcades ont des profils simples, dérivant directement du plein cintre [4]. L'arc en anse de

---

(1) Voir une colonne numidico-punique, dont on a retrouvé un fragment et qui est percée de niches dont on ne sait pas la destination ; in dʳ Judas. *Seconde addition au mémoire sur 19 inscriptions numidico-puniques*, p. 268. *Rec. Soc. Arch. de Constantine*, 1866.

(2) Rapprocher cette technique de celle des arcades des maisons sédratiennes dessinées par Tarry dans son art. précité, p. 16. fig. 9. C'est absolument le même profil.

(3) Nous avons vu que les arcades de Sedrata comportaient aussi des découpures à la base des arceaux; mais elles étaient plus larges et moins multipliées (Tarry, fig. 7, p. 14).

(4) Une médaille du musée de Constantine, nᵒ 1996, a sur son revers, une porte de ville à deux entrées. Celles-ci sont en arcades et représentent exactement nos voûtes mzabites surhaussées. La monnaie porte sur l'avers une légende punique. (Voir A. Cat musée de Constantine, Ann. de la *Soc. Arch. de Constantine*, 1876-77. Gravure dans le volume de l'année 79-80).

panier serait celui s'en écartant le plus; or, son tracé est encore bien élémentaire.

Si les colonnes n'ont pas de chapiteaux, elles ne sont pas davantage pourvues de bases. Lors de leur construction au coffrage, le maçon s'est tout simplement assuré que la pâte qu'il coulait allait bien faire corps avec le sol factice sur lequel elles devaient reposer.

Les tympans séparant deux arcades sont toujours percés d'une ouverture oblongue, disposée dans le sens de la hauteur et dans l'axe de la colonne ou du pilier. C'est là aussi une réminiscence architecturale que les Mzabites ne savent d'ailleurs pas expliquer, mais qu'ils n'omettent jamais lors de la construction.

La construction des voûtes dans le Mzab [1] a déjà donné lieu à quelques observations. On a dit que les maçons y procédaient sans faire usage de cintres [2]. C'est là une performance qu'ils pourraient peut-être accomplir, mais qui ne les mènerait pas bien loin. Le *timchemt* prend assez vite et les matériaux sont assez légers pour que l'opération soit possible. Mais n'est-ce point une simplification que d'avoir recours à un support externe? Ce support est d'ailleurs bien léger; le maître-maçon choisit quatre ou cinq lattes de même longueur qu'il courbe entre les deux piliers, ou bien il se sert de *djerid* soigneusement taillés et liés, qu'il place de la même façon. Ce sommaire appareil paraît même plus traditionnel que l'autre. Il a ainsi un cintre, un cintre fort léger, mais qui lui servira cependant pour disposer peu à peu ses matériaux dessus. Il arrivera facilement de la sorte à compléter son arc. Une des originalités de sa méthode consiste surtout, dans le fait qu'il intercale, au sein de la maçonnerie, d'autres *djerid* dont la courbure est parallèle à celle de la forme. Celle-ci ôtée, ils n'apparaîtront pas à l'intrados de la voûte, mais ils constitueront pour elle une ossature interne qui l'empêchera de se déliter ou de trop pousser.

On comprend que cette armature invisible suffirait à l'occasion pour édifier une voûte sans cintre. C'est probablement de cette façon que les anciennes arcades ont été construites. L'antique simplicité de cette technique serait fort remar-

(1) Pour la construction des voûtes en Egypte, voir Brunhes, *Géo. Hum.* p. 134, N 1.
(2) Amat, *Le Mzab et les Mzabites*, p. 130. *Géo. Humaine*, p. 552.

·quable. Mais l'artifice du maçon n'est-il pas justement d'employer un cintre ici encore, mais un cintre intérieur cette fois !

Un rapprochement imaginatif pourrait être fait, c'est l'analogie qui existe entre la courbure élégante de nos arcatures et celles des longues palmes ou des stipes des régimes des dattiers. Toutes deux procèdent de la flexibilité du *djerid*. Qui sait si cette image n'a pas influé sur la genèse de la voûte et n'a pas entraîné, dans les pays d'Orient, le progrès que celle-ci réalise sur le linteau.

Il est des voûtes pour la construction desquelles il faut à coup sûr un cintre : ce sont celles édifiées en briques de terre rectangulaires. Les maçons sahariens, en effet, savent faire des voûtes avec ces piètres matériaux; ils disposent les briques crues en les couchant régulièrement sur le cintre, l'une d'elles sert de clef; elles sont au fur et à mesure lutées avec de l'argile. L'arc achevé forme un système architectural très lourd et comme, d'autre part, il est surbaissé, la poussée de la voûte est considérable. On doit la neutraliser en intercalant l'arcade dans des murs solides ou en l'épaulant spécialement. D'ailleurs, cette méthode constructive n'est pas du tout usitée chez les Mzabites; on ne la trouve qu'à l'état sporadique à Metlili, alors qu'elle est très fréquente à Biskra et dans tout l'oued Rir' [1]. Nous voulions cependant la mentionner en passant.

Coupoles. — Certaines maisons possèdent une coupolette qui émerge de leur couverture. C'est là l'ornement des logements destinés à la réception. Il ne paraît pas proprement mzabite, mais semble avoir été emprunté par imitation. Au Souf, la coupole forme l'élément normal de couverture [2]. A Touggourt et à Témacine elle paraît surtout réservée aux édifices religieux; à Ghardaïa, on ne la trouve plus que dans les maisons aisées. Maintenant, par contre, elle accompagne toute maison récente et paraît avoir la faveur des constructeurs. La méthode d'édification employée est assez instructive.

Le maître-maçon ménage dans la toiture une ouverture

---

(1) Dans ces contrées la construction de toub forme la règle ; celle de pierre est réservée pour les édifices du culte ou les riches demeures.

(2) Voir une description détaillée dans Brunhes. *Géo. Humaine* 1910, p. 531.

en cercle possédant le diamètre voulu (1 m. à 1 m. 50 ordinairement). A l'extérieur de la maison et autour de cette ouverture, il construit une petite margelle de quelques centimètres de haut. Les choses en restent là. Une fois la maison terminée, il revient alors à la coupole qu'il édifie; au-dessus de la margelle, il place d'abord un premier rang de pierres amalgamées avec du plâtre, puis sur celui-ci une seconde assise formant un cercle un peu plus petit. Il continue de la même façon jusqu'au moment où il n'a plus qu'un trou pouvant être obstrué avec une dernière pierre plate. Dès lors, le maître-maçon a terminé une coupolette haute et profonde et il a accompli son travail sans s'aider d'aucune mesure particulière. La méthode rappelle étonnamment la construction d'un *trullo* dans les Pouilles italiennes [1] ; ici et là-bas, c'est la même simplicité archaïque.

On fait aussi des modèles pyramidaux à quatre pans, que l'on construit sur une forme de bois. Mais ces types récents, œuvre de la fantaisie des maçons, aidés par les qualités du plâtre, n'ont plus guère d'originalité. Les coupoles sont souvent surmontées d'ornements, rappelant parfois la forme d'une croix [2].

Terrasses. — Le problème du toit est un des plus âpres de la construction. C'est souvent par la solution qui lui a été donnée que l'on peut juger des capacités architecturales d'un peuple. Au point de vue ethnique, il n'est pas moins évocateur et si le milieu conditionne le choix des matériaux, l'agencement de ceux-ci est toujours l'expression d'une tradition certaine.

Quelle leçon vivante et instructive l'Algérie offre à ce point de vue ! Depuis les *mapalia* [3] de Salluste retrouvés dans les gourbis de la campagne, depuis les toits en tuiles de la Kabylie et de Constantine jusqu'aux toits en terrasses si étrangement disséminés à Tlemcen, dans le Gouraya, dans l'Aurès et enfin dans toutes les agglomérations du Sud, quelle

---

(1) Voir E. Bertaux. Trulli, Caselle et Specchié des Pouilles, *Ann. de Géo.* 1899, pp. 209, 210. Les *trulli* sont construits en pierre sèche ; ici le plâtre renforce beaucoup, il fait même former monolithe à la coupole dès lors très solide.

(2) Un de ces exemples se trouve *Zgag khedra* : 4 briques ou pierres plates ont été disposés en saillie sur les côtés d'un petit pilier.

(3) Pour les mapalia voir l'*Hist. Anc. de l'Afrique du Nord* de M. Gsell, pp. 313, 330 et 334 du tome 1 et p. 17 du tome 2.

curieuse et troublante diversité ! Rien ne parle plus à l'esprit qu'une carte de répartition faisant apparaître ces dissemblances [1].

Pour M. E.-F. Gautier, il y aurait lieu de reconnaître une architecture proprement africaine, que l'on peut appeler *zénète*, par exemple, et, d'autre part, un autre type, à caractères plus complexes encore, et qui aurait subi des influences sinon andalouses, en tous cas d'origine occidentale. Ce dernier type est celui de la couverture de tuiles; le premier est, comme on le pense, celui du toit en terrasse et il est presque superflu d'ajouter que c'est aussi celui de nos maisons mzabites.

Lorsque l'on descend du Tell [2] sur Ghardaïa, on abandonne les dernières toitures de tuiles à Boghari. Ce petit kçar, à caractère déjà semi-saharien, perché au seuil du pays nomade, domine encore de ses pignons et de ses toits inclinés, la plaine immense du Sud. Après lui, l'habitation humaine du sédentaire ne sera plus revêtue que de terrasses linéaires.

Les terrasses de Ghardaïa, *anejj* [3], sont, comme toutes les autres, constituées par une combinaison de plans faiblement inclinés. Ce qui les différencie, c'est leur solidité qu'elles empruntent à leur infrastructure; sur les voûtelettes de *madoun*, le maçon égalise une couche épaisse de pierres minuscules, résidu de la fabrication du *timchemt*. Par dessus, il coule un mélange de sable et de chaux appelé *hasba* حسبة et formé de deux parties de sable pour une partie de chaux. C'est cette pâte assez ferme qu'il aplanit soigneusement et sur laquelle il ménage des faces légèrement déclives pour le partage et l'écoulement facile des eaux. Cette dernière opération demande un coup de main spécial, car elle est faite simplement avec la base d'une palme de dattier ou *karnaf* كرناف dont on fait usage comme d'un battoir. Lorsque le mélange est bien sec, la terrasse est blanchie de plusieurs couches de lait de chaux.

---

(1) On en trouvera une dans l'article de MM. Aug. Bernard et Edm. Doutté sur l'Habitation rurale des indigènes de l'Algérie. *Ann. de Geo.*, tome XXVI 1917, texte pp. 219 à 228.

(2) Les arabes du Sud entendent par *Tell* tout le pays de l'Algérie du Nord sans autrement distinguer. Pour eux c'est la région qui s'oppose au Sahara.

(3) A R'adamès la terrasse se dit *innidji*. Motylinski, op. cité, p. 163.

En somme, la terrasse mzabite, quoique fabriquée uniquement avec des matériaux locaux, possède des qualités de force et de solidité; elle ne rappelle en rien ces mauvaises toitures des *kçour* que l'on crève en tapant du pied [1].

Les terrasses de Metlili seraient plutôt voisines de ce dernier type, quoique certains *Chaamba* aient aussi adopté la technique mzabite. La terrasse elle-même est alors assise sur un plafond de *khecheb*, de stipes et de feuilles de palmiers; par dessus, on dame de la terre ou un mélange de terre et de chaux. Depuis toujours, c'est le toit grossier des habitations sahariennes; les oasis de l'Orient n'en auraient point d'autre et les maisons de l'Egypte ancienne ou de Babylone étaient couvertes de la même façon [2].

Les terrasses ghardaïennes sont accompagnées de dispositifs spéciaux pour assurer l'écoulement des eaux pluviales, ainsi que d'éléments de décoration. Le bord de la terrasse, lorsque celle-ci n'est pas clôturée, est limité par une bordure maçonnée de quinze centimètres de haut environ, appelée *lesas* (لساس) [3]. Son rôle est d'empêcher l'eau de se déverser par dessus le mur et de l'humidifier; elle doit aussi la canaliser vers les gouttières.

Les gouttières ont la forme de gargouilles allongées en dehors de l'alignement des façades pour projeter l'eau au milieu de la rue. Elles se nomment toutes *senfir* ou *soufir;* ou bien ce sont des tubes de poterie noyés ou non dans du plâtre, ou bien ce sont des troncs de palmier soigneusement évidés à l'intérieur. Les pluies sont très peu fréquentes au Mzab, mais chaque maison dispose de tout ce qu'il faut pour

---

(1) Voir, par exemple, une description des toitures en terrasses du Sud oranais dans *Le Sahara*, de M E. F. Gautier. I, 267. Les terrasses de l'Aurès sont supportées par tout un luxe de charpente, rendu nécessaire par la mauvaise qualité du liant employé par les chaouïa. D'ailleurs, ceux-ci ne sauraient probablement pas fabriquer des plafonds en voûtelettes. Voir des détails et des croquis sur la construction de leurs terrasses dans Randall, Maciver et Anthony Wilkin, *Lybian Notes*, p. 26. *La Monographie de l'Aurès*, de de Lartigue, contient aussi quelques lignes sur cette question. Mais celles-ci ne font que reproduire les développements de *Lybian Notes*.

(2) Voir Daremberg et Saglio : *Tectum*.
A Laghouat, des roseaux remplacent souvent les *djerid*; par dessus on étale des feuilles de palmier ou bien du *sennoug* (سنّوق) ou feuilles d'alfa mâle. Sur ce lit, le maçon dispose alors 20 cent. d'argile noire humide, puis une autre couche de 10 cent. de sable purifié par le vent (safi صافي). C'est la couche inférieure d'argile qui imperméabilise ce toit.

(3) Dans le Tell, ce mot désigne les fondations.

les supporter. C'est peut-être une habitude de l'époque où les Mzabites résidaient dans des régions moins arides·

Les cheminées et les trous d'aération des caves débouchent aussi sur les terrasses; on distingue difficilement les premières des seconds [1]. Leurs ouvertures terminales sont protégées par des pierres plates ou des poteries souvent surmontées de boules de terre disposées en chapelet. Ces boules de terre, au nombre de deux ou trois ordinairement, ont un nom : on les appelle *imzargen*. D'autres fois, c'est un croissant qui décore la partie terminale. Les Mzabites aiment beaucoup ces sortes d'ornements dressés.

Mais ce sont surtout les *lesas* ou bordure des terrasses, qui se relèvent dans les angles et affectent des formes dentelées. Ces dentelures souvent triangulaires constituent l'un des éléments les plus répandus de l'ornementation saharienne. On les retrouve sur les maisons, non seulement dans l'oued Rir', à Ouargla, mais aussi jusqu'au fond de la Saoura et du Touat [2]. D'autres fois, ces ornements revêtent la forme de pédoncules ou de redents, semblables à ceux qui couronnent les édifices religieux.

---

(1) A Laghouat, les cheminées des maisons ont près de 1ᵐ50 de long. Ce sont de longues échancrures, couvertes de tuiles placées par deux en chapeau. Les habitants, en effet, font brûler leur feu au milieu de leurs chambres et comme ils emploient du mauvais bois, le moindre foyer dégage une intense fumée qu'une cheminée ordinaire ne saurait évacuer.

(2) Voir les photographies des habitations de Kerzaz dans la Saoura et de Timimoun dans le Touat. E. F. Gautier, *Sahara*, I, P. XXXV, fig. 66 ; P. XLI, fig. 78.

CHAPITRE VI

Le Contenu Mobilier

Les objets domestiques usuels

La nomenclature des meubles est bien mince, il faut l'avouer. La femme, en se mariant, devra apporter à son mari tous les ustensiles utiles à la vie commune; ses parents et sa famille se chargent de les lui donner. Chez les *Mdabih*, le père doit, en outre, faire don à sa fille d'un tapis, en général de fabrication du djebel Amour. Nous allons passer en revue les objets originaux [1] que l'on rencontre dans une maison du Mzab. A cette occasion, parlons d'abord des poteries.

Poteries

Quoique le nom de *fakhar* (فخّار ar. potier) soit souvent porté par les Abadhites du Mzab, on est étonné de l'état arriéré dans lequel se trouve cette industrie. Certes, il n'y a pas ici un motif aussi fourni que celui offert par la Kabylie [2]. Et pourtant ces patronymiques sembleraient dire qu'autrefois cela n'était pas. Les Djerbiens, autres sectateurs de Kharedjime, sont fort habiles potiers; ils approvisionnent de leurs articles les localités de la Tunisie du Sud, leurs manufactures sont florissantes [3]. Pour les cinq villes de l'oued Mzab, au contraire, on ne fabrique des poteries qu'à un seul endroit : c'est en contre-bas de Melika, là où nous avons déjà rencontré les fours à chaux [4]. Les Mzabites,

____

(1) Les objets communs tels que coffres, tables rondes et basses, siéges, sont les mêmes que dans le Tell et ne seront pas décrits. Pour les lits voir supra.

(2) Voir le si intéressant ouvrage d'ethnographie écrit sur les poteries kabyles par M. Van Gennep. Voir aussi comme complément à ce travail, G. Marçais, Notice sur deux vases Kabyles trouvés à Constantine. In Recueil des Notices et Mémoires de la *Soc. Arch. de Constantine.* Année 1914.

(3) On compte 129 ateliers à poteries à Djerba. Bertholon, *Exploration anthropologique de Djerba*, p. 579.

(4) Il y a vingt ans cet ateier n'existait même pas, le Mzab était alors contraint d'importer ou bien recourait à la manufacture à domicile.

grands voyageurs, rapportent le plus souvent leur céramique du Tell et, pourtant, il existe chez eux des formes originales qui prouvent une industrie ancienne.

Le potier *(amellas)* pétrit l'argile humide sur une aire plane, en s'aidant de ses pieds, puis il continue à la travailler de ses mains. Lorsque la pâte est suffisamment plastique, il la place sur son tour et la façonne après y avoir mêlé du sable en guise de dégraissant. Ce tour est d'un modèle conforme à ceux que l'on trouve dans l'Afrique du Nord et dont la description a été faite ailleurs [1]. Il est formé essentiellement d'un double plateau, dont l'un est moteur, grâce aux pieds. Le potier l'appelle *djerara* (جرارة) ou *naoura* (نـعـورة machine tournante), comme chez les Beni-Snous. Après avoir tourné et façonné son objet, il le lisse à peine avec ses doigts humides et sans se soucier de le décorer ou de l'inciser pour y disposer des dessins; il le met en réserve avec d'autres pour attendre la cuisson [2]. Dès lors, un des grands intérêts de la céramique disparaît : elle n'est pas décorée. On ne fabrique pas davantage de poteries vernissées [3]; en somme, nous ne trouverons que des articles de bas prix et d'une technique très simple.

Le potier fabrique d'abord des objets qui entrent dans la construction des maisons ou des bassins : ce sont des tubes longs de 40 centimètres et qui servent de gouttières *(soufir)* ou de petits manchons, tenant lieu de tuyaux d'écoulement aux réservoirs à eau des jardins. Puis il confectionne des aiguières en terre *(ibriq* إبريـق*)* [4], sortes d'alcarazas à anse, munies d'un tube effilé pour la sortie de l'eau en un jet très mince. Il fait aussi toutes sortes de récipients.

Les plus gros *(qaçria)* servent pour les provisions d'eau. Ils sont formés de deux parties soudées à froid et au pouce;

---

(1) Van Gennep, op. cité p. 28 : le problème du tour à potier.
Ce tour employé au Mzab est aussi du même modèle que celui employé au Maroc et décrit par Laoust, *Mots et choses berbères*, p. 65.

(2) A Djerba, il existe des fours symptomatiques (voir Bertholon art. cité p. 579), leurs murs sont complétés par de grandes jarres pour empêcher les déperditions de chaleur. Au Mzab la cuisson s'opère dans les mêmes fours que ceux à chaux. Les objets sont disposés en cercle sur un renfoncement ou sur les pierres : elle dure trois jours complets.

(3) Dans les déblais jetés au bas des remparts de Melika on trouve beaucoup d'éclats de poteries vernies. « On en fabriquait autrefois » disent les Mzabites. Ils prétendent que maintenant ce serait trop coûteux, surtout comme cuisson.

(4) Ce mot désigne les aiguières, en terre ou en métal, dans toute l'Algérie ; au Maroc il a un sens différent. Voir sur ce point un art. très complet : L. Brunot, Noms de récipients à Rabat (dessins) in *Revue Hesperis*, pp. 111 à 140 et particulièrement la p. 113.

celle inférieure est une large calotte et celle du dessus un simple manchon rond. On les appelle aussi *mehbes* [1]. Ils ont des diminutifs de toutes tailles *(mehbissa)* [2], petits vases à anses dont certains possèdent un goulot; il fait aussi des écuelles, *ajeddo* en m.; les vases se nomment *oujera*. Enfin, le potier fabrique des petits pots à fards [3] pour les femmes, qui servent aussi d'encriers, et surtout il confectionne des lampes.

Les lampes à huile que nous lui avons vu faire [4] sont d'un modèle bien primitif. Dans l'échelle de l'évolution historique de la lampe, elles occupent presque le plus bas degré : ce sont des écuelles profondes, munies dans leur bord d'une encoche, faite au pouce, où l'on place la mèche. On les vend toujours accompagnées d'une cupule que l'on place

Fig. 8 et 9. — Mosquée de Melika. — Lampes en terre à un ou plusieurs becs

dessous et qui retient l'huile qui s'échappe des flancs poreux du récipient [5]. Elles se nomment *inir* [6]. Il y en a de plus petites, revêtues intérieurement d'un engobe d'argile rouge; elles ont aussi la même forme; cette forme qui nous ramène à l'aurore de l'industrie céramique des peuples. Pourquoi les Mzabites sont-ils si en retard à ce point de vue?

Ils fabriquent encore des modèles différents; nous les avons

(1) Ils rappellent les *dolia* romains.

(2) Ces petites jarres se nomment *barbara* en mzabite.

(3) Ces petits pots rappellent singulièrement ceux que les romains fabriquaient pour le même usage. Les femmes usent largement de la peinture mais jamais des tatouages.

(4) Elles avaient été commandées au nombre de trente pour la Mosquée de Beni Sgen. Le potier nous en a cédé une. v. fig. 11 : la lampe a 12 cent. de diamètre, la coupe du dessous 16, la hauteur des deux pièces est de 10 cent. L'épaisseur moyenne est de 1 cent.

(5) Cette soucoupe est appelée *mr'ella* (مطلة). La lampe complète est aussi appelée *mesbah*. *Mesbah* est également un nom d'homme.

(6) Les lampes à huile en poterie ou en fer blanc, celles-ci importées du Tell, sont de beaucoup les plus nombreuses. L'huile à brûler *lenni* forme encore la base du luminaire. Les riches emploient aussi le pétrole et le carbure ; ils se servent alors évidemment de lampes modernes. Pour les chambres à coucher ils préfèrent les bougies de cire. Certains puristes prétendent qu'il ne faut pas employer les bougies de Marseille, car elles sont fabriquées avec de la graisse (*oudi*) d'animaux non tués suivant le rite !!

reconnus dans les mosquées. Leur technique nous a d'ailleurs tout de suite appris qu'ils avaient été faits sur place. Dans les rues et les mosquées, il existe, en effet, de petits autels ou oratoires [1] dédiés à un saint ou à un personnage religieux : ils sont constitués par une simple niche noircie par la fumée d'une lampe qui y brûle toujours. Ce sont ces lampes que nous avons examinées.

Nous en avons vu en tout cinq ou six et elles nous ont fait assister à une véritable évolution de la lampe, rappelant celle établie par l'archéologie, depuis la lampe la plus primitive, jusqu'à la forme classique de la lampe romaine. Sur les cinq ou six, nous avons reconnu quatre modèles différents.

Le premier avait encore la forme d'une coupe, mais aux

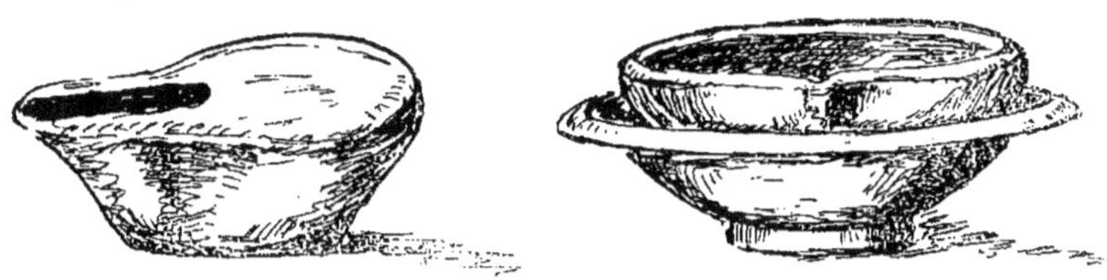

Fig. 10 et 11. — GHARDAÏA ET BENI SGEN. — Lampes usuelles en terre

bords légèrement rentrés; l'encoche s'était refermée par dessus formant une sorte de goulot pour le logement de la mèche, et à son opposé existait une queue pour le saisir. La seconde lampe présentait les mêmes caractères, mais avec deux trous à mèche, la troisième en avait trois, mais pas d'oreillon [1]. Enfin, la quatrième reproduisait sensiblement la lampe romaine; les bords du récipent s'étaient soudés sur la lampe pour couvrir le liquide. Cette mince cloison supérieure était percée d'une fente large d'un doigt et, pour supporter la mèche, le bord affectait à un endroit une forme légèrement effilée où la fente finissait. .

La co-existence de ces lampes toutes actuelles, mais représentant chacune un âge différent, est une chose assez curieuse. Elle nous montre la persistance des formes archaï-

(1) Niches de la Mosquée de Melika, de Ghardaïa, passage couvert au Sud-Ouest de la Mosquée de Ghardaïa ou Tiskifi *Mamma Ali.*

(2) Lampes situées dans des niches de la Mosquée de Melika. Nous n'avons pu que les dessiner vu leur caractère sacré (fig. 8 et 9). Du genre de la 4ᵉ nous en avons vu au Tiskifi Mamma Ali et à la Mosquée de Ghardaïa. Le potier sur notre demande, nous en a fait une reproduction exacte et assez rapidement, prouvant par là qu'il savait aussi en fabriquer de ce modèle, fig. 10.

ques avec les formes évoluées. Bien plus, c'est lé type le plus ancien qui est encore le plus courant. Pourquoi cette contradiction? parce que le type ancien est le plus simple. En toute occurrence, nous pouvons dire que les lampes de poterie mzabite représentent maintenant encore une des techniques les plus anciennement connues [1]; elles nous font remonter à plusieurs millénaires en arrière.

Le foyer, les ustensiles de cuisine, le four les autres objets

La cuisine se fait dans la cour où est établi le foyer; rarement, elle est installée dans un local distinct. Il semble qu'aucune croyance ou usage ne soient spécialement attachés au foyer; celui-ci, s'il ne bénéficie pas d'une cheminée et d'un âtre ménagés dans un angle de la cour, comme nous l'avons vu, est tout simplement constitué par un *kanoun* ou même par trois pierres, suffisantes pour élever le récipient au-dessus du feu [2]. C'est même ce dernier dispositif qui est le plus souvent préféré. Si c'est un chaudron qu'il faut faire chauffer, on le suspend par des crochets au-dessus du feu; les crochets pendent eux-mêmes au bout d'une corde fixée au plafond de la cour, sur le bord.

Le coin où l'on fait la cuisine se nomme *doukhana* (de fumée, *doukhan* (دخان ٤ دخانة) ou *mtebkha* (مطبخة) comme dans le Nord. En mzabite on l'appelle *inni*. Il s'en dégage toujours une âcre fumée due au combustible employé. Nous retrouvons ici cette question épineuse du ravitaillement en bois. On fait venir du *retem* de très loin et il est

(1) Dans les fouilles de la Kalaa des Beni Hammad on a trouvé des lampes rappelant celles antiques. Voir les beaux albums de M. G. Marçais « Poteries et faïences de la Qal'a des Beni Hemmad », p. 14 et pl. V.

La lampe sans couvercle, se retrouve à l'aurore de toutes les civilisations. On en a trouvé à Tyr de cette forme.

Renan, *Missions de Phénicie*, pl. XXXI, fig. 10, lampe de Gebeil. Le Musée de Carthage en possède asssi. On retrouve parmi elles les modèles ayant cours au Mzab à l'heure actuelle. Les lampes découvertes sont toujours accompagnées d'une petite assiette qui recevait le suintement de l'huile. Voir Gsell, IV, pp. 60 et 61.

(2) كانون fourneau d'argile commun chez les Arabes ; ils ne sont jamais décorés. Kanoun est le nom le plus répandu dans la région de Constantine et d'Alger. On les appelle *Mejmar* à Nédroma et *bou joudl* à Tlemcen. (G. Marçais, art. cité sur *Les Poteries*, avant-dernière note).

Les trois pierres du Mzab se nomment *innain*, c'est le pluriel de inni qui signifie âtre, foyer. (Voir la *Zenatia du Mzab*, de M. Basset, p. 39).

fort coûteux [1]. Les pauvres se cotentent le plus souvent d'aliments non cuits, à cause des grosses dépenses entraînées par la cuisson. Le foyer pourtant apporte beaucoup de vie dans la maison : on fait groupe autour de lui; c'est aussi le seul brasero qui permette de se réchauffer en hiver.

Dans certaines habitations, on trouve des fours, surtout chez les Juifs. Les Mzabites, gens plus pratiques, préfèrent aujourd'hui acheter du pain tout cuit; cela leur est plus commode, mais, de la sorte, l'économie domestique voit son autonomie entamée quant à la satisfaction d'un besoin essentiel. On les appelle *koucha* (كوشة) ou *tabounet*, m. La plupart n'ont qu'un mètre de haut, en comptant un socle de terre sur lequel ils sont élevés et qui a déjà, à lui seul, la moitié de cette hauteur. Le four lui-même est constitué par une calotte d'argile hémisphérique et creuse. Une ouverture circulaire permet d'introduire des pains d'une livre au nombre de quatre ou cinq. Avant de les placer à l'intérieur, on fait brûler les *ouqid* [2], en soufflant beaucoup, puisqu'il n'y a pas d'appel d'air. Le four est très vite chaud et permet une cuisson satisfaisante; pour ce, les pains de four sont alignés sur les cendres et l'ouverture est bouchée.

Pour faire sa cuisine, nous avons déjà dit que la femme mzabite ne bouge pas. Elle est accroupie devant le foyer et, grâce à la multitude des niches qui l'entourent, elle a tout à sa portée. Pour faire le *couscous (ouchou)*, elle se sert de la marmite arabe à bords étroits *(bourma* بورمة *ar.)*, sur laquelle elle place le *keskes (igouni* m.) qui contient la semoule où celle-ci cuit à la vapeur. Elle a aussi à sa disposition un grand plat de bois, deux cribles, un chaudron, un plateau *tajera,* un autre plat plus petit, des vases *(oujera)* et c'est à peu près tout. Nous ne parlons pas évidemment du mobilier des hauts personnages qui font venir tous leurs articles du Nord.

Le plat de bois, c'est la *gueçaa* (قصعة) arabe; on l'appelle *tzioua* en mozabite. Il sert à de multiples usages : fabrication du *couscous,* lavage des petits meubles et des effets, etc.

---

(1) La construction du bordj français en 1882, a aggravé le problème. Pour approvisionner les fours à chaux « on dût faire couper tout le retem du pays dans un rayon de 25 à 30 k. ». Robin. *Le Mzab,* p. 50. d° Chobaut, p. 67. On appelle *retem* le genêt épineux du Sahara.

(2) *Ouqid* وقيد. En Algérie, ce sont des gâteaux de fiente de vache, plats et ronds, que les femmes fabriquent pour s'en servir de combustible. Au Mzab et dans le Sud, ce sont des crottes de chameau desséchées.

Ce four que nous décrivons est situé maison Boualla, rue Badjri.

Il y a deux cribles *(r'erbel* غربـل arabe, *ir'erbel* m.), car l'un sert pour la confection de la semoule et l'autre pour purifier le blé et l'orge battus aux sabots des bêtes.

Le chaudron de cuivre *(tenjra* تنجرة ar.; *taïdourt* m.) sert à faire cuire les légumes, à faire chauffer de l'eau. Il est toujours noirci par la fumée. C'est un objet coûteux que l'on se prête de maison à maison [1].

Lors des repas, les hommes mangent au plat commun, en s'aidant parfois de cuillers en bois *(mer'erfa* مغرفـة ar., *ar'erdjaï* m.) seulement pour le couscous. L'usage du *metred*, sorte de compotier en paille, où l'on met la semoule ou tout met sec, est peu répandu.

On observe que les objets de vaisselle, fabriqués en matière végétale sont, par contre, très utilisés. Ils ont l'avantage d'être légers et de ne jamais se briser. Ce sont de petites assiettes confectionnées grâce à des cercles de *diss* [2] reliés par des feuilles de palmier trempées *(saâf* سعـف)[3]. Elles sont liées très serré et parfois décorées de menus carrés faits avec des feuilles teintes au préalable. Les cercles concentriques peuvent être taillés aussi dans un stipe de régime à dattes (عرجون *arjoun)*, c'est même le cas le plus fréquent, car il n'y a pas de *diss* à Ghardaïa. Pour les imperméabiliser, on les met à tremper dans du goudron; leur nom est *guennina* (قنـيـنـة) et entre autres utilités elles servent de récipient à traire les chèvres.

Il existe aussi des modèles plus grands qui ont le diamètre d'une *gueçaa;* on les appelle *tbague* (طبـق), en mozabite *tendount;* on y met du grain ou des dattes sèches [4].

Certains aliments sont conservés dans des jarres en terre cuite; ainsi le *guedid* [5] (قـديـد) ou viande boucanée, est mis

----

(1) On rencontre souvent des femmes qui en transportent ; elles les portent sur la tête mais le fond par dessus ; ce qui fait que leur figure disparaît complètement et qu'elles ne peuvent progresser qu'en jugeant de l'endroit où elles se trouvent d'après le sol.

(2) Ampelodesmas tenax.

(3) Ces récipients sont répandus aussi au Maroc et à Rabat particulièrement (article précité de Brunot, p. 127).

(4) Mentionnons encore de petits mortiers en bois *ar Mehres* مهراس m. *tar'ouri,* très longs, creusés dans un tronc à faible diamètre, et qui servent à piler les épices.

(5) La fabrication du *guedid*, appelé aussi *khelia* (خليع) permet de conserver indéfiniment la viande de mouton. La carcasse du mouton, lacérée au couteau, est salée dans les fentes, puis on la fait se dessécher au soleil de midi. On l'entoure ensuite de sa peau, pour l'enfermer dans les jarres.

à l'abri dans des jarres nommées *zir* ou *khabia* (خابيـة);
elles ont près d'un mètre cinquante de haut sur 30 ou 40
centimètres de diamètre. Ces jarres rappellent les amphores
antiques. On y conserve aussi du beurre et de la graisse
fondus [1].

L'eau à boire des maisons est contenue dans des outres
(*guerba* قربـة, m. *ajeddid*). Elles sont suspendues dans la
cour des maisons à de curieux crochets de bois brut. L'été
on met l'eau dans des *delou* pour la faire rafraîchir ; ce
sont des récipients constitués par une poche, aussi en peau
de bouc, et maintenue ouverte par un cercle. Les poils de
la peau étant en dehors font refroidir le liquide grâce à
l'évaporation. Sous *guerba* et *delou* se trouve toujours une
écuelle pour recueillir les trop précieuses gouttes d'eau qui
pourraient se perdre.

Il existe aussi, dans les maisons, des socles ronds en pierre
de calcaire. Leur partie supérieure est incurvée en demi-
sphère. Ces socles, appelés *sajel* ساجـل, ont pour utilité de
maintenir un vase à fond rond en équilibre, lorsqu'on le place
sur eux. Les Mzabites s'en servent surtout pour leurs aiguières de poterie; en penchant celles-ci, elles conservent leur
aplomb, mais l'eau s'échappe de leur goulot; alors on peut
se laver en ayant les deux mains libres. Ces pieds sont haut
de 30 ou 40 centimètres; ils ont une origine ancienne indis-
cutable.

La maison possède aussi des pierres plates avec trou au
milieu. Elles servent à écraser les noyaux, surtout ceux de
datte; on les nomme *meddaqua* (مدّافتـة).

LES TAPIS DU MZAB

Comment pourrions-nous passer sous silence les tapis,
alors que, donnant aux intérieurs la couleur et la vie, ce sont
à proprement parler les seuls meubles de l'habitation.

Les tapis du Mzab, comme beaucoup d'autres, n'ont fait
l'objet d'aucune étude; et pourtant, quelle variété extraordinaire dans cette production de l'Afrique du Nord! Depuis

---

(1) Pour le beurre et la graisse, les habitants de Figuig emploient des jarres qu'ils
nomment aussi *Khabia*. (Pariel, art. cité).

les tapis de Mascara, du djebel Amour, de Sétif, jusqu'à ceux à haute laine du Souf ou aux *dokkali* des Chaamba [1], quelle multiplicité admirable dans la technique, la décoration et les coloris ! Quel chaos en même temps pour s'y reconnaître au milieu de toutes ces fabrications distinctes ! Combien d'enquêtes locales et méthodiques faudra-t-il tenter pour délimiter exactement les traditions, reconnaître les emprunts. C'est de tous ces rapprochements ethnographiques que pourront naître des lueurs à projeter sur le passé pour éclairer les origines. Déjà le travail est commencé [2], mais il faudra attendre longtemps avant de pouvoir en faire une synthèse.

Place qu'occupent les tapis dans l'activité humaine locale

Au Mzab, l'indusrie des tapis occupe une place prépondérante dans l'industrie humaine locale, et tandis que le travail des burnous (taille et broderies), ici comme dans le Nord, fait partie du domaine de l'homme, la confection des tapis est exclusivement de celui de la femme. En Algérie, l'homme intervient dans cette fabrication, tout au moins sous l'espèce du *maâllem* qui conçoit et fait exécuter les dessins; dans d'autres régions, c'est lui qui tisse et qui teint [3]. Au Mzab, il se contente d'assurer l'écoulement des produits et de ravitailler la maison en matières premières.

L'habitation est un véritable atelier familial. Les groupements en ateliers n'existent pas dans l'élément indigène, et il

(1) Il existe un livre sur les industries indigènes d'Algérie. Cet ouvrage de M. Vachon a surtout trait à l'enseignement professionnel et à son développement.
Nous citons d'après lui (Marius Vachon, *Les industries d'art indigènes en Algérie*, Jourdan 1902, pp. 17 à 20) les centres producteurs de tapis : Aflou, Alger, Aumale, Biskra, Batna, Bou-Saâda Canrobert, Chellala, Djelfa, El-Oued, Kabylie (Guergour, Amoucha, Takitount), Kalaa, Kremcha, Mekerra, El-Oued-Souf, Richa, Sétif, Saïda, Tiaret, Tlemcen. On peut dire que tous ces centres fabriquent des produits différents et l'on pourrait en ajouter bien d'autres, à commencer par Laghouat et Ghardaïa.

(2) Pour les couvertures de Tlemcen, les étoffes kabyles, voir Van Gennep, op. cité. Une monographie a été consacrée au travail de la laine à Tlemcen par MM. Bel et Ricard. Pour les *dokkali* de l'extrême Sud, voir L' Gautier, « Industrie des tentures dites *dokkali* au Gourara Touat », in *Exposé de la Situation générale des Territoires du Sud de l'Algérie*, 1912, pp. 97 à 120.
Le livre de M. Gaston Migeon (II' vol. du Manuel d'Art Musulman : *Les Arts plastiques et industriels*) se cantonne à la partie, déjà très riche, des tapis de l'Orient ; une courte bibliographie touchant ceux-ci y est indiquée.

(3) Desplagnes, *Plateau Nigérien*, p. 369 : le tissage des étoffes de laine ou de coton est réservé aux hommes chez les montagnards Habbès. Les chefs eux-mêmes tissent leurs vêtements. Les hommes teignent aussi les écheveaux filés par les femmes.
Plus loin. p. 370, l'auteur parle de draperies semblables à celles kabyles.

semble qu'ils n'y ont jamais existé, comme d'ailleurs, en général, dans l'Algérie tout entière [1]. En Tunisie, au contraire, à Kairouan d'abord, mais surtout à Djerba, le groupement par ateliers est très usité. Dans cette petite île abadhite la construction des ateliers de tissage donne même lieu à de curieux spécimens d'architecture [2]. Mais si le Mzab n'a pas adopté ce mode plus évolué, on peut dire, par contre, que tout intérieur y est un atelier en réduction. L'activité des femmes, en dehors des soins domestiques, se porte uniquement sur le métier à tisser. Ses productions variées sont un élément de richesse très considérable qui, s'il ne donne pas lieu à beaucoup d'échanges apparents, n'en constitue pas moins une ressource familiale importante. L'organisation économique des Beni-Mzab permet ici un écoulement certain des produits; les boutiques du Tell s'approvisionnent d'abord, à la demeure que le commerçant possède dans un des centres de la chebka. Là-bas, chez lui, des doigts alertes travaillent sans cesse pour satisfaire à sa demande.

Il est difficile d'exprimer cette production par des chiffres, de même qu'il est absolument vain d'évaluer le nombre d'ouvrières qui s'y consacrent; les gynécées du Mzab sont encore trop fermés pour permettre de tabler sur des précisions [3]. On peut dire que le Mzab absorbe non seulement toute la laine de ses moutons, mais qu'il en importe. Cette laine est utilisée pour fabriquer burnous et tapis uniquement. Beaucoup de transactions se traitent sur place pour satisfaire à la demande locale, d'autant plus qu'il y a peu de populations qui aiment autant la laine que celle-là; les *azzaba* ne sont vêtus exclusivement que de laine, la pureté de leurs vêtements est un signe de leur état d'hommes consacrés à la religion. Beaucoup d'échanges aussi se font dans

(1) Voir l'Exposition d'Art Musulman par M. G. Marçais, in *Revue Africaine*, 3ᵉ et 4ᵉ trimestre 1905, p. 392.

A Ghardaïa il existe par contre un atelier français de tapis, à l'établissement des Sœurs Blanches. Ces religieuses le dirigent avec une inlassable activité, s'attachant surtout à conserver dans les objets qu'elles préparent pour la vente, tout ce qui fait l'originalité des productions textiles mzabites. Non seulement on reçoit dans cet établissement le meilleur accueil mais encore une documentation des plus utiles est mise à votre disposition.

(2) Bertholon, *Exploration anthropologique de Gerba*, p. 566. *L'Anthropologie*, 1897.

(3) *Le Pays du Mouton*, édité par le Gouvernement général de l'Algérie, évalue en 93 à 6.000 le nombre d'ouvriers et de femmes employées aux tapis, dans le Mzab, (p. 171).

Chobaut, dans son voyage chez les Beni Mzab, cite une évaluation de 750,000 francs pour les produits du tissage en 1898.

le Tell et, à ce point de vue, des essais d'industrialisation pourraient être tentés pour développer ce soutien de l'économie domestique [1].

Mais qu'on ne croie pas que la femme mzabite trouve dans ce travail un salaire d'appoint qui lui permette de se constituer un pécule propre; comme chez les Mdabih d'ailleurs, elle n'a droit à rien sur les produits de son travail. Le maître de la maison en a tout le bénéfice; il a fourni les matières brutes, retire l'objet fabriqué et conserve pour lui seul la valeur du travail énorme qui a été fait.

Or, ce travail est fort long et délicat [2]; le *tizefri* est le siège d'une activité inlassable; mais, malgré l'ardeur déployée, une femme habile met bien deux mois pour terminer la moindre *zerbiet* [3]. Cette durée s'entend en comptant aussi le travail de la laine, car la confection de chaque tapis exige le recommencement, depuis l'origine, de toutes les opérations. On part de la laine brute qu'il faut laver, filer, teindre, etc.; la courte vue de cette économie traditionnelle empêche de comprendre qu'il existe dans la prévision une simplification.

Mécanisme de la production : travail de la laine et tissage : le métier

Nous possédons un texte berbère, en dialecte de l'Atlas marocain, qui traite très en détail du travail de la laine et des opérations du tissage [4]. Cette description faite par un habitant de Demnat, petite ville des *imazir'en* située au pied même du grand Atlas, semble écrite par un individu du Mzab; elle convient entièrement, presque sans retouches, à toutes les opérations qui nous préoccupent. Des faits et gestes qui paraîtraient futiles sont, au contraire, réglés par

---

(1) Un essai avait été tenté vers 1898, sous l'initiative du capitaine Massoutier alors chef de l'annexe à Ghardaïa. Les grands magasins, le Louvre par exemple, assuraient l'écoulement. Malgré la réussite des premiers efforts, l'expérience fut par la suite abandonnée.

(2) Toutes les femmes y sont astreintes. Cependant, dans certaines familles très riches, la femme du maître ne tisse pas, mais alors elle vit dans une oisiveté complète que rien ne vient remplir.

(3) Voir infra.

(4) Textes berbères en dialecte de l'*Atlas Marocain* par Saïd Boulifa. Publication de l'Ecole des Lettres d'Alger, 1909. *De la laine*, p. 175 à 199. Lire ce texte d'une précision très instructive.

Voir aussi : Joly, *L'Industrie à Tétouan*, Arch. Maroc. XV, 1909, p. 80-140 ; le livre cité de Bel et Ricard et Stuhlmann, *Aurès*, p. 113-121 (et fig.).

de vieilles habitudes ancestrales; ils ont, chez ceux qui les accomplissent, une signification précise et déterminée; à des milliers de kilomètres de distance, ils sont exécutés de la même manière et semblent, chez ces populations libyennes, découler de coutumes autrefois communes, comme si ces peuples, maintenant dispersés, avaient été fondus au même creuset. Curieuse constatation de l'ethnographie qui ne fait d'ailleurs que corroborer les conclusions générales de la linguistique berbère [1].

En ce qui touche le travail de la laine et des tapis, nous n'allons exposer que ce qui nous paraît être une originalité chez les Mzabites.

La laine *(tadouft)*, après avoir été lavée à l'eau chaude, ne peut pas être mise dans l'eau courante des *seguia* et des ruisseaux comme on le fait ailleurs; elle est placée dans un panier à claire-voie, au milieu d'un des bassins où l'on déverse l'eau des puits. Il faut évidemment plus de temps pour la rincer; une fois retirée et égouttée, on la transporte à la ville pour la faire sécher sur les terrasses des étages.

Le peignage se fait grâce à de petites cardes à main rectangulaires [2] ; le filage s'exécute au moyen d'un fuseau *(mer'zel مغزل)*, simple baguette munie à son extrémité d'une rondelle de bois. Le filage du fil de trame et du fil de chaîne n'est pas identique pour les vêtements, les couvertures et les tentures; il devait en être de même autrefois pour les tapis, mais maintenant leur chaîne se fait en coton, il n'y a donc plus que le fil de trame qui soit filé en laine. Les échevaux ainsi formés sont trempés dans les chaudrons de cuivre où chauffent des bains spéciaux.

L'application d'un mordant, sur la laine, permettant de fixer la matière colorante, se fait toujours grâce à un bain d'alun *(chebb شبّ)* [3] et de tartre. Lorsque les fils en écheveau sont bien mordancés, on les rince, puis on les plonge dans la teinture. Le beau rouge profond *(azzougar', rouge)* s'obtient avec des racines de garance *(troubia)* broyées au pilon; le jaune *(aourar')* grâce à la gaude ou réséda sau-

---

(1) Lire l'introduction à l'ouvrage de M. R. Basset, *Etudes sur les Dialectes Berbères*, Leroux, 1894. Publication de l'Ecole des Lettres, T. XIV.

Voir aussi Gustave Mercier, *Le Chaouïa de l'Aurès*, Introduction, p. II. Publication de l'Ecole des Lettres d'Alger, T. XVII, 1896.

(2) Saïd Boulifa op. cité p. 189. Voir aussi pour le filage p. 190.

(3) L'alun se nomme aussi *azrif*, on en trouve dit-on dans la Chebka

vage; le noir *(aberchan)* se fait de mille façons. Le tanin sert à le fixer, on l'extrait de la noix de galle ou de beaucoup de plantes sauvages, le lentisque, par exemple *(fadis,* ar. *dherou* ﺿﺮﻭ) [1]; la teinture noire elle-même se fait grâce aussi à la noix de galle ou bien aux écorces de grenade avec mordançage au sulfate de fer. C'est la noix de galle ou la grenade qui permettent ces noirs intenses ou ces gris-bleus *(azizaou).* La laine bien triée et lavée donne les blancs *(amellal).* Les vieilles femmes des tribus agrégées connaissent toutes ces recettes, elles savent discriminer entre les pierres de la chebka, les petites pousses sauvages qui leur donneront les tons désirés; elles savent aussi que les excroissances de *betoum* [2], pilées, donnent des teintes d'orange, que le bleu s'extrait de l'indigo *(nila)* et, grâce à toute leur science tinctoriale, si précieuse, elles sont en mesure de métamorphoser en écheveaux flamboyants et divers, la laine tout à l'heure uniformément grise et sale.

Le métier employé dans les intérieurs mzabites n'est pas cet instrument primitif que l'on trouve, fiché en terre, devant les tentes des nomades; le même, à la chaîne tenue horizontalement, qui sert à tisser les longues pièces de *felidj* [3], ou les tellis grossiers. C'est un métier urbain, dressé verticalement et rappelant ceux employés dans l'ancienne France pour les tapisseries de haute lice. On le retrouve d'ailleurs avec quelques variantes dans presque toute l'Algérie; une description précise peut seule permettre de distinguer les particularités locales.

Pour Ghardaïa, nous avons déjà vu les dispositions per-

---

(1) V. le nom des plantes en dialecte chaouia de l'Aurès par Gustave Mercier. Extrait du T. II des actes du XIVe Congrès des Orientalistes p. 86.

Ici nous pouvons noter la connaissance et l'utilisation très complètes des maigres ressources de la flore régionale. Les femmes, beaucoup plus que les hommes. sont surtout instruites dans cet art.

(2) Pistachier-térébinthe.

M. Doutté (Figuig, Notes et impressions *La Géo.* 1903. p. 201) indique aussi cette utilisation du pistachier dans le Sud oranais. Son étude contient des renseignements nombreux sur les teintures et les tapis de la région.

Dans le Mzab malheureusement, les couleurs d'aniline gagnent de plus en plus du terrain au détriment des teintures végétales traditionnelles. C'est une chose très regrettable car les couleurs ainsi obtenues passent avec le temps, de plus, avec elles s'introduisent des tonalités différentes et souvent malencontreuses comme ce rose qui envahit de plus en plus les tapis.

(3) Le *Felidj* a 8 m. de long sur 75 cent. de large ; ces pièces, cousues bords à bords servent à constituer la tente ; le *tellis* sert de couverture de *seridja*, c'est-à-dire de selle de mulet, ou de bassour (palanquin à chameau), ou de sac à grain.

manentes que le métier nécessite dans le *tizefri*. Les deux pièces de bois scellées dans le mur maintiennent en place deux montants fixés perpendiculairement sur le sol *(tiirselts,* pl. *tiirsal* [1], ar. *rekiza*, pl. *rekaïz* رکيزة * رکائز). Dans le plan vertical délimité par ces deux montants, deux ensouples horizontales s'emboîtent dans ceux-ci; la première, celle du haut, ou *zeradj* (زراج) est liée au faîte des poteaux, la seconde, celle du bas, constitue l'ensoupleau, c'est un tronc de palmier grossièrement équarri ; on l'appelle *khecheb* (خشب). Le métier entier est d'ailleurs constitué avec des matériaux locaux (bois de palmier ou roseau); on l'appelle *asetta* ou *adesete* en mzabite et *mensej* ou *nesija* en arabe (ذسيجة * منسج). Certains modèles plus forts, pour les grands tapis, se nomment *irgem zerbiat* (يرقم الزربية).

Le métier est toujours monté sur poteaux verticaux. Chez les Mdabih, rien ne le lie au mur et comme il possède une base suffisante, il peut être déplacé. Chez les Mzabites, au contraire, les montants sont quelquefois absents, les ensouples sont alors fixées d'une part au sol, d'autre part aux pièces de bois scellées dans le mur; dans ce dernier cas, le métier est fixe : il appartient à des citadins et n'a pas à répondre aux exigences de la vie nomade. Lorsque les Beni-Mzab villégiaturent à l'oasis, c'est encore une maison qu'ils habitent et leurs villas possèdent un *tizefri* aménagé tout comme ceux de la ville.

Les fils de la chaîne *(oustou)* sont tendus en une seule nappe entre les deux ensouples. Autrefois, étant en laine, ils étaient fort longs à régulariser; on appelait alors la chaîne *bâddadin*, maintenant celle-ci est en fils de coton. Aux murs sont fixés deux anneaux où passe une cordelette; celle-ci sert à tirer un bâton où sont enroulés des cotons *(nira)* permettant de croiser les fils de la chaîne; ce bâton est appelé *djerida*, c'est, en effet, une nervure régulière de palme. Au dessus de la *djerida* est intercalé, dans la nappe des fils de chaîne, un roseau *(maouel* m.) faisant croiser ceux-ci en sens inverse. La *djerida* sert, en somme, au rentrage de la chaîne et c'est par son mouvement combiné avec le mouvement de va et vient que l'on imprime au roseau, que la tisseuse intro-

---

(1) Voir l'ouvrage de M. René Basset sur *La Zenatia du Mzab*. Les expressions citées p. 73, mentionnent une partie de notre vocabulaire technologique.

duit d'abord un fil de trame (azetta), puis un autre, puis un troisième séparés chacun par un croisement de fil de chaîne. Le tout constitue la trame *(oullemane)* qu'elle tasse au moyen de son peigne. On comprend la difficulté du travail lorsqu'il est compliqué de dessins d'une complexité inouïe, comme ceux qui forment l'ornementation des tapis mzabites.

La partie inférieure de la chaîne est retenue par un roseau, on la nomme *tihaffest;* ce roseau est fixé sur le *khecheb;* en tournant convenablement cet ensoupleau, puis en le calant grâce à ses extrémités en mortaise, la bande de tapis terminée s'enroule peu à peu dessus, alors que l'ensouple supérieur dévide la nappe de fil de chaîne encore vierge.

Le métier se monte et se démonte suivant les besoins; ses matériaux et sa construction sont en somme fort simples. Une fois monté, les femmes s'assoient derrière lui sur le banc *dekkana* (دكّانة) pour entasser les duites; elles peuvent s'y installer au nombre de deux, plaçant au milieu, dans l'évidement central, leurs outils dont elles font un usage constant et alterné. Ces outils sont doubles : le peigne de tisserand et les ciseaux *timediaz*, encore peut-on à la rigueur se passer de ceux-ci. Ce peigne (en m. *tacha*, en ar. *khelala* خلالة) constitue le seul objet où entre une matière étrangère au bois; il est en fer et on ne se souvient pas de l'avoir vu fait autrement; c'est aussi le seul instrument que l'industrie familiale ou le menuisier ne puissent fabriquer [1].

Description des tapis eux-mêmes. — Etude de leur décoration et Conclusion

Les tapis du Mzab ne sont pas des tapis bouclés ou noués, à laines débordantes, qui doivent être égalisées au ciseau. Ceux-ci, connus plutôt sous le nom de tapis à haute laine, paraissent nous être venus, à une époque relativement récente, de l'Asie où ils sont nés [2]. Ce sont des tapis plus archaïques, simplement tissés comme une pièce d'étoffe ordinaire, mais dont les duites ont été tellement entassées sur

---

(1) Remarque analogue dans l'article de Pariel sur *Figuig,* p. 275.

(2) V. Gaston Migeon, T. 2 du *Manuel d'Art Musulman* ; *Les Arts plastiques et industriels : les Tapis,* p. 426.

la chaîne, qu'elles forment une trame très serrée ayant une épaisseur moyenne d'un demi-centimètre.

Sur le métier à tisser, indépendamment des vêtements, confectionnés eux aussi sur un métier du même type, mais plus petit, sont fabriqués plusieurs articles; on peut les classer en deux groupes : les tapis proprement dits et les coussins.

Les premiers comprennent des *hanbel* [1] (m. et ar.), grands tapis rayés rouge et noir avec quelques dessins, et des *zerbia* (m. *zerbiet)*, tapis longs et étroits [2], plus décorés que les premiers et convenant plus particulièrement aux chambres, qu'ils meublent dans leur longueur. De plus en plus, d'ailleurs, la *zerbia* prend des proportions plus normales [3], plus conformes au goût européen; elle se rapproche et se confond même avec le *hanbel,* mais ses dimensions vraies et anciennes en font plutôt une pièce longue et étroite.

Une de ces *zerbiet* de l'ancienne mode pourrait, coupée au milieu, constituer deux petits tapis de prière comme on en trouve chez les musulmans du Tell, mais les Mzabites ne fabriquent pas de tapis de prière. Ils prient très rarement sur de la laine, mais plutôt sur des nattes.

Ces nattes, nous pouvons en dire un mot en passant, se nomment *haçra* en ar. (حصرة) et *tahsort* en mzabite. Elles ne sont pas fabriquées dans la région, on s'en sert pour les interposer entre les tapis et le sol. Il en existe de plus fines *(ajertil)* ornées de dessin de couleur, que l'on tend en plinthe sur les parois des chambres. Celles-ci viennent du Nord, des *Beni-Snous* [4] particulièrement.

Le second groupe comprend des coussins ou des poches de cavalier, en général de menus objets. Les coussins *ousada* (ar. *ousada*, pl. *ousaïd* وسادة ج وسايد , m. *tismet* ou bien *samou)* sont en général deux fois plus longs que larges. Ils se remplissent par une fente centrale au dos et servent à meubler les divans des chambres. Les poches de cavalier *(smati* ar. et m.) sont ou simples ou doubles. Dans ce dernier cas,

---

(1) Les nomades nomment ainsi les tapis qui leur servent à constituer des séparations dans les tentes. Ils atteignent chez eux de très grandes dimensions (Marius Vachon, op. cité p. 16).

(2) 2,78 sur 0,80 ou 2.40 sur 0.75.

(3) Les dimensions les plus diverses ont été relevées : 1,98 sur 1.01 ; 1,47 sur 2.42 ; 1.56 sur 2,83.

(4) Voir Van Gennep, *Les Nattes des Beni-Snous,* in *Les Poteries Kabyles;* p. 90.

une bande de trame fendue les relie, et c'est dans cette fente que l'on fait passer le dossier de la selle pour les mettre en place. Ces derniers objets possèdent des décors très variés, mais qui ne se différencient pas de ceux des tapis [1].

La décoration des tapis est bien spéciale, les motifs sont disposés en bandes parallèles aux petits côtés, ils sont faits pour être vus d'une seule face seulement, l'envers étant formé d'un fouillis de petits bouts de laine : extrémités des duites des dessins de l'endroit. L'allure générale rappelle celle de la mosaïque, c'est la même richesse de coloris, la même variété de décoration [2] ; les fonds sont rouge-garance et donnent à l'ensemble une teinte chaude très symptomatique.

Si nous nous penchons de plus près, nous voyons que les dessins sont très précis et très réguliers ; ils sont tous exclusivement *rectilinéaires ;* aucune ligne courbe n'entre dans leur composition. On en reconnaît de tout petits qui ne sont pas moins soignés que les grands, et cette profusion et cette régularité donnent à penser de la difficulté énorme que représente ce travail. Il faut ajouter que cette difficulté est encore accrue par les changements de laine successifs, imposés à l'ouvrière, puisque la variété du dessin n'existe que par une variété égale dans les teintes.

L'examen de plusieurs tapis permet de reconnaître certains motifs, répétés sur chacun à des échelles différentes. Ces figures sont, en effet, le fruit d'une tradition complètement figée. Elles sont reproduites chaque fois servilement et ce sont les vieilles femmes qui en connaissent les secrets dans leurs cœurs *(fi quelbhoum* فـﻠﺒﻬﻢ).

D'une ville à l'autre, cette décoration ne varie pas, elle est la même pour les sept agglomérations mzabites. Pourtant,

---

(1) On voit aussi au Mzab des tapis grossiers faits avec toutes sortes de débris. Sur une trame de coton ou de laine on a entassé en guise de duites, des bouts de chiffon ou des détritus de fabrication de tapis. Les Mzabites nomment ces objets des *sacho,* les Mdabih les appellent tout simplement *tellis.* C'est sur ces *sacho* que, sur le marché, on entasse le grain ou la viande pour les empêcher d'être souillés. Dans les habitations, ils constituent surtout le mobilier du pauvre chez lequel ils sont utilisés comme matelas ; on les trouve aussi chez les riches qui, dans leur esprit d'ordre exagéré, veulent tirer parti de tout.

(2) Nous prenons un tapis au hasard, parmi les grands (2,83 sur 1,56) ; il possède 10 larges bandes de 0,15 de moyenne, dont 7 sont formées de dessins différents. Ces bandes sont séparées par 11 bordures plus étroites et contenant aussi des motifs variés. Considérant une seule bande, on observe à son extrémité un motif qui est reproduit un nombre très variable de fois sur toute sa longueur.

il existe des métropoles : Beni-Sgen, par son marché quotidien et le fini de son travail; Ghardaïa, par l'importance de sa production et du nombre de ses métiers, qui s'élèvent sûrement au-dessus des autres.

Etudions maintenant de plus près cette décoration. Le tapis commence et finit par des bandes en général noires et jaunes. Ces bandes terminales se nomment *tisserad*. Il est longé par d'autres bandes qui réunissent celles-ci; on les appelle *aradou*. C'est dans cet encadrement que se trouvent les larges bandes proprement décoratives. Les fils de la chaîne ressortent aux extrémités; il y a une dizaine d'années, ils formaient deux lignes de houppettes laineuses; maintenant, ce sont des fils de coton noués d'un côté et simplement doublés de l'autre à l'endroit où le roseau les retenait sur le métier.

Les grandes lignes des dessins centraux sont toujours en biais par rapport aux côtés du tapis; seules, les zones séparatives sont parallèles aux petits côtés; celles-ci, noir ou vert olive, rehaussent les tons et donnent de la saveur à l'ensemble; elles contiennent aussi des motifs plus petits, vers leur partie médiane.

En général, les motifs sont individualisés; ils portent des noms, absolument comme en matière de céramique les ouvriers marocains, par exemple, attribuent des appellations à leurs thèmes décoratifs [1]. Les noms répondent la plupart du temps à une idée que l'aspect général du motif suggère; mais ce motif lui-même est formé de beaucoup d'éléments différents; on peut facilement les discriminer, ce sont des figures relativement simples et, dans tous les cas, beaucoup moins compliquées que le motif décoratif complet. Eh bien, malgré cela, il semble que, dans l'esprit des tisseuses, il y ait inaptitude à décomposer et à nommer ces éléments; elles ne se représentent toujours que l'ensemble et souvent, par sa ressemblance conventionnelle et synthétique avec un objet naturel, ou avec un outil industriel, qui sont eux-mêmes des choses complexes.

---

(1) G. Marçais « Les faïences de Fez », *Revue Africaine*, 1er et 2e trimestre 1920. Voir aussi les ouvrages de M. Van Gennep. Il y a là une habitude très usitée et concernant en général toute décoration.

Ce n'est pas à dire qu'on ne puisse pas faire ce travail de décomposition; il est surtout possible pour les figures que l'on rencontre seules comme décoration de bordure, par exemple. Par la suite, si cette figure se trouve mêlée à un élément compliqué, il sera facile de l'individualiser; au contraire, si elle n'avait existé que dans un ensemble, la tradition ne lui aurait pas attribué d'appellation.

Passant en revue les principaux de ces thèmes décoratifs, nous allons essayer de les classer en allant, autant que faire se peut, du simple au complexe. Nous avons relevé leurs noms en mzabite chaque fois qu'il nous a été possible de le faire.

Voici d'abord les éléments les plus simples :

La fève (ibaouen en mzabite [1]; *foul* فول en arabe). — Elle est très fréquente et toujours synthétisée sous la forme d'un triangle. C'est un petit triangle équilatéral; on le glisse partout, dans tous les vides, ou bien on le dispose par groupes. Dans ce dernier cas, les triangles réunis forment des pyramides, ou bien ils sont opposés par groupes de deux, formant autant de petits losanges bicolores. La réunion de ces losanges sert à constituer des bordures; on groupe ceux qui ont les mêmes teintes de façon à figurer des lignes brisées de losanges dans l'épaisseur de la bordure.

Les grains, m. *imendi*, ar. *habba* حبّة; ce sont de petits points rangés par quatre ou par trois. Ils agrémentent le plus souvent le dessin du sceau de Salomon. On appelle aussi *habba* de petits carrés.

Les *ciseaux*, m. *timediaz*, ar. *meques* مقص, c'est un assemblage de deux traits en X; parfois, une petite barre verticale les surmonte, parfois encore on rencontre sous ce vocable deux petites échelles croisées aussi en X.

La *maison*, m. *taddert* ou *tadouret*, ar. *douira* دويرة [1]; c'est un carré aux bords épais qui est sensé figurer une petite maison; on le retrouve souvent meublé de trois ou quatre petits points vers son centre.

____

(1) Faba vulgaris (*ibaoun*). G. Mercier. *Le nom des plantes en dialecte chaouia de l'Aurès*, p. 8.

Lorsqu'elle est rangée sur deux lignes et encadrant un motif central continu, elle prend le nom de *foul Tounes* ou de *ibaouen Tounes* (fève de Tunis).

En général nous n'avons pas indiqué la grandeur des motifs, car celle-ci est très variable. Les dessins restent toujours semblables à eux-mêmes quant à leurs dispositions générales, mais suivant les besoins ils sont plus ou moins développés.

L'*œil*, m. *tit*, ar. *aïn* عين ; c'est la même figure, mais écrasée, en forme de losange.

Les *portes*, m. *tiouïra*, ar. *biban* بيبان ; les portes sont représentées par deux groupes de deux raies chacun, renfermés à l'intérieur d'un carré. Comme la *douira*, les *biban* occupent souvent le centre d'un motif.

Cinq, m. *adlal* ou *fous*, ar. *khamsa* خمسة ; ce sont quatre [2] carrés réunis, laissant un vide en forme de croix [3] au milieu d'eux; un de ces carrés est muni d'une queue.

Parmi les éléments de bordure, on rencontre :

Le *serpent*, m. *fir'ar*, ar. *henech* (حنش); c'est une ligne brisée continue [4]. S'il y a plusieurs lignes brisées parallèles, l'élément s'appelle *ifir'ran* ou *henouchet*, des serpents.

Dessin dit « *soltani* », m. *asoltani*, ar. (سلطاني). Dans une bordure, ce sont de petites bandes minuscules, placées verticalement; elles sont souvent groupées par trois, deux traits verts encadrant un trait rouge. Parfois, c'est un gros trait ou un double trait plus grand qui sépare deux motifs.

Dessin dit *djerid* (m. et ar.) : ce sont des zones figurant des chevrons sur une bande étroite et alternant comme coloris.

Dessin dit *taguercha*, ar. *oudelif* ودليف : deux lignes brisées se faisant face et laissant entre elles un chapelet de carrés réunis par leurs angles opposés.

Les *grillages*, *mechbek* مشبك (ar. et m.). Comme leur nom l'indique, ce sont de petits rectangles grillagés rangés le plus souvent à la suite des uns des autres, en ligne, avec, par exemple, des *soltani* intercalés.

Dessin dit *ouchema* بوشمة m. *ilouchmnt* : deux hexagones réunis par un de leurs sommets et ornés sur les deux côtés opposés à leur point de jonction, de trois antennes d'égale longueur.

---

(1) Le peintre fâsi, sur les vases à décorer, décompose ses surfaces en un certain nombre de trapèzes : *bit.* chambre. G. Marçais p. cité op, 8.
A Ghardaïa parfois le carré porte une sorte d'x en son centre qui délimite quatre petits trapèzes, on appelle la figure m. *Mgahouza* ; a. *Hadadid*.

(2) Il y en a beaucoup plus souvent 4 que 5, mais leur appellation doit évidemment provenir de ce dernier nombre.

(3) La croix n'apparait jamais parmi les motifs décoratifs que comme une sorte d'accident du dessin commé ici. Elle semble en somme très peu fréquente et mal connue.

(4) Est figuré ainsi sur les poteries de Fez, s'appelle va et vient *machi wa ji*. G. Marçais op. cité p. 13.

Nous signalerons encore deux éléments un peu plus évolués :

Le peigne [1], ar. *mechta* مشطة, m. *tamechet* : c'est un lourd motif rectangulaire portant trois larges dents en haut et en bas, c'est-à-dire sur les petits côtés du rectangle. Dans l'esprit des tisseuses, ce doit être une représentation du peigne à tisser. Parfois, il est plus mince et forme deux petits tridents opposés ayant un manche commun; on l'appelle alors *mechta sghira* مشطة سغيرة, m. *timejtit tamziant*, petit peigne.

Le *cierge* et le *chandelier*, *chemaa* شمعة, ar. et m. et *chandar* شندار m. *assas* [2]. Le cierge est plus grêle que le chandelier, mais ils forment tous deux une suite de losanges inégaux avec base en triangle. Ces motifs, ainsi que le peigne, sont beaucoup plus fréquents sur les gandouras que sur les tapis [3].

La combinaison d'éléments simples donne déjà le sujet d'un motif élémentaire :

Le *serpent des fèves*, ar. *henech el foul* حنش البول, m. *fir'ar n ibaouen*. C'est une bordure meublée d'une ligne brisée pleine, et de fèves occupant les espaces intercalaires [4].

Le *ciseau de la maison*, *meques eddouïrat* مقّص الدويرة, m. *timediaz n taddert* : des ciseaux garnis de grains entre leurs branches, alternent avec une *douira*.

Le *ciseau des portes, meques elbiban* مفض البيبان *timediaz*

---

(1) On le retrouve aussi sur les Zerbiat de Laghouat, comme beaucoup d'autres dessins mzabites d'ailleurs. Il semble que la décoration de nos Abadhites ait très sérieusement influencé celle des Laghouati, mais la technique d'exécution de ceux-ci reste moins précise. On n'y sent pas la même tradition berbère si sûre d'elle-même.

(2) Minaret se dit aussi *assas*.

Le *chandar* entre dans la composition d'un joli motif où, au nombre de quatre ou cinq il figure une sorte de pendentif ; ce motif se nomme *tibelbell* ou *tiser'nest mbelloula*.

(3) A ce propos nous citerons encore deux dessins qui sont dans le même cas : *Kas* pl. *Kisan*, c'est une figure plus longue que large et affectant sur ses quatre cotés des lignes à redents, qui partent du centre plus épais, pour décroître jusqu'aux extrémités: ces lignes en escaliers (m. *lasent*) sont souvent au nombre de deux ou trois parallèles, elles entourent une simple barre centrale

Koursi, on appelle ainsi en m. et en a. des motifs assez différents comportant tous a représentation d'une croisure analogue aux pieds des sièges curules vus de profil. Mais ces deux motifs sont peu fréquents sur les tapis ; ils le sont beaucoup plus sur les gandouras (m. *tichert*)

(4) Le prototype de cette décoration se retrouve dans les frises en lignes brisées qui décorent les façades des habitations soudanaises.

Voir Desplagnes, *Plateau Nigerien*, fig. 223, 224, 226, 227.

n tiouïra. Des barres en *x*, pleines, alternent avec le motif *biban* qu'elles enserrent.

Le *ciseau des grains, meques el habba* مقصّ الحبة *timediaz n imendi*. Même motif, mais quatre petits carrés rapprochés remplacent les *biban*.

Nous arrivons maintenant à des dessins linéaires un peu plus évolués.

Dessin *mecherta*, ar. مشرطة liée, tressée, dénommé en mzabite *tisent*, mot traduit en arabe par l'expression *memelhat* مملحة, c'est-à-dire salée; *tisent*, sel en m. On le dit salé, car il est original, relevé. Ce dessin propre à Beni-Sgen comprend un filet aux mailles en losanges et une fève *(ibaouen)* au milieu de chaque maille.

Le filet, au lieu d'être continu, peut être un grillage découpé en forme d'ovale ou de carré; on place alors ces motifs côte à côte; parfois, ils n'ont qu'une seule maille, formée de quatre traits se traversant en biais deux par deux. Le nom générique est alors *mcharif* مشاريف, m. *timecharefin;* la figure éveille dans l'esprit de la tisseuse l'idée de ces grands anneaux-boucles d'oreille à tympan ajouré *(mecharef).*

Dessin *mehasna rouha* محسّنة روحها, *embellissant sa personne*, m. *teseni iman es*, elle pare sa personne, elle se pare elle-même. C'est un motif découlé du sceau de Salomon *(khatem Soleïman* خاتم سليمان*)*; tous les sceaux réunis par leurs sommets forment un réseau ajouré. Mais ce qui déroute complètement, c'est la coloration : elle est distribuée par bandes parallèles faisant perdre complètement de vue l'image du sceau de Salomon, pour ne laisser apparaître que des rangées de petits sabliers superposés. C'est probablement pour cette raison que le nom primitif du motif a été complètement oublié.

Dessin *chemicha* شميشة, m. *ibzim.* C'est encore un treillis aux mailles plus ou moins serrées et plus ou moins nombreuses — parfois il n'y a qu'une seule maille, mais elle est toujours hérissée de dents sur son pourtour. Ce dessin rappelle aux femmes, les broches rondes à bordure d'oves, appelées *ibzim*, qui leur servent à réunir sur leur poitrine les deux pans d'étoffe de leur peplum.

Parfois la *chemicha* forme un encadrement de quatre droi-

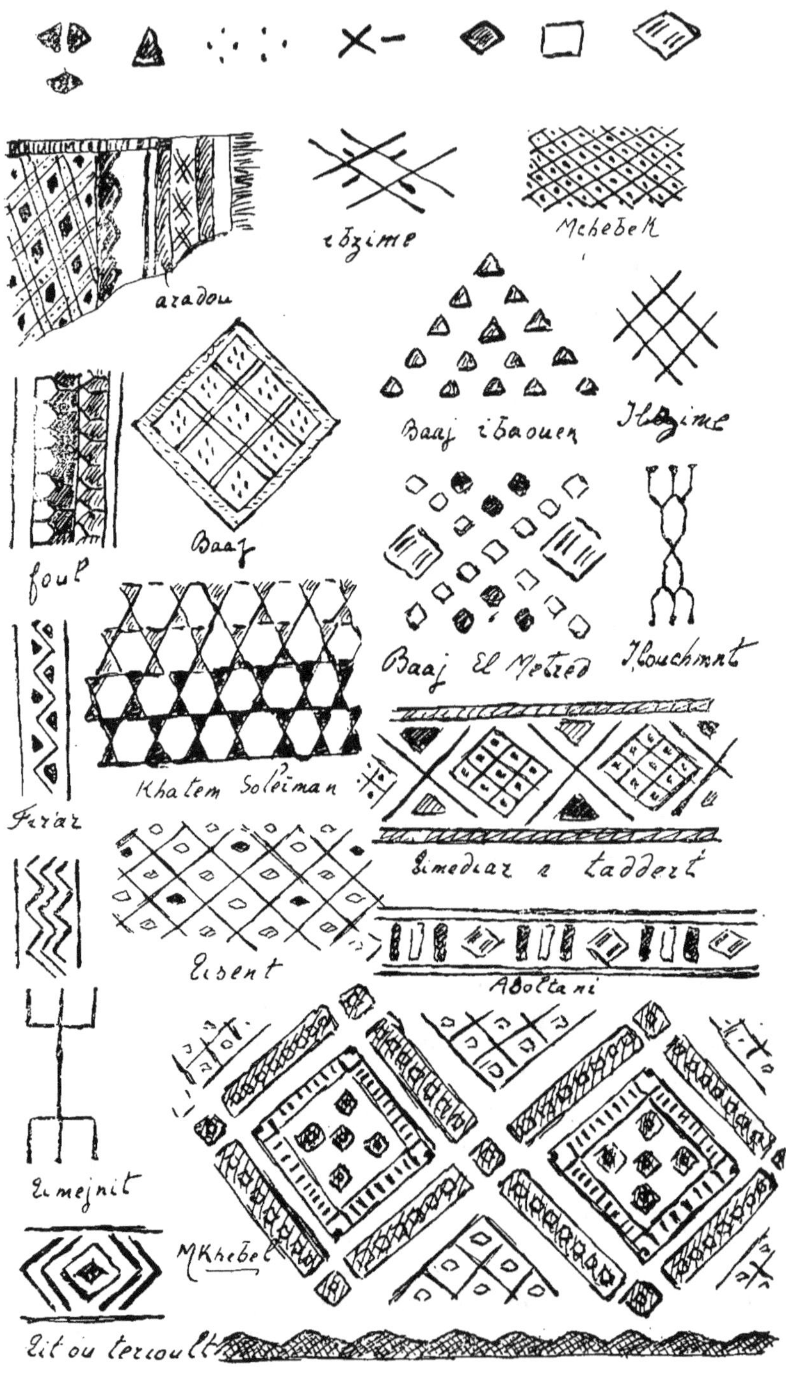

Fig. 12. — GHARDAÏA. — Principaux motifs de la décoration des tapis

tes se coupant, et portant, à l'extérieur des petites dents
perpendiculaires. Le motif ainsi formé peut encadrer une
douira, il est souvent disposé en séries; dans ce cas, chaque
motif est lié aux autres par deux de ses angles opposés.
Si les dents sont disposées à l'intérieur, dirigées vers la
figure centrale, on a le motif *haloua* (حلوة, douce), m. *halout*.

Dessin *baâj* بعج (m. et ar.). Imaginons deux traits en croix
et, dans les quatre angles ainsi délimités, une succession d'autres angles internes s'écartant plus ou moins de la croisure
centrale des traits, et nous aurons une idée du *baâj* de Beni-
Sgen. Le *baâj* dit d'Ouardjilan (d'Ouargla) بعج ورجلان est une
série de lignes en redents concentriques; on le trouve aussi
sur les gandouras où il forme de grands motifs réguliers.
Il diffère, en somme, complètement, de celui de Beni-Sgen.

Par ailleurs, l'appellation *baâj* nous paraît désigner une
disposition particulière plutôt qu'une figure nouvelle. Il
s'agit, par exemple, d'une distribution en quinconce : c'est ce
qu'on relève dans le *baâj el habba* (بعج الحبة) m. *baâj n imendi*,
où les petits grains sont disposés à intervalles égaux, mais
alternant d'une ligne à l'autre. D'autres fois, les petits carrés ou les grains seront tous groupés les uns à côté des
autres, au centre d'un motif; alors ce seront les teintures
différentes qui révèleront seules l'alternance.

On appelle *baâj el foul* ou *baâj n ibaouen*, la disposition
de nos petits triangles en pyramides; celles-ci sont alignées
sur une bordure formant base, ou bien occupent les espaces
extérieurs d'un motif du type *chemicha*. Le *baâj el metred*
بعج المترد, m. *baâj ahabi* vise le même arrangement concernant des carrés minuscules; mais il comprend deux pyramides opposées par le sommet [1]. On sait que le *metred* est
une sorte de compotier en paille tressée à double *évasement*
du col et du pied.

Nous arrivons maintenant à d'autres figures, dans l'ensemble un peu plus compliquées, mais que nous avons groupées parce que leurs noms présentent un caractère commun.
Ils désignent une partie du corps d'un animal.

L'œil de la mule, âïn el ber'la عين البغلة ar., m. *tit ou terioult*.
Deux doubles angles opposés délimitent un espace en losange

___

[1] Parfois on nomme aussi de ce nom des ornements à redents opposés deux par
deux tout en étant séparés par une bande.

occupé par un grain *habba* ou une fève, *foul.* Ou bien dans une bande uniforme est ménagé un évidement en forme de losange de la même façon.

L'épaule du chien, ketfat el kelb كتيفة الكلب *tar'out ou ouïdi* : c'est, en quelque sorte, le dessin inverse, formé par une bande décorative; au lieu de dessiner un vide dans son épaisseur, celle-ci se resserre vers son centre, laissant en haut et en bas un espace triangulaire qui pourra être garni d'une *foul.* Si cette disposition au lieu d'être reproduite sur la longueur d'une bande est renouvelée en hauteur, les vides triangulaires deviennent des carrés par leurs jonctions. C'est là un motif très fréquent dans les anciennes *zerbiet* longues et étroites. Des lignes de points parallèles présentent souvent, par leurs solutions de continuité, des dispositions analogues; dans ce cas, les deux derniers points intérieurs offrent une couleur nettement tranchée sur celle des autres.

Les *oreilles d'âne, oudnin el hemar* اذنين الحمار *timesr'in ou erioul* [1]. Le milieu du motif est occupé par un carré placé en équilibre sur un de ses angles et dont les bords sont découpés en crénaux; à droite et à gauche sont d'autres carrés disposés de la même manière; il reste donc entre eux des espaces triangulaires; ils sont remplis par une succession d'angles internes les uns par rapport aux autres, et en dernier lieu par la moitié d'un *mechbek.* Le carré central qui, intérieurement, est décoré de motifs déjà connus, figure aux yeux de la tisseuse la partie qui est entre les deux oreilles. Les triangles opposés qui le flanquent représentent les oreilles et ainsi de suite.

Enfin, signalons encore quelques motifs complets [2] parmi les plus fréquents :

Dessin *mkhebel,* ar. et m. : Il est formé de carrés constitués eux-mêmes par de larges bandes garnies de soltanis et réunis par leurs angles comme c'est la coutume. Le centre est

---

(1) Nous pouvons citer encore un motif, plus fréquent sur les gandouras, appelé dos, *dhar* ضهر, *tichermin.* C'est une succession de *douira* pleines, liées par leurs angles et entourées de deux *henech.*

(2) Nous appelons motif complet un ensemble composé des éléments simples déjà décrits.

occupé par le motif *adlal,* cinq petits carrés réunis aussi par leurs angles et rappelant une sorte de croix.

Dessin *memelhat ou zin* مليحة وزين ar., m. *zin tissent* (belle et salée); même disposition générale, mais les figures quadrangulaires sont légèrement espacées entre elles, un trait ténu réunit leurs angles; leurs côtés sont garnis de *habba* et ils entourent un *mechbek;* des demi-grilles les flanquent aussi dans les espaces laissés libres entre eux.

Dessin *ragmet el mecharif* رقمة المشاريب, dessin des mecharif, m. *ragemt timecharfin;* au centre se trouvent cinq carrés disposés comme dans le motif *mkhebel,* entre les quatre du pourtour, des lignes parallèles aux côtés du carré central ont été tracées. Entourant cette décoration, on trouve un triple encadrement, d'abord celui *haloua,* puis une ligne de *habba,* et l'encadrement *chemicha* qui, à la différence du premier des trois, hérisse ses petites dents à l'extérieur. Enfin, les espaces triangulaires, séparant tout cet ensemble de l'élément identique situé à sa droite et à sa gauche, sont occupés par la moitié d'un carré, semblable au carré central intérieur.

Une bande, décorée grâce à ce type de dessin, forme une suite de motifs très meublants pour un tapis.

Maintenant que nous avons achevé cette nomenclature sèche et fastidieuse, essayons de dégager quelques idées générales en guise de conclusion.

Le matériel que nous avons décrit est excessivement simple, les femmes en connaissent à fond l'usage, et leurs actes revêtent dans toutes les opérations successives, une précision toujours identique à elle-même.

On peut noter aussi la multiplicité des appellations; pour les travaux divers de la laine, nous avons fait remarquer qu'un texte de l'Atlas marocain les décrivait de la même manière; les dénominations spéciales qu'il emploie sont aussi très fréquentes.

Les dessins bénéficient de noms spéciaux; en général, ces noms font appel à des idées très simples ou empruntent des appellations d'objets courants : le peigne, le chandelier, les grains. Ces représentations élémentaires retrouvées au Mzab comme dans beaucoup d'endroits, semblent naître d'ailleurs spontanément. Mais ce qui est tout à fait déroutant, pour notre entendement, ce sont ces figures compliquées à appellations naturistes par exemple. Nous ne pouvons pas saisir, la plupart du temps, la ressemblance la plus lointaine qui aurait pu faire naître le rapprochement, et pourtant elle est certainement très nette dans l'esprit de la tisseuse. Comme quoi, des esprits différents des nôtres, se représentent des images combien différentes aussi !

Le vocabulaire technologique renferme des contradictions non moins incompréhensibles. Le point *baâj,* par exemple, ne saurait être défini d'une façon bien précise, il ne donne cependant lieu à aucune ambiguité auprès de celles qui le tissent ou le désignent.

Le décor, comme nous avons pu nous en rendre compte, est à base purement géométrique ; il est bien antérieur aux décors floraux qui paraissent nous être venus d'Orient. Même dans son aspect géométrique, il a un caractère spécial *sui generis* qui le fait tout de suite reconnaître. Il n'emprunte pas les damiers ou les motifs s'emboîtant les uns dans les autres, comme on en trouve sur les fréchias de Gafça, ou les rayures multicolores des *batania* de Djerba [1] : il est tout à fait autonome. Et cependant, l'essentiel de sa décoration est à base de triangle et de losange. On a reconnu que c'était là le fond du décor Nord-Africain [2]. Ces vieilles figures élémentaires transmises depuis un temps immémorial sont bien le propre du décor berbère [3]. Le Mzab est à rapprocher encore à ce point de vue de la Kabylie et de certaines régions de l'Atlas. Dans toutes ces contrées si distantes les unes des autres, le tissage n'a pas évolué dans sa décoration, il est resté figé depuis des millénaires. Comme les Phéniciens de l'ancienne Carthage, les Mzabites de la chebka copient toujours. Comme eux, ils ne cessent de reproduire servilement les modèles que leur ont légués leurs ancêtres. Le goût des couleurs vives et, en particulier, du

---

(1) Voir Bertholon. op. cité p. 567. Les *fréchias* et les *batanias* sont des couvertures.

(2) Voir Van Gennep : l'*Art ornemental.* V. *Rev. d'eth. et de sociologie,* 1912. Voir aussi les idées de Saladin sur les origines de ce décor. *Manuel d'art musulman,* T. 1, p. 42.

(3) Marçais, l'*Exposition d'art musulman,* 399. Henri Basset, *Influences puniques chez les Berbères,* art. cité p. 354.

Il serait à souhaiter que l'ornementation géométrique africaine possédât l'équivalent de l'article si complet écrit sur l'ornementation spiraliforme de l'âge du bronze et du fer. (Article de Coutil, *Bull. de la Société préhistorique française.* T. XIII, sept. 1916, pp. 385-486 ; 153 planches et figures).

rouge [1], qui domine dans toutes leurs productions textiles, doit aussi avoir une origine historique.

Malheureusement, nous connaissons peu de chose sur les tapis des anciennes civilisations, et les rapprochements ne peuvent être ici que des hypothèses. Mais les techniques encore pures que l'on peut rencontrer, nous renseignent certainement sur ce qu'ils ont été. Il y a un intérêt indéniable à les pénétrer et à les fixer. C'est sûrement dans les gynécées berbères que nous aurions le plus à glaner. Sachons du moins décrire et constater tout ce qui peut être à notre portée.

(1) Parlant des étoffes de laine des Berbères en général. M. Henri Basset écrit : « Si le goût des couleurs vives, du rouge surtout, demeuré très vif chez les indigènes « nord-africains, devait leur faire apprécier singulièrement la pourpre punique, ils n'en « ont pas connu, ou n'en ont pas retenu, plus que les autres peuples les procédés de « fabrication ; car, avant l'introduction récente des produits occidentaux, les femmes « berbères, pour teindre la laine qu'elles tissaient, ne connaissaient que les teintures « tirées des végétaux ». Art. cité, 354.

On peut ajouter que le murex ou coquillage utilisé pour la pourpre, se pêchait à Djerba et sur le littoral de la Tunisie. D'autre part, si les Berbères n'ont pas conservé les procédés de la fabrication de la pourpre, cette préférence pour la teinte rouge reste bien symptomatique ; les teintures végétales permettaient d'ailleurs, de satisfaire ce goût à moins de frais.

CONCLUSION

De l'étude qui précède, malgré la nécessité où nous étions de traiter sommairement certaines questions, on a pu tirer de multiples inductions.

Nous espérons avoir montré, par les faits, qu'il s'agit bien d'une civilisation urbaine propre. La ville mzabite dans sa fondation d'abord, dans sa morphologie ensuite est bien l'œuvre d'individus à tendances nettement sédentaires. Parler d'un véritable urbanisme pour ces petites cités sahariennes, c'est peut-être employer une expression moderne trop grosse de conséquences. Néanmoins, nous avons pu réunir tout un faisceau d'observations ayant trait soit à la situation topographique de la ville, soit plus spécialement à son plan si symptomatique ou à ses remparts, et qui, par leur ensemble, montrent que s'est constitué chez les Abadhites un embryon de science urbaine.

La ville du Mzab considérée comme société nous est apparue surtout comme très complexe. Non seulement ses procédés de formation ont encore laissé leur empreinte dans les groupes de la cité, mais la ville elle-même est constituée par un amalgame de noyaux différents, par leur origine et par leur activité, et ainsi elle ressort bien comme un groupe social composé, d'ordre supérieur. Ces noyaux, ces groupements divers ne sont pas autonomes, mais au contraire solidaires les uns des autres; il y a même entre eux un commencement de hiérarchie. C'est donc une société non seulement *composée*, mais *hiérarchisée*.

La maison, dans son plan aussi, est non moins instructive: les mœurs, le goût et les usages des habitants y laissent plus facilement encore que dans la ville, leur empreinte. La porte, les signes et ornements qui l'accompagnent, la serrure, les différentes pièces de l'habitation, les procédés de construction sont autant d'objets où se manifestent des traditions plus parlantes, disions-nous, que celles écrites. Et puis, il y a les rites de la vie quotidienne; ce sont ses nécessités, renforcées de celles climatiques, qui ont engendré ce dédoublement de l'installation humaine en maison urbaine et rurale. On leur doit ce mouvement rythmique si curieux chez ces sédentaires, le même qui engendre cette différence entre la famille individuelle de l'hiver et la famille agnatique de l'été. Ce sont elles aussi qui, à l'intérieur de chaque maison, ont amené cette séparation en appartements privés et publics. Enfin, la maison, par son exécution, par ses ouvertures, peut être l'objet de maintes observations. En somme, l'habitation mzabite s'impose comme sagement et simplement construite. Elle est, en outre, le siège de vieilles industries familiales, dont le domaine est bien distinct de celui de l'industrie professionnelle. Ce dernier englobe l'exercice des principaux métiers : menuiserie, travail des métaux, etc., la bijouterie étant plus spécialement abandonnée aux Juifs. Le domaine de l'industrie familiale, au contraire, comporte les menus travaux qui sont l'apanage des femmes, particulièrement les travaux touchant la laine et le tissage. L'homme n'intervient jamais dans cette exécution, car il mène chez lui l'existence du seigneur fainéant.

La confection des tapis, leur décoration, nous ont ramenés à beaucoup de siècles en arrière; nous y avons retrouvé un témoignage encore de ce conservatisme qui veut que le berbère copie, copie toujours, et sur son propre acquis, sans le renouveler essentiellement.

Ce manque d'innovation se révèle également dans de nombreux domaines : dans la fabrication des lampes d'argile, dans celle des objets d'usage courant, les accessoires des puits, les poulies, qui sont demeurés ce qu'ils étaient à l'époque néolithique, le mobilier et les outils. C'est encore une répétition de même ordre qui fait placer une profusion de poteries sur les tombes, alors que plus personne n'a souvenance de la signification première de cette pratique funéraire.

Nous est-il possible de situer dans le temps cette civilisation, de la rattacher à une évolution plus générale, d'en préciser les caractères dominants? L'installation humaine dans ses procédés constructifs, dans sa forme, dans sa décoration reproduit une image propre qui peut être l'expression d'un véritable style, c'est-à-dire d'une manière particulière, d'un mode spécial. C'est dans ce sens que l'on pourrait parler d'un *style mzabite,* sans rien préjuger de sa valeur intrinsèque.

Ce style se signale d'abord par son extrême simplicité. Ce caractère peut être rattaché à deux causes. A une cause religieuse, nous voulons parler du rigorisme de la doctrine kharedjite, de son horreur de toute innovation, du vif sentiment d'égalité qu'elle engendrait chez ses sectateurs. Ce sont là autant de principes qui ont eu et ont encore une grande répercussion sur la vie des Abadhites; ils combattent ou même neutralisent les mobiles de l'intérêt ou de l'égoïsme que l'Economie politique classique voulait seule prendre en considération. Ils expliquent aussi beaucoup de traits qui ont pu nous paraître déroutants au cours de cette étude sur les traditions urbaines.

Mais, somme toute, la prospérité, l'abondance, ont tôt fait d'adoucir la morale la plus sévère; les établissements de Tiaret et de Sedrata, ce dernier surtout qui nous est mieux connu, n'ont pas tardé à être envahis par le luxe, indice certain d'une société progressive. Au Mzab, au contraire, le milieu physique, par son aridité et sa désolation, devait conserver leur rudesse primitive aux petites sociétés énergiques qui étaient venues s'y établir. C'est une de ces rares régions de l'Algérie dont on peut dire que l'indigène a su faire rendre toute sa mesure, qu'il a su exploiter au maximum. Mais que reste-t-il, après un tel effort, pour la satisfaction des arts, c'est-à-dire du superflu ?

L'effort donné par l'homme est d'autant plus remarquable, que nous avons affaire à une contrée où la seule idée d'une installation humaine paraît être un défi aux conditions naturelles du sol et du climat. Ces difficultés inouïes, les Mzabites les ont vaincues à force d'opiniâtreté et de travail; un labeur incessant, de nuit et de jour, pouvait seul permettre aux cités abadhites de se maintenir, et, aujourd'hui encore, leur existence implique que par toute l'Algérie, les fils du Mzab chercheront dans le commerce, dans le développement de leur activité, l'appoint nécessaire à la subsistance de leur établissement saharien.

L'habitat de telles populations ne pouvait être que peu évolué, et ainsi s'explique l'antinomie apparente qui existe entre les superbes parements de stuc ouvré qui revêtaient les

demeures des Abadhites sédratiens, et l'absence systémati-
que de décoration constatée actuellement dans les villes de
la chebka. A d'autres points de vue, au contraire, les méthodes constructives font partie de la même évolution, ici
moins poussée qu'elle ne l'était là-bas : nous avons pu constater des analogies sur lesquelles nous ne reviendrons d'ailleurs pas.

Dans l'étude de toute civilisation, il convient de discriminer deux catégories distinctes d'influences et de traditions :
celles locales proprement indigènes, et celles d'origine étrangère importées par de nouveaux occupants ou plus pacifiquement par le commerce. Ces dernières, dues aux échanges,
commencent à pénétrer le Mzab, elles ne tarderont pas à
tout transformer, mais on peut encore facilemnt en faire
abstraction. Restent donc celles des nouveaux occupants qui
auraient pu modifier le fond primitif et local. A ce point
de vue, nous avons dit comment les Abadhites s'étaient reti-
rés au désert avant l'arrivée des grandes invasions musulmanes du XIe siècle. Ils emportaient avec eux le ferment de
l'Islam qui avait déjà bouleversé leurs mentalités et leurs
mœurs, mais à tous autres points de vue, leur civilisation
était intacte.

Le conquête arabe du VIIe siècle, en effet, « ne fut qu'une
« conquête militaire, suivie d'une occupation de plus en
« plus restreinte et précaire, laissant au Xe siècle, le champ
« libre à la race berbère affranchie et retrempée dans son
« sang. » [1]. Au Xe siècle, nos cités du Mzab se sont constituées et depuis elles sont restées isolées du monde, grâce à
leur position géographique; voilà pourquoi, dans son inspiration même, le style mzabite nous apparaît comme ayant
été puisé dans le vieux fond de la race berbère autochtone.

Aussi, au point de vue architecture, on ne retrouve pas
de traces d'arabisation chez nos Mzabites; ils n'ont pas ces
édifices religieux construits sur une programme uniforme,
ces palais faits de matériaux légers et friables qui duraient
ce que duraient leurs maîtres [2]. C'est une autre technique
plus fruste, mais plus ancienne aussi.

Depuis la guerre, on a voulu répandre, dans l'architecture,

(1) E. Mercier. *Histoire de l'Afrique Septentrionale*, t. 1, p. 2.

(2) Saladin, op. cité, p. 720.

des principes nouveaux chez les populations victimes de l'invasion allemande, mais on a constaté que ce que voulaient les paysans , c'était leur maison, leur antique maison, agrandie, embellie, assainie sans doute, mais construite selon les principes du passé [1]. De même, les premiers colons du Mzab durent trouver dans leur subconscient les principes grâce auxquels ils construisirent leurs premières habitations et la maison-type actuelle apparaît comme ayant ainsi une antiquité très reculée. Nous sommes bien peu renseignés sur l'architecture africaine ancienne, mais on peut, avec quelque vraisemblance, parler d'un style libyphénicien [2] pour caractériser les méthodes constructives de nos Mzabites.

Nous avons relevé des traces évidentes d'influences puniques dans les ornements des frontons, dans le profil général des décorations, peut-être aussi dans les ornements terminaux couronnant les édifices; l'antique Libye a reçu très anciennement ces empreintes qui nous sont encore très perceptibles. Mais l'architecture mzabite est surtout remarquable en ce qu'elle révèle une adaptation fort ingénieuse au milieu physique d'abord et aussi aux besoins sociaux des habitants. Sur ce, on ne saurait trop insister; la maison, dans ses dispositions, la ville dans l'aspect de ses rues, ses quartiers, ses places, l'oasis enfin, constituent à ce point de vue des sujets inépuisables de réflexions.

Il existe, en Afrique du Nord, d'autres contrées où des remarques analogues peuvent être faites; à Djerba, par exemple, cette île peuplée aussi d'Abadhites, nous avons noté des ressemblances avec le style mzabite; on pourrait certainement faire beaucoup d'autres rapprochements. Mais là, le manque de développement des enquêtes sociologiques et ethnographiques arrête vite les fructueuses comparaisons. Il faudrait que beaucoup d'études fussent entreprises dans cet ordre d'idées et que chaque région entrât dans le vaste ouvrage d'ensemble que serait ce tableau de la sociologie de l'Afrique française. Nous aurons accompli notre tâche, si nous avons pu apporter une modeste pierre à la construction de cet édifice.

---

(1) Demangeon. art. cité, p. 352.
(2) Sur les Libyphéniciens, voir Gsell op.cit. I p. 342 et seq.

BIBLIOGRAPHIE GÉNÉRALE SUR LE MZAB

1667. MARMOL-CARVAJAL. — *Prima parte de la descripcion général de Africa*. Trad. Perrot d'Ablancourt, in-4°.

1845. DAUMAS. — *Le Sahara Algérien*. Paris, in-8°.

1846. EL-AÏACHI et MOULEY AHMED. — *Voyages dans le Sud de l'Algérie*. Tr. Berbrugger. Paris, in-4°.

1847. IBN KHALDOUN. — *Histoire des Berbères*, texte arabe, publié par M. de Slane, 2 vol. in-4°.

1852-56. Même ouvrage, traduction française, par M. de Slane, 4 vol. in-8°.

1857. H. DUVEYRIER. — *Notice sur les Beni-Menasser, les Zouaoua, les Mzabites, les Touareg Azdjer* (Leitschrift den deutschen Margenlaüdischen Gesellschaft, t. XII, 1858, p. 176, 186).

1858. VILLE. — *Notice géologique sur le pays des Beni Mzab.*

1860. TRISTRAM. — *The great Sahara*. London.

1861. H. DUVEYRIER. — *Voyage dans le pays des Beni Mozab*. (Tour du Monde 1861, 2ᵉ semestre, p. 178, 192).

1863. COLONIEU. — *Voyage dans le Sahara algérien de Géryville à Ouargla* (Tour du Monde, nᵒˢ 193-195, ann. 1863).

1863. TRUMELET. — *Les Français dans le Désert*, in-8°, 440 pp. Paris.

1866. *De l'assimilation des Arabes suivie d'une étude sur les Touareg*, par un ancien curé de Laghouat, in 12, 242 pages.

1867. AUCAPITAINE. — *Les Beni Mzab*. Paris, in-8°. (Ann. des voyages, 1867, II, 55, 96, 178, 220).

1871. NAPHEGYI. — *Ghardaya*. New-York, in-12.

1872. VILLE. — *Exploration géologique du Beni Mzab, du Sahara et de la région des steppes de la province d'Alger*. Paris, in-4°, Imprimerie Nationale. 540 cartes.

1875-81. FOURNEL. — *Les Berbères*. Paris, 2 vol. in-4°.

1876. DUVEYRIER. — *L'Oued Mzab et le chemin de Metlili*. Bull. de la Soc. de Géographie, 1876.

1877. SOLEILLET P. — *L'Afrique Occidentale, Algérie, Mezab, Tidikelt*, in-12.

1878. DUVEYRIER. — *Notice sur le schisme ibâdhite*. Bull. de la Soc. de Géo., juillet 1878.

1878. MASQUERAY. — *Les chroniques du Mzab*. Bull. de la Soc. de Géogr., juillet 1878.

1879. MASQUERAY. — *Comparaison du dialecte des Zenaga du Sénégal avec les vocabulaires des Chaouïa et des Beni Mzab*. Paris, in-8°, et Archives dés Missions, 1879, 3ᵉ série T V.

1879. MASQUERAY. — *Chronique d'Abou Zakeria*. 410 p. Alger, in-8°.

1879. COYNE. — *Le Mzab*. Alger, in-8°, 41 p. Jourdan.

1880. MASQUERAY. — *Les Beni Mzab*. Bull. de la Soc. Normande de Géographie. Mars 1880.

1884. ROBIN. — *Le Mzab et son annexion à la France.* Alger, in-16, 57 p. Jourdan.

1884. IBRAHIM-EL-BERRADI. — *Le livre des pierreries* كتاب الجواهر. Chronique abadhite. Le Qaire, 1302. H, in-8°.

ECH-CHEMAKHI. — *Le livre des biographies* كتاب السير. Biographies abadhites. Le Qaire, in-8° s. d., etc.

1884. RINN. — *Marabouts et Khouan.* Alger, in-8°.

1884. A. DE CALASSANTI MOTYLINSKI. — *Guerara depuis sa fondation.* Alger, 66 p. Jourdan, in-8°.

1884. AMAT (D^r Ch.). — *Les Beni-Mzab, Rev. d'Anthrop.*, 1884, p. 617.

1884. AMAT (D^r Ch.). — *Les eaux du Mzab*, Mém. de chir. milit., 13 pages.

1884. AMAT (D^r Ch.). — *Le Mzab, Anthropologie, Géologie et Flore, Revue Scientifique*, 1885, 1er semestre, p. 33 ; 2e sem., p. 52, 1885 et 3e sem. p. 146, 1886). Ces art. sont réunis aussi en un volume. Amat, *Les Mzab et les Mzabites*, 1888. Paris, in-8°.

1885. René BASSET. — *Lettre à M. Barbier de Meynard sur sa mission au Mzab (Journal Asiatique).*

1885. DE MOTYLINSKI. — Bibliographie du Mzab. *Les Livres de la Secte abadhite.* Alger, Fontana, 1885. 62 p. (Extrait du *Bulletin de Corresp. Africaine*, 1885, t. III).

1885. DE MOTYLINSKI. — *Le Djebel Nefousa,* relation en arabe de Brahim ou Slimane Chemmakhi. Alger, in-4°.

1886. MASQUERAY. — *Formation des Cités chez les populations sédentaires de l'Algérie* (Kabyles du Djurjura, Chaouïa de l'Aouràs, Beni-Mezâb). Thèse-Lettres. in-8°, 326 p. Paris. (Bibl.).

1886. ZEYS. — *Législation mozabite.* Son origine, ses sources, son présent, son avenir. Alger, Jourdan, in-8°. 69 p.

1887. René BASSET. — *Contes populaires berbères.* Paris, in-18.

1888. René BASSET. — *Notes de Lexicographie berbère,* IVe série. Paris, in-8°.

1889. MOTYLINSKI. — *Notes historiques sur le Mzab.* Alger, in-8°.

1890. René BASSET. — *Loqman berbère.* Paris, in-12.

1891. ZEYS. — Droit mozabite. *Le Nil ; Du Mariage et de sa dissolution* 1re Partie du mariage ; in-8°, Jourdan. 94 p. (Du même auteur et sur le même sujet, v. un art. *Revue Alg. de Législation et de Jur.* 1887-1888).

1893. René BASSET. — *Étude sur la Zenatia du Mzab de Ouargla et de l'oued R'ir* (bibl.). Paris, Leroux, 1893. 275 p.

1893. Jules LIOREL. — *Dans le Mzab.* Collection de l'*Algérie Artistique et Pittoresque.* Alger, in-4°. Photographies.

1894. G. ROLLAND. — *Hydrologie du Sahara.* Paris, Imp. Nat.

1895. SCHIRMER. — *Le Sahara,* Thèse-Lettres. Paris. in-8°, 326 p.

1895. ZEYS. — *Voyage d'Alger au Mzab,* Tour du Monde, vol. LXI, p. 289.

1896. A. KŒNIG. — *Reisen und Forschungen in Algerian,* Bernburg.

1897. L. TROTTIGNON. — *Le Mzab et ses sept villes,* art. touristique avec photogr. in *La Vie Alg. et Tunisienne,* 1897, n° 11, p. 315 à 317, n° 12, p. 333 à 335.

1897. De l'Eprevier. — *Un mois dans le Sahara.* — Impressions de voyage, vues photogr. in Soc. de Géog. d'Alger, t. II, 1897, pp. 147, 255, 389.

1898. Chobaut (Dr). — *Voyage chez les Beni-Mzab*, in Mémoire de l'Acad. de Vaucluse, 1898, t. XVII, p. 131, 235,

1899. René Basset. — *Les Sanctuaires du Djebel Nefousa.* Paris, in-8°.

1899. Idoux. — *A propos d'une grammaire mzabite*, in *Revue Bourguignonne de l'Enseig. sup.*, IX, 1899, n° 2.

1899. Huguet (Dr). — *Dans le Sud Algérien.* Cartes des ksour du Mzab. *Bull. de la Soc. de Géo.*, p. 285 à 303.

1899. De Motylinski. — *Le Djebel Nefousa* (Transcription, traduction et notes sur le texte précité), Leroux. 2 fascicules de 157 p. (1898-1899.)

1902. Brunhes J. — *Les Oasis du Souf et du Mzab comme types d'établissements humains. La Géo.* 15 janv., 15 mars 1902, t. V, p. 5 à 20 et 175 à 195. Photog. (Art. repris par l'auteur dans sa *Géo. Humaine.* Edition 910, que nous citons au cours de cette étude).

1902. Huguet (Dr). — *Les Juifs du Mzab. Bull. et mém. de la Soc. Anthrop. de Paris*, Ve série III, 1902, p. 559 à 575 (1).

1902. (Père) Chenivesse. — *Étude sur l'état social des Mzabites, leur attitude envers les Pères Blancs*, in *Bull. des Pères Blancs*, n° 151 ; janv. et fév. 1902.

1903. Alfred Imbert. — *Le Droit Abadhite chez les Musulmans de Zanzibar et de l'Afrique orientale*, 24 p., Alger, Jourdan.

1905. Charlet. — *Les Palmiers du Mzab*, in *Bull. de la Soc. de Géo. d'Alger*, X, 1905, p. 11 a 87.

1905. De Motylinski. — *Le nom berbère de Dieu chez les Abadhites. Rev. Afric.*, 2e trim. 1905, p. 141 à 148 (2).

1905. De Motylinski. — *L'aqida populaire des Abadhites algériens*, texte, trad. et notes, 43 pages. Alger, Fontana.

1906. Aug. Bernard et Lacroix. — *Historique de la pénétration saharienne*, 1830-1906. Alger, Imp. Alg. Cartes.

1907. De Motylinski. — *Chronique d'Ibn Seghir sur les Imams Rostémides de Tahert.* Actes du XIVe Congrès Int. des Orientalistes, 1905, 3e partie, p. 3 à 132.

1907. De Motylinski. — *Le Manuscrit arabo-berbère de Zouagha*, d° 2e partie, p. 68 à 78.

1909. Féliu. — *Étude sur la Législation des Eaux dans la Chebka du Mzab*, Blida. 162 p.

1910. M. Morand. — *Les Kanouns du Mzab*, in Etudes de Droit musulman algérien, p. 419 à 453. Jourdan. 509 p.

---

(1) Le Dr Huguet, dans un de ses art. (*Les Soffs, Revue de l'École d'Anthrop.*, 1903 p. 96), cite un rapport de mission pour le Ministère de l'I. P., qu'il aurait écrit sur l'histoire du Mzab. Ce rapport n'a pas été publié à notre connaissance.

(2) On pourra aussi consulter un art. de bibl. critique sur la même étude, de M. René Basset. *Bulletin de la Soc. Arch. de Sousse*, 2e sem. 1905 (4 pages).

1912. WATIN. — 1. *Les Tolbas du Mzab* (origines) ; 2. *Organisation actuelle des Tolbas du Mzab* (leur influence et emploi des biens habous) ; 3. *Sources des Kanoun du Mzab et Ilifaqat* (1).

1919. X... — *Légendes du Mzab. Bull. de la Soc. de Géo. d'Alger*, 1919, p. 93 à 115.

1920. Henri BASSET. — *Essai sur la Littérature des Berbères*. Thèse de Lettres. Alger, 1920, 446 pages.

1921. M. MORAND. — *Introduction à l'étude du Droit musulman algérien*. Jourdan, 216 p,

---

(1) Ces trois études sont inédites ; elles sont conservées aux archives de la Direction du personnel militaire des Territoire du Sud.

M. Watin, ancien interprète du Mzab, maintenant chef des Services municipaux de la ville de Fez, nous a autorisé à en faire état.

INDEX ALPHABÉTIQUE [1]

---

(1) Pour faciliter les recherches, nous avons groupé ici les principaux noms propres et la plus grande partie des noms d'auteurs (se reporter aussi à la bibliographie).
 L'index contient également, des expressions ou concepts relatifs aux Sciences Sociales ou économiques, à l'Ethnographie, etc.

TABLE DES MATIÈRES

PREMIÈRE PARTIE

LA VILLE

CHAPITRE Ier

DEUXIÈME PARTIE

LA MAISON

CHAPITRE Iᵉʳ

CHAPITRE II

CHAPITRE VI

TABLE DES PLANCHES HORS-TEXTE